镁经济

MAGNESIUM ECONOMY

王亦楠　梁　靓◎著

中国发展出版社
CHINA DEVELOPMENT PRESS

图书在版编目（CIP）数据

镁经济 / 王亦楠, 梁靓著. –– 北京：中国发展出
版社, 2025. 4. –– ISBN 978-7-5177-1473-6

Ⅰ. F426.32

中国国家版本馆CIP数据核字第2025RH9375号

书　　　名：镁经济
著作责任者：王亦楠　梁　靓
责 任 编 辑：王　沛
出 版 发 行：中国发展出版社
联 系 地 址：北京经济技术开发区荣华中路22号亦城财富中心1号楼8层（100176）
标 准 书 号：ISBN 978-7-5177-1473-6
经 　销 　者：各地新华书店
印 　刷 　者：北京瑞禾彩色印刷有限公司
开 　　　本：710mm × 1000mm 1/16
印 　　　张：16.5
字 　　　数：218千字
版 　　　次：2025 年 4 月第 1 版
印 　　　次：2025 年 4 月第 1 次印刷
定 　　　价：78.00元

联 系 电 话：（010）68990630　68990625
购 书 热 线：（010）68990682　68990686
网 络 订 购：http://zgfzcbs.tmall.com
网 购 电 话：（010）68990639　88333349
本 社 网 址：http://www.develpress.com
电 子 邮 件：370118561@qq.com

前　言

镁是自然界中含量最高、分布最广的元素之一，既有重要工业价值，又可实现能源循环利用，被誉为"21世纪最具开发应用潜力的绿色工程材料"。地球上能单独作为金属材料来应用且资源最丰富（丰度大于1%）的元素只有铝、铁、镁三种，其中，铝和镁在人类历史上是同时代被发现的，但目前全球铝和钢铁的年产量已分别高达8000万吨、18.8亿吨，镁却只有100万吨左右。由此可见，镁的重要工业价值和巨大市场价值还远未释放出来。

"镁经济"是以镁元素为循环介质的绿色循环经济及与其上下游密切关联的现代化产业集群。"镁经济"绿色循环产业体系的源头，从材料角度讲是取之不尽的海水/盐湖卤水，从能源角度讲是用之不竭的可再生能源。利用镁既是能源载体又是工业材料的双重属性，实现新能源和新材料两大产业的交叉融合、优势互补，为性能优异的镁质先进材料和镁能源的大规模推广应用扫除最主要的高成本障碍。"镁经济"既实现了清洁能源安全高效的存储和利用，又为发展高端制造提供了性能优异的重要原材料，它对众多传统产业升级的带动和对未来新兴产业的培育，以及其中蕴含的前沿科技交叉融合、多点突破，为21世纪的人类经济社会发展开辟了一个前景广阔的新领域、新赛道。

2023年9月，笔者首次提出"镁经济"绿色循环体系的概念、战略框架和实施方案，并公开发表了《我国独具优势的"镁经济"》《从战略高度发展"镁经济"，加快形成新质生产力》《"镁经济"前景广阔，我国应抓住引领机遇》等文章。之后，"镁经济"这一新概念、新体系迅速得到政府部门、企业界和学术界的广泛关注，这让笔者备受鼓舞的同时，更深感专门著述、深入阐述"镁经济"之重要和迫切。在此背景下，开始了本书的策划和写作。

"镁经济"虽然是一个新概念、新体系，但在现实社会中已有广泛而深厚的产业基础，"镁经济"绿色循环体系本质上正是"短板产业补链、优势产业延链、传统产业升链、新兴产业建链"的新质生产力的体现。为系统深入阐述"镁经济"的新颖性、重要性和可行性，本书一共分为六章。

第一章是关于镁的概述。目前，全社会对镁的认知度还比较低，很多人对镁的印象还停留在初中化学课本里讲授的"镁易燃易爆"，以为镁是不安全的金属，但实际情况并非如此。本章侧重于对镁的发现、资源分布及目前镁质材料的主要应用作简要介绍。事实上，除了镁粉、镁箔两种特殊形态外（包括铁、铝、铜在内的绝大多数金属在粉末状态下都是易燃易爆的），金属镁及镁合金制品从生产、使用到储运的全过程都是安全的。目前，镁质材料的应用几乎已遍及国民经济从工业到农业的各个领域，既有众多传统产业，也有很多新兴产业和前沿产业。正因为镁质材料在国防军工、高端制造、生物医药、新能源等战略产业和新兴产业发展中占据着不可或缺的重要地位，美国、日本、欧盟、澳大利亚均已将镁资源纳入战略性关键矿产资源清单。

第二章是"镁经济"得以构建的重要基础。当前，"镁经济"绿色循环体系的构建从技术上、经济上之所以可行，是因为燃料电池关键技术已经取得重要突破。这些突破应用于镁燃料电池，既解决了镁燃料电池产业化应用的最大卡点，又可以充分利用镁的双重属性，实现新能源和新材料两大产业的交叉融合、优势互补。所以，镁燃料电池在"镁经济"体系中起着重要的枢纽作用，它同时关联着清洁能源的绿色循环和镁质先进材料的绿色循环。由于人们对金属燃料电池还比较陌生，所以本章先从燃料电池的科普（比如原理、特点、分类及当前关键技术进展等）开始，然后重点介绍镁燃料电池的工作原理、技术优势（包括与其他各种电池的对比），之后阐述了镁能源绿色循环链和镁质材料绿色循环链的工作机理与过程。

第三章是"镁经济"的核心产业及主要优势。由于"镁经济"绿色循环体系的产业链较长，且上下游关联的产业领域众多，因此本书将与镁质先进材料（金属镁/镁合金、超纯超细氧化镁/氢氧化镁）和镁能源的生产直接相关的产业称为核心产业，将镁质先进材料和镁能源的下游应用产业称为外延产业。本章简要介绍了五大核心产业（可再生能源、盐化工、金属镁、镁燃料电池和氧化镁/氢氧化镁）在全球和中国的发展现状及良好前景，然后重点剖析了"镁经济"将新能源和新材料两大产业交叉融合后带来的四大突出优势：一是为风电和太阳能的储能开创了新出路，二是使金属镁的生产工艺既清洁又经济，三是使超纯超细氧化镁实现工业化生产，四是使镁燃料电池的商业应用成为可能。

第四章是"镁经济"将深刻改变世界。材料、能源和信息被誉为现代文明的三大支柱。本章重点聚焦"镁经济"体系的外延产业，即镁质先进材料和镁能源的推广应用将在材料领域和能源领域对人类社会产生深远影响。镁合金和超纯超细氧化镁均是可带动一个庞大"材料群"实现技术突破的基础原材料，与汽车交通、航空航天、武器装备、电子电气、生物医药、冶金陶瓷、石油化工、可再生能源开发等众多领域的高端制造和产业升级密切相关，因本书篇幅有限，难以面面俱到，所以仅就镁合金和超纯超细氧化镁在几个典型产业的应用，对发展现状及未来前景作一介绍，其重要价值及带来的深刻改变从中可窥一斑。镁能源的应用则重点选取实现产业化最有可行性的四个突破口，逐一进行分析和阐述。

第五章是中国具有引领"镁经济"的显著优势。前述"镁经济"的核心产业、主要优势及深远影响，均立足于全球视角。在这一前景广阔的新领域、新赛道上，中国有显著的引领优势：一是镁资源储量和产量居全球第一，是中国最具国际话语权的金属矿产品种，发展"镁经济"将大大缓解中国铁、铝、锂、铂等重要矿产资源的进口依赖，提升资源安全保障水平；二是镁燃料电池产业有不可多得的技术先发优势，与锂离子电池、氢燃料电池的核心技术几乎被发达国家垄断相比，镁燃料电池的核心技术全部为中国自主开发，且处于世界先进水平；三是有完整的上下游产业链（且大部分关联产业的规模居世界第一）和发展高端制造的庞大市场需求，特别是超纯超细氧化镁，只有中国具备大规模生产并与高温产业形成配套、组合升级的有利条件。

第六章是从战略高度推动发展"镁经济"。"镁经济"为中国在复杂严峻的国际竞争中开辟新领域、新赛道和赢得发展主动权提供了难得的战略机遇，但要真正将其巨大发展潜力变成现实的新质生产力、创造出巨大经济效益，需要新能源、新材料两大产业实现跨行业的交叉融合甚至重构，并和众多高端制造业实现上下游协同推进。因此，要推动"镁经济"的发展，不能单靠市场的力量，需要在资源、技术、产业链三大优势基础上，充分发挥制度的作用——通过国家力量来启动这个绿色循环体系、高效"链接"各个行业，让政府"有形之手"和市场"无形之手"协同作用。为此，本章基于中国国情，从战略高度提出了六个政策建议，既有顶层设计，也有应该着手的重要举措。

本书从酝酿到完稿历时近一年，从数九寒冬到炎炎酷暑，对"镁经济"的研究和思考一直萦绕于心。由于"镁经济"绿色循环体系是首次提出和论证，没有前人经验可以借鉴，再加上"镁经济"本身又是一个跨越多个学科和技术、关联领域众多且关联效应巨大的现代产业集群——从材料科学到能源科学、从传统产业到前沿产业，可谓五花八门、纵横交织，所以整个写作过程充满了艰辛与挑战，当然也伴随着开拓者创造者在渡过一道道难关后所特有的愉悦。本书力求逻辑清晰严密、数据翔实可靠、文字通俗易懂，对每一个重要观点的论证或发展趋势的研判，都尽可能基于生产数据或文献资料给出科学的定量分析，或者作出保守、中性、乐观三个不同情景下的未来预测。比如，电解法炼镁与皮江法炼镁的经济性对比、镁燃料电池生产超纯超细氧化镁的成本走势、镁燃料电池发电的全生命周期效益分析、镁能源在特定应用场景下的技术经济性分析等。本书写作过程中，梁靓博士主要负责国内外文献调研、数据收集和图表绘制，这些琐碎工作的分担，使笔者节省了很多时间，从而更好地专注于整部书稿的写作和思想创作。

自研究"镁经济"以来，笔者得到了很多专家学者的帮助。首先，要特别感谢国务院发展研究中心副主任隆国强研究员，正是在他的启发之下，才有了"镁经济"概念的提出和写作此书的决定，并提升到战略高度来审视"镁经济"对世界和中国的重要意义。其次，要特别感谢河南科技大学高温材料研究院原院长、中国耐火材料行业协会专家委员会副主任周宁生教授，他在高温材料领域深耕多年、学术造诣深厚，对超纯超细氧化镁的工业价值和应用前景有很多真知灼见，让笔者受益匪浅。此外，还要感谢 CNUS Technologies 公司的首席执行官陈泽森博士、艾默生过程管理（Emerson Process Management）原中国区技术总监陈征宇博士、唐山时创高温材料股份有限公司原总经理杨晓春先生、海南镁德新能源科技有限公司总经理陈礼平先生，他们在笔者广泛调研的过程中，多次参与相关讨论，并贡献了很多宝贵意见。

　　材料和能源分别是现代文明的物质基础和动力基础，人类社会发展史既是不断创造材料、利用材料的历史，也是不断寻找更清洁高效、可持续的能源来源的历史。发展"镁经济"绿色循环体系，为我们在材料领域和能源领域打破现有认知、再次创新变革，让地球上丰富的镁资源造福于人类命运共同体，开辟了一片新的天地。借用我国著名社会学家费孝通先生"各美其美，美人之美，美美与共，天下大同"的箴言，将文化之"美"换成金属之"镁"——"各美其镁，美人之镁，美镁与共，天下大同"，便生动刻画出了"镁经济"对于人类未来和平与发展的重要意义。谨以此书抛砖引玉，希望有更多产业界和学术界的同仁关注、研究并推动"镁经济"，让"镁"好事业造福国家、造福人类。

王京楠

2024 年 10 月 10 日于北京

目　录

第一章

关于镁的概述

一、镁的发现和资源分布

（一）镁的发现和发展简史

镁是自然界中含量最高、分布最广的元素之一。镁的元素符号是Mg，原子序数 12，是元素周期表上的 IIA 族碱土金属元素，英文名称"Magnesium"取自拉丁文。希腊美格尼西亚城附近盛产一种名叫苦土的镁矿（成分为氧化镁），古罗马人把这种矿物称为"美格尼西·阿尔巴（magnesia alba）"，即"美格尼西亚"，我国根据其第一音节将其译为"镁"。

镁的发现史最早可追溯到 17 世纪。据英国皇家化学学会记载，1618 年，英国农民亨利·威克（Henry Wicker）发现，萨里郡埃普索姆（Epsom，Surrey）的泉水与正常的水不太一样，味道苦涩，奶牛拒绝饮用，却有助于伤口愈合。从此，埃普索姆泉水受到关注，并成为一个旅游景点。

1695 年，英国内科医生尼希米·格鲁（Nehemiah Grew）首次从埃普索姆泉水中提取出一种矿物盐即硫酸镁（在英国被称为"埃普索姆盐"），因其能治疗多种疾病而成为一种时尚水疗方法，医学功效引发人们关注。

1755 年，英国化学家约瑟夫·布莱克（Joseph Black）（见图 1-1）首次将石灰（氧化钙）和苦土（氧化镁）区分开来，并确认镁是一种化学元素。

1792 年，奥地利化学家安东·鲁普雷希特（Anton Ruprecht）首次通过加热木炭和苦土混合物的方法，制备出来一种新的金属，并以其祖国的名字命名为 Austrium，后来这种金属被证实为镁铁混合物。

镁化学性质活泼，很难从化合物中还原成单质状态，当电池被发明出来以后，化学家们才有了分解活泼元素化合物的武器。通过电解方法分离出镁的单质后，镁才作为化学元素被确定下来。真正十分纯净的金属镁的制取者是被称为电解大王的英国化学家汉弗莱·戴维（Humphry Davy）（见图 1–1），1808 年，他通过电解汞和氧化镁的混合物得到了镁汞合金，之后将镁汞合金中的汞蒸馏出去，就得到了少量高纯度的金属镁。

图1-1　英国化学家约瑟夫·布莱克（左）和汉弗莱·戴维（右）

资料来源：作者绘制（AI生成）。

1831 年，法国科学家安东尼·亚历山大·布鲁特斯·布塞（Antoine Alexandre Brutus Busy）通过氯化镁和钾反应制取了相当数量的金属镁，之后开始研究它的特性。

1833 年，汉弗莱·戴维的助手、英国物理学家迈克尔·法拉第（Michael Faraday）通过电解熔融的氯化镁制备出了纯金属镁。

1852 年，德国化学家罗伯特·本森（Robert Bunsen）建立了第一个电解氯化镁的电解槽实验室，并开始研究镁的物理化学性能，比如镁燃烧时的火焰光泽等。

1886 年，德国建成了世界上第一家电解法炼镁的工厂，运用改进的 Bunsen 电解槽电解光卤石，首次实现了金属镁的工业化生产，并开发出镁合金用作工程材料。[①]

1916 年，美国道屋（DOW）化学公司建立了通过电解氯化镁生产金属镁的工厂，从此镁工业走上了快速发展的道路。

在第一次世界大战（以下简称"一战"）前，金属镁主要作为战略物资用于军事工业，仅有少数几个国家能生产。在第二次世界大战（以下简称"二战"）的刺激下，金属镁工业获得了快速发展。从 1935 年开始，德国、法国、奥地利、苏联等国分别建立了自己的金属镁厂。"二战"期间，美国的金属镁产能扩大了 10 倍。1943 年，世界金属镁产能上升到 23.5 万吨 / 年。当时金属镁制品主要用于制造燃烧弹、照明弹，以及军车和飞机等军用设备的零部件。

"二战"结束后，为促进镁工业的发展，各国开始考虑镁在民用工业上的开发与应用。镁合金方面的突破性进展为其在冶金化工、电子电气、航空航天、交通运输等领域的应用开辟了道路。目前全球金属镁的年产量大约为 100 万吨。

镁的基本物理化学性能如表 1-1 所示。

---

① 胡古月、王登红、余旭辉：《无处不在的"镁"——探索镁的世界》，《自然资源科普与文化》2021 年第 3 期。

表1-1 镁的基本物理化学性能

熔点	650 ℃	周期	第三周期
沸点	1090 ℃	族	ⅡA族
密度	1.74 g/cm³	区	S区
原子序数	12	电子排布	[Ne]3s²
相对原子质量	24.305	原子半径	1.73 Å

资料来源：Royal Society of Chemistry, "Magnesium-Element information, properties and uses | Periodic Table," 2023.

（二）镁资源的主要分布

镁的资源量在地球上所有元素中排名第八，在金属元素中位居第六，在工业金属中仅次于铝和铁。镁在地球上蕴藏丰富，其中地壳中的资源丰度约为2.1%（见图1-2），已探明的具有开采价值的资源量超过500亿吨；海水中的镁含量约为0.135%，资源总量更是高达1800万亿吨。

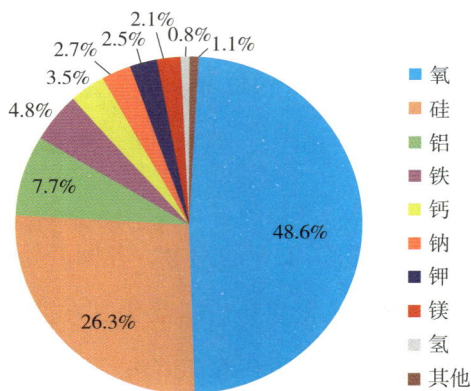

图1-2 地壳中最丰富的元素及其资源量占比

注：因图中数据进行了四舍五入，可能加总数据不是100%，以下同。

资料来源：Schneider S H, *Encyclopedia of Climate and Weather*, Oxford University Press, 2011.

镁在自然界中以化合物状态存在，地球上已发现的含镁矿物高达200多种，占所有矿物种类的12%。含镁矿物分固体和液体两类，固体含镁矿物中具有工业应用价值的主要是菱镁石、白云石、蛇纹石、水镁石等，液体含镁矿物主要是含可溶性镁化合物的盐湖卤水、地下卤水和海水。主要镁矿资源的基本特征如表1-2所示。中国的固体镁资源（见图1-3）和液体镁资源都很丰富，镁资源矿种齐全，分布广泛，已探明的陆上镁资源储量位居世界第一。[①]

表1-2　主要镁矿资源的基本特征

矿物名称	主要成分的化学式	镁含量（%）	冶金工业用途
白云石	$CaCO_3 \cdot MgCO_3$	13.18	主要作为硅热法制镁原料；生产耐火材料；也可先煅烧得到MgO，后氯化得到$MgCl_2$，用于电解镁生产
菱镁石	$MgCO_3$	28.83	主要用作耐火材料、电熔氧化镁的生产；硅热法制镁、电解镁的生产原料
水镁石	$Mg(OH)_2$	41.68	耐火材料的生产和提取高品质MgO
蛇纹石	$3MgO \cdot 2SiO_2 \cdot 2H_2O$	26.31	生产耐火材料；提取MgO、Co、Ni和纤维状非晶硅等
光卤石	$KCl \cdot MgCl_2 \cdot 6H_2O$	8.75	用于生产铝镁合金的保护剂；经脱水得到$KCl \cdot MgCl_2$，用于电解镁生产
水氯镁石	$MgCl_2 \cdot 6H_2O$	11.95	脱水获得无水$MgCl_2$，用于电解镁生产
盐湖卤水	$MgCl_2$，KCl	7.77	提取$MgCl_2$用于电解镁生产
海水	$MgCl_2$，$NaCl$	0.135	提取$MgCl_2$用于电解镁生产

注：为表述更加准确，表中数据保留了不同的小数点位数，以下同。

资料来源：高峰，《生命周期评价研究及其在中国镁工业中的应用》，北京工业大学博士学位论文，2008年。

---

① 文明、张廷安、豆志河等：《镁资源综合利用及研究现状》，《第十七届（2013年）全国冶金反应工程学学术会议论文集（上册）》，2013年。

1. 固体含镁矿物

（a）菱镁石　　　　（b）白云石　　　　（c）蛇纹石　　　　（d）水镁石

图1-3　四种典型的固体镁矿石

资料来源：（a）Wikipedia, "Magnesite," 2024；（b）Mindat.org, "Dolomite," 2022；（c）Geology Science, "Serpentine," 2023；（d）Wikipedia, "Brucite," 2025.

（1）菱镁石：主要成分是碳酸镁。美国地质调查局（USGS）2019 年公布的数据显示，全世界已探明的菱镁石储量为 120 多亿吨，主要分布在中国、朝鲜、俄罗斯、斯洛伐克、澳大利亚等国家和地区。[①] 世界菱镁石已探明资源储量的分布情况如图 1-4 所示。

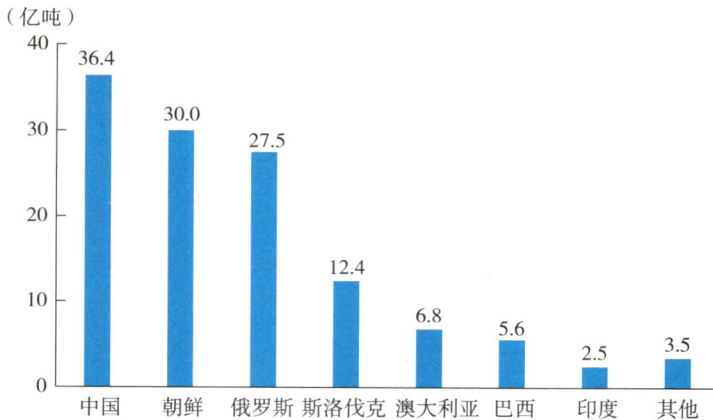

图1-4　世界菱镁石已探明资源储量的分布情况

资料来源：华宝证券，《突破"瓶颈"，双碳推动镁冶炼"低碳化"升级》，2022年。

---

① 吴晓阳：《我国镁资源开发利用现状及发展对策》，《现代矿业》2023 年第 39 卷第 9 期。

中国菱镁石已探明储量约 36.4 亿吨（总保有储量约 18 亿吨），全球占比高达约 30%。无论是已探明储量还是开采量，中国均居世界第一，是全球最主要的菱镁石资源供给地。中国菱镁石资源具有矿石品位高（氧化镁的含量一般高达 46% ~ 47.26%）、地理分布集中、大型矿床多等特点，矿区主要分布在辽宁、山东、河北、安徽、甘肃、青海等 9 个省份；其中，储量最大、品质最优的菱镁石矿区在辽宁，占全国的 85%。绝大部分菱镁石矿区易开采，露天可采储量占全国总储量的 97%。[①]

（2）白云石：碳酸镁与碳酸钙的复盐。目前，全球已探明的白云石资源储量超过 200 亿吨，主要分布在中国、意大利、西班牙、土耳其等国家和地区。中国已探明可开采的白云石储量在 40 亿吨以上，且产地分布广、易开采，主要分布在辽宁、陕西、山西、宁夏、吉林、河南、内蒙古等省份。[②]

（3）蛇纹石：一种含水的富镁硅酸盐矿物的总称，主要含有元素镁和硅。全球蛇纹石资源主要分布在俄罗斯、加拿大、中国、巴西、津巴布韦、朝鲜、美国等 20 多个国家和地区。其中，中国的蛇纹石产地最多，且产量大、质地较好。另外，加拿大魁北克省东南角的蛇纹石矿在全球占重要地位，该矿延伸着一条长达 240 千米的蛇纹岩带，蕴藏着庞大的蛇纹石矿体。全球蛇纹石资源分布情况如图 1-5 所示。

中国蛇纹石矿资源储量丰富，已探明储量近 120 亿吨，河北、内蒙古、黑龙江、江苏、安徽、福建、江西、山东、河南、湖北、广东、广西、四川、云南、陕西、甘肃、青海、新疆等省（自治区）均有大型和中型矿床分布。西北地区的蛇纹石资源储量占全国总储量的 80%。[③]

---

① 孙鹏慧、李景朝、肖克炎等：《中国菱镁矿成矿地质特征与资源潜力》，《地学前缘》2018 年第 25 卷第 3 期。

② 刘丽红、韩淼、田亚等：《白云岩矿特征、成因类型、分布及其开发利用价值》，《中国地质》，2023 年。

③ 狄永浩、戴瑞、郑水林：《蛇纹石资源综合利用研究进展》，《中国非金属矿工业导刊》2011 年第 2 期。

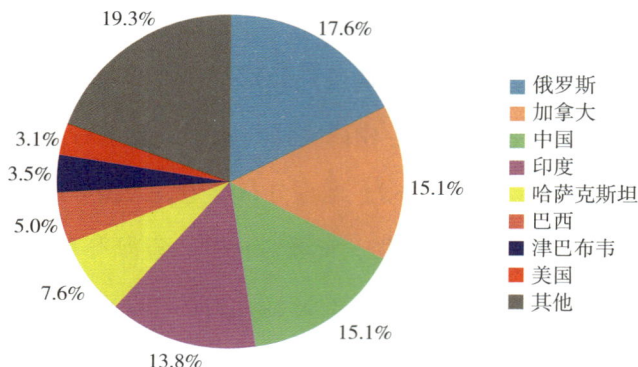

图1-5　全球蛇纹石资源分布情况

资料来源：中研产业研究院，《2019—2025年蛇纹石行业市场调研与发展战略研究咨询报告》，2021年9月27日。

（4）水镁石：又称氢氧镁石，是自然界中含镁较高的矿物之一，主要分布在俄罗斯、美国、加拿大、朝鲜、挪威等国家和地区。我国已探明的水镁石资源储量已超过2500万吨，属中等储量规模。[①]

2. 液体含镁矿物

（1）盐湖卤水：世界上含镁量较高的著名大型盐湖有以色列和约旦境内的死海、中国青海的察尔汗盐湖、美国的盐湖城盐湖、土库曼斯坦的卡拉博加兹戈尔湾、利比亚的马达拉盐湖等。

中国是世界上盐湖最多的国家之一，据不完全统计，已发现各类盐湖1500多个，主要集中在西藏北部和青海柴达木盆地。青海盐湖镁资源丰富，已探明的镁盐储量大约为65亿吨，占全国总量的99%，占全球储量的40%。[②③]

[①] 秦雅静、朱德山：《我国水镁石矿资源利用现状及展望》，《中国非金属矿工业导刊》2014年第6期。

[②] 毕秋艳、党力、曹海莲等：《青海盐湖镁资源开发与利用研究进展》，《盐湖研究》2022年第30卷第1期。

[③] 毕峤：《青海盐湖产业，翘首新征程》，《青海日报》2021年9月8日。

位于柴达木盆地的察尔汗盐湖（见图1-6）是仅次于美国盐湖城盐湖的世界第二大盐湖，有着极为丰富的钾、镁、钠、锂、硼、碘等多种矿产资源，其中氯化钾和氯化镁储量分别高达5.4亿吨和40.6亿吨，均居全国首位。[①]察尔汗是我国目前最大的钾肥生产基地，钾肥年产量约500万吨，每生产1吨氯化钾副产8吨～10吨氯化镁，相当于每年副产氯化镁4000万吨～5000万吨，盐湖资源的综合开发利用具有广阔前景。[②]

图1-6　青海察尔汗盐湖

资料来源：作者绘制（AI生成）。

（2）海水：海洋中的镁资源可谓取之不尽，用之不竭。表1-3所示为海水的元素构成，目前已被发现的海水化学物质及元素有92种（目前可以从海水中提取60多种化学物质），其中氯、钠、镁、碘、硫、钙、钾、溴、锶、硼、碳、氟12种元素占海水溶解物质总量的99.8%，其他含量甚微。

海水中的镁元素含量约为0.135%，总储量约为1800万亿吨。镁在海

---

① 五矿证券：《深耕青海察尔汗，中国盐湖钾锂资源的战略性龙头》，2021年。
② 郭敏、李权、刘海宁等：《盐湖镁资源的开发和利用》，《化学进展》2009年第21卷第11期。

水中主要是以氯化镁和硫酸镁的形式存在，两者储量分别高达4490万亿吨和3570万亿吨。海水镁资源最具开发价值的主要是海盐生产过程中的副产品苦卤中所含的镁资源。我国海岸线长，每年海盐产量约2300万吨，居世界第一，副产品苦卤每年约2000万立方米，其中所含的氯化镁、硫酸镁分别达379.2万吨和175.2万吨。[①]

表1-3 地球海水的主要元素构成

元素	氧	氢	氯	钠	镁	硫	钙	钾	溴	碳
含量（%）	85.7	10.8	1.9	1.05	0.135	0.0885	0.04	0.038	0.0065	0.0026

资料来源：维基百科，"海水"，2024年。

二、镁质材料的主要用途

目前，全社会对镁的社会认知度还比较低，很多人对镁的印象还停留在初中化学课本里讲授的"镁易燃易爆"，以为镁是不安全的金属，然而实际情况并非如此。事实上，除了镁粉、镁箔两种特殊形态外，金属镁及镁合金制品从生产、使用到储运的全过程都是安全的。[②]

镁质材料既包括金属镁和镁合金，也包括氧化镁、氢氧化镁、硫酸镁、碳酸镁、氟化镁等众多镁化合物，镁质材料的应用几乎已遍及国民经济从工业到农业的各个领域，其中既有众多传统产业，也有很多新兴产业和前沿产业。正因为镁质材料在国防军工、高端制造、生物医药、新能源等战略产业和新兴产业发展中有着不可或缺的重要地位，美国、日本、欧盟、澳大利亚均已将镁资源纳入战略性关键矿产资源清单。

[①] 黄西平、张琦、郭淑元等：《我国镁资源利用现状及开发前景》，《海湖盐与化工》2004年第6期。

[②] 不只是镁，包括铁、铝、铜在内的绝大多数金属粉末，甚至是面粉、淀粉等常见的生活必需品，在特定环境下，都是易燃易爆的。

镁质材料的应用包罗万象，限于本书篇幅，仅选择目前几个主要用途作简要介绍。

（一）工业应用

1. 镁合金产业

以镁为基体组成的镁合金，密度只有 1.74 克 / 立方厘米，还不到钢铁的 1/4 和铝的 2/3，但是比强度和比刚度显著高于钢铁和铝合金。镁合金是目前世界上最轻的高强度金属结构材料，有良好的阻尼减震性、导热散热性、电磁屏蔽能力、机加工成型性能，且无毒易回收，被誉为"21 世纪最具开发和应用潜力的绿色工程材料"，美国、日本、欧盟等发达国家和地区均将其作为战略性原材料。镁合金在汽车、航空航天、轨道交通、3C 电子、生物医用等领域已显示出巨大发展潜力。

汽车领域：在绿色低碳发展的大背景下，汽车的轻量化已成为未来发展的必然趋势，镁合金被认为是最有效的汽车轻量化材料，早在 20 世纪 30 年代就开始应用于汽车制造。20 世纪 90 年代，国际上各大汽车厂商高度重视镁合金零部件的生产和开发，包括离合器外壳、变速箱、发动机舱盖、轮毂、方向盘、座椅、仪表盘支架等。

3C 电子领域：3C 电子产品采用镁合金材料，既能获得更好的力学性能、散热性能、外观质量，又可有效避免外界对内部精密电子和光学元器件的干扰，提升产品的品质和耐久性，因此备受工业设计师和消费者的青睐。目前，惠普、戴尔、联想等主流品牌的笔记本电脑均大量使用镁合金，微软公司平板电脑的外壳几乎全部采用镁合金制造。

航空航天领域：镁合金通常用于制造喷气发动机、火箭发动机、航空器结构件、火箭发动机燃料箱等，可以显著减轻航空器的质量，提高飞行性能和安全性。"二战"时德国、美国的主战飞机就已开始使用镁合金，之后随着加工制备技术的进步，镁合金已广泛应用在飞机、导弹、卫星等航空航天器上。

2. 高温产业

镁质材料是高温产业的重要基础材料，其应用主要包括三个方面。

一是耐火材料。钢铁、水泥、玻璃、陶瓷等所有高温工业，都离不开镁质耐火材料——为高温工艺和高温设备提供所需的衬砌和保护。在常用的耐火氧化物中，氧化镁不仅熔点最高、抗腐蚀性强，而且可以与其他许多氧化物形成高熔点的化合物或固溶体。表1–4为不同类型的耐火氧化物的熔点对比。镁质耐火材料多为镁质复合材料，如镁碳砖、镁钙碳砖、镁钙砖、镁钙锆砖、镁铝尖晶石砖、镁铬砖等。

表1-4　不同类型的耐火氧化物的熔点对比

耐火氧化物	熔点（℃）	耐火氧化物	熔点（℃）
Al_2O_3	2045	$2MgO \cdot SiO_2$（M_2S）	1900
CaO	2600	$2MgO \cdot TiO_2$（M_2T）	1732
Cr_2O_3	约2400	$MgO \cdot Fe_2O_3$	1700℃以上转变为镁浮士体固溶体（MgO–FeO）
MgO	2850	$MgO–FeO$	固溶体
SiO_2	1723	$MgO–CaO$	低共熔点温度2380
ZrO_2	2677	$MgO–ZrO_2$	低共熔点温度2150
$MgO \cdot Al_2O_3$（MA）	2135	$MgO \cdot Cr_2O_3$（MK）	2365

资料来源：胡庆福，《镁化合物生产与应用》，化学工业出版社2004年版。

二是冶金还原剂。金属镁常被用作还原剂，去置换钛、锆等金属。由于钛和锆与氧、氮、碳、氢等元素有极强的亲和力，且与绝大多数耐火材料在高温下会发生化学反应，所以金属钛和锆的提取工艺非常复杂和困难。通过镁分别将四氯化钛、四氯化锆还原来提炼海绵钛、海绵锆的生产工艺出现后，才使金属钛和金属锆得以大规模生产，直到目前仍然是世界上应用最广泛的制取金属钛和金属锆的方法。

三是钢铁脱硫剂。硫对钢铁的品质有很大影响，会导致钢的韧性下降、脆性增加、容易开裂。为尽可能降低钢铁中的硫含量，钢铁行业采取了许多脱硫方法，其中金属镁脱硫具有显著优势：金属镁能在较低温度下与钢中的硫反应，使能耗大为降低；而且金属镁可以快速溶解，并释放出大量热量，加速钢的熔化；此外，金属镁还可以帮助去除钢中的氧化物和其他杂质。因此，金属镁作为一种理想的脱硫剂在钢铁行业中被广泛应用。

3. 化工产业

一是作为阻燃材料和各种化工助剂。塑料、橡胶、树脂、合成纤维等与日常生活息息相关的材料，往往需要添加各种阻燃剂，以提升材料的防火性能。阻燃产品按化学成分可分为有机阻燃和无机阻燃两大类，有机阻燃产品存在分解毒性大、烟雾大等缺点，正逐步被无机阻燃产品替代。氢氧化镁具有较高的分解温度，分解产物为水和氧化镁，无毒无烟无二次污染，且价格低廉易获得，已成为无机阻燃剂的重要材料之一。此外，氧化镁、氯化镁、碳酸镁、硫酸镁等镁盐化合物，作为助凝剂、填充剂、抗碱剂、补强剂、稳定剂、增味剂、加重剂、融雪剂、防冻剂、干燥剂、护色剂、饲料添加剂等，广泛应用于食品、纺织、印刷、制革、电镀、环保、木材加工、玻璃生产、建筑构件等众多领域。

二是作为生物医药制品的材料。在生物医学领域，镁元素在人体中的含量排名第四，也是人体正常生命活动必不可少的元素。研究表明，镁离子作为酶的辅助因子，能激活或催化325个酶系统，参与蛋白质、核酸、脂肪、葡萄糖等人体细胞的所有代谢活动。镁对神经、肌肉和心脏的功能保障有重要作用，缺少镁元素会使人产生疲乏感，易激动、抑郁、心跳加快和肌肉抽搐等。进入 20 世纪以来，在人们认识到缺镁与动脉硬化、心脑血管疾病、高血压、糖尿病、白内障、骨质疏松、抑郁症等多种常见病的密切关系后，镁制剂在临床上的应用越来越受到重视。此外，由于镁元素具有良好的生物相容性和生物可降解性，因而作为非永久性植入物在人体内使用是非常合适的。

4. 电气产业

高纯氧化镁在高温下具有优良的抗腐蚀性、电绝缘性、光透过性，导热性高、热膨胀系数大，在电子电气领域被广泛用于磁性装置填料、绝缘材料填料及各种载体。

比如，硅钢是电机和变压器制造中必需且用量很大的钢材，主要用途是制作电机铁芯和变压器铁芯。随着科技的发展，对铁芯的电磁强度、绝缘电阻、铁芯损耗、体积质量等电学物理性能的要求越来越高，因此对硅钢的质量要求也越来越高。硅钢片涂层是硅钢性能质量的重要影响因素。因为取向硅钢片在制造过程中要经历一个温度高达 1000℃～1250℃、时间长达 5 天～7 天的退火过程，为避免硅钢片在如此长的高温过程中变成铁坨，硅钢片之间必须有涂层作为高温退火隔离剂，同时又能在硅钢片表面形成优良的绝缘膜。实践证明，高纯度的氧化镁是目前硅钢片涂层的最理想材料，日本已用 99% 纯度的氧化镁取代 98% 纯度的氧化镁来生产取向硅钢片，仅 1 个百分点的纯度提升，就能显著增强硅钢片的绝缘性能，降低铁芯损耗，使电机和变压器更加安全和节能。

氧化镁作为电绝缘材料被广泛用于热电偶、高温仪表、电热板、电子管屏极、电绝缘陶瓷管等高温电器。陶瓷集成电路的基板采用氧化镁，比氧化铝的导热率高 2 倍多，介电损失仅为氧化铝的 1/10，而且可承受高达 600℃ 的工作温度，是生产半导体、集成电路等高质量电子元件和设备的理想选择。①

5. 光学产业

镁质材料在航空航天领域的尖端光学器件制造上起着重要作用，其中特别值得关注的是性能优异的氟化镁。氟化镁耐腐蚀且有极好的热稳定性和硬度，从真空紫外120纳米到红外80微米范围内有优异的透过率、低折射率，从真空紫外波段到红外波段的吸收均很小，所以作为金属反射镜的保护膜、各种光学镜头的增透膜／高反膜等，广泛用于激光器、空间紫外遥感器、太阳能电池、照相机、望远镜等。②

此外，随着红外探测和精确制导技术的迅猛发展，氟化镁材料开始应用于中波红外制导系统的整流罩和飞行器的红外窗口等。高超音速飞行器对所用红外整流罩材料的性能要求极高，高透光率、低折射率、耐高温、高硬度、高机械强度的氟化镁材料可耐受气动加热造成的热冲击破坏，满足导弹高速飞行和红外制导高分辨率、抗干扰的需求。

（二）农业应用

1. 镁肥

常用的镁肥有硫酸镁、硫酸钾镁、磷酸铵镁、硝酸镁、氢氧化镁、氧化镁等品种。镁肥对于农作物的产量和品质的提升有重要作用，因为镁是植物体内叶绿素的主要成分，也是叶绿素分子中唯一的金属元素，可促进光合作用和碳水化合物、蛋白质、脂肪的形成；镁还是上百种酶的活化剂，可促进农作物的新陈代谢，促进维生素A、维生素C的形成；镁还能提高

---

① Hornak J, Trnka P, Kadlec P, et al., "Magnesium Oxide Nanoparticles: Dielectric Properties, Surface Functionalization and Improvement of Epoxy-Based Composites Insulating Properties," *Nanomaterials*, 8. no.6 (2018).

② 王丽平、韩培德、许并社：《氟化镁晶体的应用研究进展》，《材料导报》2013年第27卷第9期。

农作物的抗病能力，防止病菌的侵入。

2. 饲料

硫酸镁是一种对动物健康有益的矿物质营养素，通常用作饲料的营养补充剂。牛等反刍动物在瘤胃中发酵食物时，瘤胃中氧气含量很低，这使其成为厌氧菌生长的理想环境。硫酸镁可以增加瘤胃中乳酸杆菌和其他"好菌"的数量，抑制瘤胃中厌氧菌的生长和过度酸化，减轻动物肠胃的不适感。同时，硫酸镁还可以增强钙、磷等其他重要矿物质的吸收和利用，促进骨骼生长和新陈代谢。

第二章

"镁经济"得以构建的重要基础

镁具有工业材料和能源载体的双重属性，既有重要的工业价值，又可实现能源循环利用。地球上能单独作为金属材料来应用且资源最丰富（丰度大于1%）的元素只有铝、铁、镁三种，铝和镁在人类历史上又是同期被发现的，但从目前全球年产量来看，铝和钢铁已分别高达8000万吨、18.8亿吨，镁却只有100万吨左右，其重要工业价值和巨大市场价值还远未释放出来。

"镁经济"是以镁为循环介质建立起来的绿色循环经济体系，可为性能优异的镁质先进材料和镁能源的大规模推广应用扫除障碍。"镁经济"得以构建的重要基础是：燃料电池关键技术已经取得重要突破，这些突破应用于镁燃料电池，不仅解决了镁燃料电池产业化应用的最大卡点，还可以充分利用镁既是工业材料又是能源载体的双重属性，同时实现新能源和新材料两大产业的绿色循环、优势整合。镁燃料电池在"镁经济"绿色循环体系中起着重要的枢纽作用。

一、燃料电池关键技术已取得突破

（一）燃料电池简介

1. 燃料电池的特点

燃料电池（Fuel Cell）虽然名字叫"电池"，但与人们日常生活中常用的铅酸电池、镍氢电池、锂离子电池等不同，它本身并不储能，而是相当于一台"发电机"。

燃料电池通过燃料和氧化剂发生可控化学反应，直接将燃料的化学能转化为电能。与一般电池将活性物质贮存在电池内部不同，燃料电池的正、负极本身并不包含活性物质，燃料和氧化剂均由外部供给，以保证化学反应持续进行。因此，燃料电池的容量不受限制，原则上只要燃料不断输入、反应产物不断排出，燃料电池就能连续不断地发电，所以被誉为继水力发电、热能发电和原子能发电之后的第四种发电技术。

燃料电池的概念早在 200 年前就已诞生。1838 年 12 月，德国物理学家克里斯蒂安·弗里德里希·舍本贝恩（Christian Friedrich Schönbein）在《伦敦和爱丁堡哲学》杂志上发文，讨论了由溶解在水中的氢和氧发生化学反应产生电流的技术。1939 年，英国科学家威廉·罗伯特·格罗夫爵士（William Robert Grove）（见图 2-1）发表了首篇关于"氢燃料电池"的研究报告，并开发制作了首个燃料电池——格罗夫电池，被后人称为"燃料电池之父"。

图2-1　英国科学家威廉·罗伯特·格罗夫爵士

资料来源：作者绘制（AI生成）。

　　燃料电池的实际应用已有 60 多年历史。1958 年,英国科学家弗朗西斯·托马斯·培根(Francis Thomas Bacon)为英国皇家海军潜艇制造了一台燃料电池,作为其动力来源。1959 年,美国艾利斯·查默斯公司(Allis Chalmers Company)制造了第一台燃料电池拖拉机,功率为 15 千瓦的燃料电池足以使拖拉机牵引 3000 磅重物。[①]1960 年,美国通用电气公司将研制出的燃料电池用于双子星飞船的主电源。1969 年,美国普拉特·惠特尼公司(Pratt & Whitney Company)在前人的研究基础上改进了燃料电池并应用在"阿波罗-11"号飞船上。20 世纪后期,燃料电池开始应用于汽车上。2014 年,韩国现代的 Tucson FCV 和日本丰田的 Mirai 两款燃料电池车型实现量产。燃料电池作为一个前景看好的高新技术,目前已应用在汽车工业、能源工业、船舶工业、航空航天、家用电源等多个领域,受到世界各国的高度重视。

　　燃料电池之所以被认为是一种很有发展前途的发电技术,是因为有以下显著优点。

　　一是发电效率高。燃料电池发电的能源转化效率不受卡诺循环的限制,理论上可在接近 100% 的热效率下运行,但由于工作时受到电池极化[②]的限制,目前燃料电池的实际能源转化效率为 40% ~ 60%;若实现热电联供,能源转化效率可高达 80% 以上。[③]

　　二是环境污染小。燃料电池并没有高温燃烧过程,而是燃料和氧气一起经历一个电化学反应过程,反应清洁、安全,几乎不排放氮氧化物、二氧化硫等有害物质,既不会对大气环境造成污染,也没有环境辐射问题。

---

　　① Hydro Kevin Kantola, "Hydrogen Fuel Cars 1807–1986," 2015.

　　② 电池极化是指电池在放电或充电过程中,由于电极反应速率跟不上电流变化速率而导致的电极电位偏离平衡电位的现象。电池极化会降低电池的效率和容量,并可能导致电池损坏。

　　③ 刘洁、王菊香、邢志娜等:《燃料电池研究进展及发展探析》,《节能技术》2010 年第 28 卷第 4 期。

三是能量密度高。氢燃料电池和金属燃料电池的理论能量密度分别是锂离子电池的几十倍和 5 ~ 15 倍。虽然目前限于工程装备水平，燃料电池的实际能量密度只有理论值的 10% ~ 20%，但仍比锂离子电池的实际能量密度高很多。

四是可靠性高。燃料电池没有机械传动部件，比传统发电机组工作安静可靠，很少需要维修，且负荷响应快、使用寿命长。无论过载运行还是低于额定功率运行，它都能承受且发电效率变化不大。由于运行可靠性高，可作为各种应急电源使用。

五是易于建设。燃料电池一般都是模块化、组装式结构，安装维修方便，不需要很多辅助设施，所以燃料电池发电站的设计和制造比常规火电站、水电站和核电站要简单得多，要扩大发电规模只需增加燃料电池组件的数量即可。

2. 燃料电池的分类

迄今为止燃料电池已开发出多种类型。根据燃料的不同，可以分为氢燃料电池、金属燃料电池、直接甲醇燃料电池和生物燃料电池。目前，实现规模化应用的主要是氢燃料电池。

（1）氢燃料电池：工作原理相当于"电解水的逆反应"。把氧气和氢气分别供给燃料电池的正极和负极，经过催化剂（比如铂金）的催化，氢原子失去一个电子成为氢离子，氢离子穿过质子交换膜，到达燃料电池正极；电子则经外部电路，到达燃料电池正极，从而在电路中产生电流。氢氧根离子和氢离子重新结合为水。供应给正极的氧气，可以从空气中获得，因此只要不断地给负极供应氢气，给正极供应空气，并及时把水排出，就可以不断地提供电能。氢燃料电池的工作原理如图 2-2 所示。

20 世纪 60 年代，氢燃料电池就已经成功地应用于航天领域，往返于太空和地球之间的"阿波罗"飞船就安装了这种体积小、容量大的装置。

20 世纪 70 年代以后，随着人们不断掌握多种先进的制氢技术，氢燃料电池开始应用于发电和汽车。

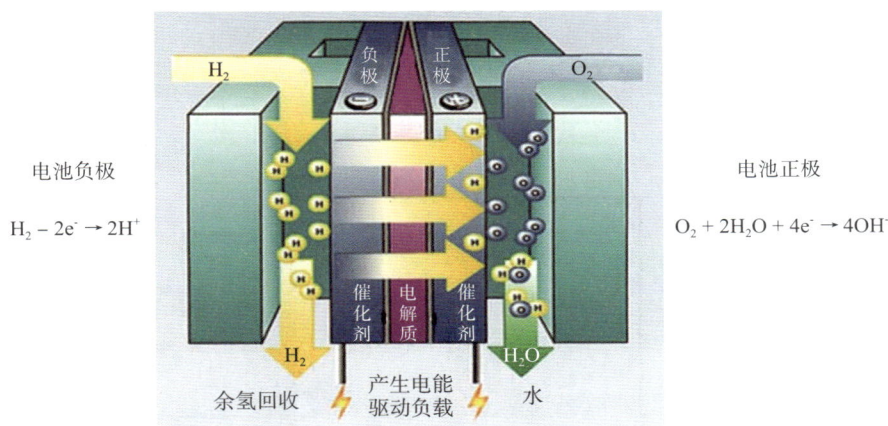

图2-2　氢燃料电池的工作原理

资料来源：作者绘制。

（2）金属燃料电池：也称为金属空气电池，以金属作为负极，以空气作为正极，以碱性溶液或中性盐溶液为电解液。金属燃料电池的结构由金属负极、电解液、空气正极构成，通过金属与空气中的氧气发生电化学反应产生电能，工作原理如图 2-3 所示。

金属燃料电池按燃料源的不同，又可分为铝、锌、镁、铁等不同种类，不同金属燃料电池的能量密度如图 2-4 所示。目前在应用研究层面取得较大进展的主要是镁燃料电池、铝燃料电池和锌燃料电池。比如，大型锌空气电池主要用于铁路和航海灯标装置上；纽扣形锌空气电池已广泛用于助听器中；以色列 Phinergy 公司和美国铝业公司（Alcoa）在 2014 年联合开发了一台铝燃料电池电动车，续航里程可增加到 1800 千米；韩国科学技术研究院（KIST）研发出的镁燃料电池技术用于电动汽车，可使其在一块完整电池的驱动下续航里程达到 800 千米（大约是从首尔到釜山的往返路程）。由于具备能量密度高、运维成本低、安全可靠、绿色环保等优势，金属燃料电池被认为在军用和民用领域有着巨大发展潜力。

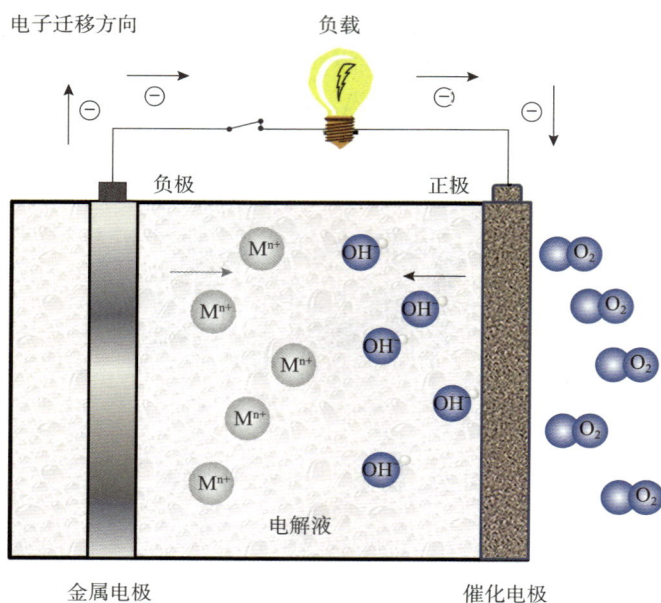

图2-3　金属燃料电池的工作原理

资料来源：作者绘制。

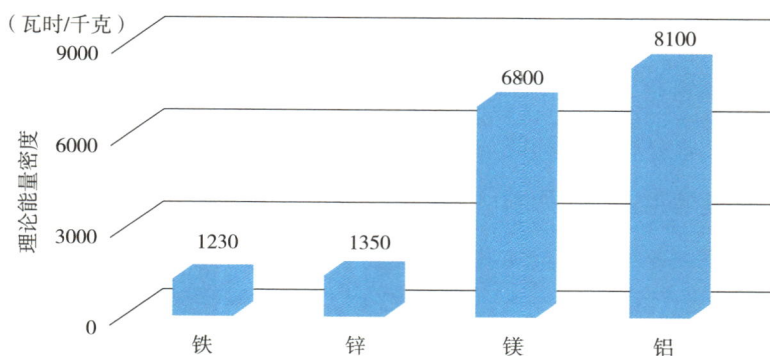

图2-4　不同种类金属燃料电池的能量密度对比

资料来源：Gupta R K, *Pseudocapacitors*, Springer, 2024.

（3）直接甲醇燃料电池：直接使用甲醇液体或甲醇蒸气为燃料供给来源，不需通过甲醇重整制氢来发电。燃料电池主要由膜电极、双极板、集流板和密封垫片组成，以甲醇作为燃料，以质子交换膜做固体电解质，燃料电池的所有电化学反应均通过膜电极来完成。直接甲醇燃料电池技术目前还处于早期发展阶段。

（4）生物燃料电池：以酶（Enzyme）或者微生物（Microbe）组织为催化剂，将燃料的化学能转化为电能。在空间科学研究过程中，已开发出几种可用于空间飞行器的生物燃料电池（用飞行器中的生活垃圾做电池的燃料），占主导地位的是间接微生物电池，即利用发酵产物作为电池的燃料。直接生物燃料电池的主要研究对象是以葡萄糖为燃料、以氧为氧化剂的酶燃料电池。生物燃料电池目前还处于研发阶段。

（二）当前燃料电池关键技术的进展

燃料电池的独特优势决定了它在汽车、发电、国防、航天等众多领域都有很大发展潜力。但是，与目前已经广泛应用的锂离子电池相比，燃料电池无论是生产工艺、核心材料还是零部件的开发，都要复杂得多，再加上燃料获取价格不菲，导致燃料电池的发电成本一直居高不下，实际应用也大大受限。燃料电池在人们的印象中一直是"性能虽好但是很贵，关键技术环节还存在瓶颈"。然而，近一二十年来，随着关键技术领域不断取得突破，燃料电池产业化应用的前景并不遥远。

值得关注的燃料电池关键技术突破，主要体现在膜电极组件所需的三个关键材料（电催化剂、质子交换膜、气体扩散层）、电堆的关键部件双极板和燃料电池封装工艺这五个方面。

1. 电催化剂

电催化剂的重要性相当于燃料电池的"心脏"，是燃料电池内部发生电化学反应、产生电流的场所，相当于电化学反应的"工厂"，在燃料电池电堆的成本中占比约为 50%。电催化剂必须满足活性高、稳定性强、耐久性强等要求，才能使燃料电池正常工作。绝大多数燃料电池都需要使用贵金属铂做催化剂，这严重制约着燃料电池及其下游产业的发展：一是全世界铂资源量非常稀少，无法满足燃料电池用铂的需要。美国能源部（DOE）2021 年的统计数据显示，如果按现有技术实现燃料电池汽车商业化，车用燃料电池对铂资源的年需求量将高达 1160 吨，远超过目前全球铂的年均产量（约 180 吨）。[①] 二是铂催化剂存在着难以解决的催化剂中毒问题（催化剂接触到含硫、磷、氮的化合物时会立刻失去活性，导致电池性能大幅衰减甚至完全失效）。因此，如何在保证催化活性的前提下，降低铂的用量或开发非铂电催化剂，一直是燃料电池技术创新的重大课题。目前有三种技术路线。

一是低铂载量电催化剂。目前国际先进水平的催化剂铂载量已从原来的每平方厘米几毫克至几十毫克降低到 0.2 毫克，美国 3M 公司开发出可量产的膜电极的铂载量仅为 0.118 毫克 / 平方厘米，国内目前还处于 0.4 毫克 / 平方厘米的水平。[②] 虽然这些新型催化剂的铂载量已经大幅降低，但是成本并未降低，反而还大幅提升。因为低铂载量催化剂的材料制备工艺极其复杂，产量小且短时间内无法扩增，成品率、批次稳定性目前还无法很好保障。

二是非贵金属化合物电催化剂。即利用铁、钴、锰、铜、镍等过渡金属的碳化物、氮化物、氧化物、硫化物、磷化物等来实现催化功能。[③] 非

---

① 西部证券：《燃料电池发展加速，站在万亿蓝海起点》，2020 年。

② 黄龙、徐海超、荆碧等：《质子交换膜燃料电池铂基催化剂研究进展》，《电化学》2022 年第 28 卷第 1 期。

③ Bhoyate S D, Kim J, de Souza F M, et al., "Science and engineering for non-noble-metal-based electrocatalysts to boost their ORR performance: A critical review," *Coordination Chemistry Reviews*, 474 (2023).

贵金属化合物催化剂的优点是价格有竞争力，且制备过程中所需要的原材料相对简单、易于制备，稳定性也较好，并且在使用过程中没有催化剂中毒现象，但致命缺点是催化效率有限，会导致燃料电池的性能降低。

三是碳基电催化剂。即在碳基材料中，将硼、氮、氧、磷、硫、氟等非金属元素掺杂到碳基体表面。我国科研人员已经成功开发出硼氮共掺杂的碳基电催化剂，不仅在碱性和中性电解质（液）的工作环境中比铂的催化性能更优，而且使燃料电池的最大功率密度和放电电压也得到显著提升。[①] 高性能且可实现规模化生产的碳基电催化剂既摆脱了对贵金属铂的依赖，又可使电催化剂的成本降低 90% 以上，为燃料电池的规模化生产应用扫除了最主要的障碍。

2. 质子交换膜

质子交换膜在燃料电池中的作用是作为物理屏障将正极燃料与负极燃料分开（避免二者直接接触），为质子迁移提供通道，分离气体反应物并阻隔电解液。质子交换膜只能让质子透过，电子则通过外电路传导从而产生电能。

近年来，质子交换膜的技术改进方向主要是实现更高的质子电导率和更好的电化学稳定性、热稳定性及机械稳定性。质子交换膜的第一个商业化产品由美国杜邦公司在 20 世纪 70 年代推出，历经数十年的发展后，杜邦公司的全氟磺酸膜仍然是目前最广泛使用的材料。国产的质子交换膜多数使用戈尔（Gore）的增强复合膜，目前市场占有率已达到 10%以上。近年来，质子交换膜的国产化替代不断提速，一方面提升产品品质、加快验证扩大应用；另一方面扩建产能以降低成本，目前成本已降低

---

① Cheng R, Li K, Li Z, et al., "Rational design of boron–nitrogen coordinated active sites towards oxygen reduction reaction in aluminum–air batteries with robust integrated air cathode," *Journal of Power Sources*, 556. (2023).

30% ~ 40%，未来随着技术改进和国产质子交换膜使用寿命的提升，预计成本还能进一步下降。[①]

3. 气体扩散层

气体扩散层在燃料电池中的作用是支撑催化层、收集电流、传导气体和排出反应产物，不仅要具备良好的传质[②]、传热和导电性能，还要有良好的机械强度。

近年来，气体扩散层的生产技术工艺已日趋成熟稳定，未来进一步优化的方向是：薄型化发展以减小传导阻力，改善电池极化；扩大生产规模，使成本继续降低；提升在线控制和数字化管理水平；等等。随着膜电极性能和电堆功率的不断提升，气体扩散层的散热性、排水性需求都将进一步增强。现阶段燃料电池生产商大多采用日本东丽（Toray）和三菱（Mitsubishi）、美国 Avcarb、德国西格里（SGL）和科德宝（Feudenberg）等制造厂商的气体扩散层产品，其中日本东丽、美国 Avcarb 占据较大的市场份额。国外厂商已实现气体扩散层的规模化生产，有多款适应不同应用场景的产品销售。国内企业的气体扩散层技术和产品也在逐步进入产业化阶段，一些膜电极生产企业已开始应用国产气体扩散层材料，目前国内产品的技术指标已达到国外中等水平。[③]

4. 双极板

双极板是燃料电池的核心零部件，主要作用是支撑膜电极，为氢气、氧气和冷却液的流动提供通道并传导热量，需要具备良好的导电性、耐磨性和机械强度。如果把燃料电池电堆比作人体的话，双极板就相当于人体

---

① 于力娜、普星彤、朱雅男等：《车用质子交换膜燃料电池膜电极关键材料与结构设计进展》，《汽车文摘》2023 年第 5 期。

② 传质是质量传递（又称物质传递、质量传送）的简称，是体系中的物质在浓度差、温度差、压力差、电位差等推动力作用下，从一处转移到另一处的过程。

③ 国信证券：《氢能专题研究之一：氢能重点产业链介绍》，2021 年。

的骨骼和血管。双极板是质子交换膜燃料电池电堆的重要组件，其重量占燃料电池电堆的 60%～80%，成本占 20%～40%，并且几乎占据了燃料电池电堆的全部体积。

根据材料的不同，双极板可以分为石墨双极板、金属双极板以及复合材料双极板，三种材料的双极板各有优势。据高工产业研究院（GGII）的统计，2020 年国内燃料电池双极板市场上，石墨双极板占 65%，金属双极板占 35%。金属双极板批量生产的成本相对较低，且燃料电池电堆的体积要比采用石墨双极板小得多，未来应用将越来越广，进一步改进的方向主要是降低金属薄板厚度和提升表面涂层寿命。石墨双极板技术较为成熟，目前已基本实现国产化和规模化。目前全国燃料电池双极板的总产能已超过 2000 万片/年。[①]

5. 燃料电池封装工艺

燃料电池封装工艺是将燃料电池电堆、空压机、储氢箱、燃料箱、冷却系统、控制系统等部件集成在一起，是形成完整的燃料电池系统的重要环节。封装内部一般会设置氢传感器，氢浓度超标的时候，将以空气强制对流的方式排出聚集的氢，避免发生危险。此外，封装内部还要有电压巡检器件，以对电压输出情况进行监控和诊断。燃料电池封装工艺的水平（如密封性、一致性、自动化程度等）直接影响燃料电池系统的可靠性和耐久性。

发达国家的燃料电池封装工艺技术较为成熟，已形成了比较完整的技术体系和标准体系。日本在燃料电池封装工艺方面处于世界领先水平，其燃料电池系统体积小、重量轻、效率高、可靠性好。

我国的燃料电池封装工艺技术起步较晚，但近年来发展迅速，一些国内企业已掌握了燃料电池封装工艺的核心技术，并开发出了具有自主知识

---

① 艾邦氢能源技术网：《氢燃料电池行业研究报告》，2022 年。

产权的燃料电池产品。但总体而言，国内的燃料电池封装工艺技术水平仍与发达国家存在一定差距，特别是在高性能且高可靠性的密封材料、导热材料、减振材料等方面，尚处于起步阶段；此外，因大部分工序仍依靠人工操作，导致生产效率低、产品质量的一致性不足。

综上所述，日本、美国、德国、加拿大、韩国等发达国家在燃料电池制造技术方面总体上处于领先地位。我国燃料电池系统的国产化程度已达到 60%～70%，膜电极、双极板、空压机等核心部件均可自主生产，气体扩散层、电催化剂和质子交换膜等核心材料也在加速研发中，普遍处于测试验证阶段。①

二、镁燃料电池的独特优势和作用

（一）镁燃料电池的独特优势

1. 镁燃料电池的工作原理和技术优势

镁燃料电池以金属镁作为负极，以空气作为正极，通过金属镁和空气中的氧气发生氧化还原反应来产生电能，工作原理如图 2-5 所示。镁燃料电池使用的是中性电解液，放电时正极发生的是氧还原反应，负极发生的是镁氧化反应、转变为氢氧化镁，以沉淀物的形式存在。当负极的金属镁消耗完后，补充新的金属镁，镁燃料电池就可以连续不断地发电。

镁燃料电池电化学反应过程的方程式为：

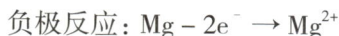

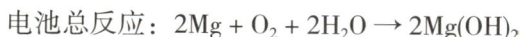

负极反应：$Mg - 2e^- \rightarrow Mg^{2+}$

正极反应：$O_2 + 2H_2O + 4e^- \rightarrow 4OH^-$

电池总反应：$2Mg + O_2 + 2H_2O \rightarrow 2Mg(OH)_2$

① 国联证券：《氢燃料电池汽车篇——氢风已至》，2021 年。

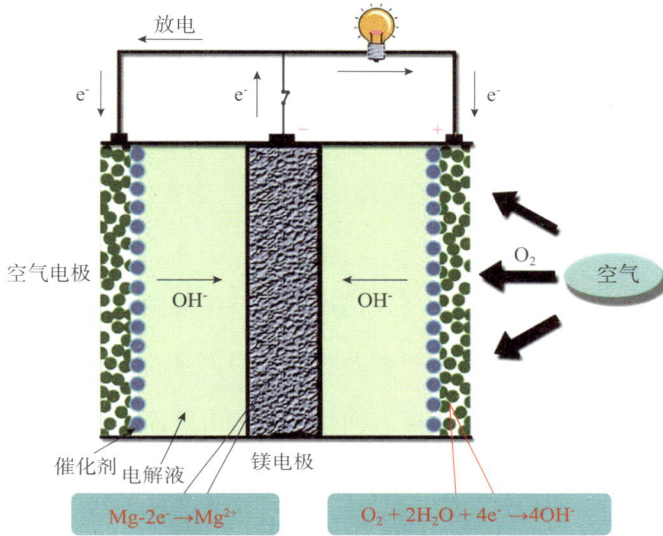

图2-5 镁燃料电池的工作原理

资料来源：Zhang T, Tao Z, Chen J, "Magnesium‐air batteries: from principle to application," *Materials Horizons*, 1. no.2 (2014).

与包括锂离子电池、铅酸电池、镍氢电池、氢燃料电池等在内的其他所有电池相比，镁燃料电池的独特之处在于它同时具备以下六大优点。

（1）资源储量大。镁元素在地壳中的资源丰度为2.1%，全球镁资源储量约1800万亿吨。假设地球上的镁资源全部开发为储能材料，蕴含的电量可供人类使用20万年（基于2023年全球发电量30万亿千瓦时计算）。而全球目前已探明的锂资源量仅9800万吨，即使全部加工成锂离子电池，所存储的电量也仅为全球几天的用电量。

（2）燃料易获取。镁燃料电池的"燃料"是金属镁，金属镁的冶炼在国际上有两种成熟工艺：一是电解法，即以镁矿石、海水或盐湖卤水为原料，将其制成以氯化镁为主要成分的熔体，再进行电解；二是热还原法，即以白云石为原料，用硅铁对白云石煅烧后产物中的氧化镁进行热还原。目前全球金属镁产量的82%在中国。

（3）能量密度高。镁作为储能材料，其理论能量密度高达6800瓦时/千克，目前实际能量密度为2000瓦时/千克~2300瓦时/千克，分别是锂离子电池的15倍和7倍左右。随着正负极材料性能的改善、电解液的优化、新型电池结构设计及工程装备水平的提高，实际能量密度可以提高到3200瓦时/千克以上。[①]

（4）全过程安全。除镁粉、镁箔这两种特殊形态外，金属镁及镁合金制品从生产、使用到储运的全过程及长期储存都是安全的，没有锂离子电池、氢燃料电池的易燃易爆风险，而且电池的电解液为中性的水溶液，即使泄漏也没有化学腐蚀。镁燃料电池可靠性高，可承受高海拔、高低温、水淹、针刺、冲击、挤压等多种极端苛刻的工作条件。

（5）寿命长、免维护。镁燃料电池没有自放电问题，可长期（10年~20年）储存而容量不会衰减，无须专人维护、定期巡检，使用时也无须充电，只需灌注电解液即可。金属镁随着燃料电池的发电而逐渐消耗，在燃料耗尽后只需更换新的镁金属板，就实现了能量的重新补充。

（6）易回收、无污染。镁燃料电池在发电过程中消耗的是金属镁、氧气和水，产出物只有氢氧化镁。氢氧化镁是有广泛用途的工业原材料，回收后既可以用于工业制造，也可以再电解制备成金属镁，通过镁燃料电池发电，实现镁资源的循环利用，整个过程没有污染物产生。而锂离子电池、铅酸电池退役后均存在回收利用难和环境污染大的问题。

与锂离子电池相比，镁燃料电池的不足之处是功率密度还不够高，这也是所有燃料电池都存在的缺陷。功率密度是指单位体积或单位质量所产生的功率，虽然在过去几十年里，镁燃料电池的功率密度已经显著提高，但是若希望它在汽车领域具有竞争力，功率密度还需要进一步提高。目前在对功

[①] Li L, Chen H, He E, et al., "High-energy-density magnesium-air battery based on dual-layer gel electrolyte," *Angewandte Chemie*, 133. no.28 (2021).

率密度没有特别要求的应用情景下，镁燃料电池具有较强的竞争力。

特别要强调的是，镁燃料电池并非镁离子电池，两者是截然不同的工作原理和技术路线。镁离子电池的工作原理（见图2-6）与锂离子电池相似，也是二次电池，但理论能量密度是锂离子电池的近2倍，且没有锂离子电池的燃爆风险。[①] 镁离子电池目前还处于研发的早期阶段，要实现重大技术突破还面临着诸多难点，比如：电池放电时负极表面会形成金属氧化物钝化膜，进而导致严重的体积膨胀和电池性能损害；还没有找到合适的电解液体系和正极材料晶体结构，因此镁离子电池的循环使用寿命太短，实际能量密度也低。"镁经济"绿色循环体系是建立在镁燃料电池的产业化应用基础上，而非镁离子电池。

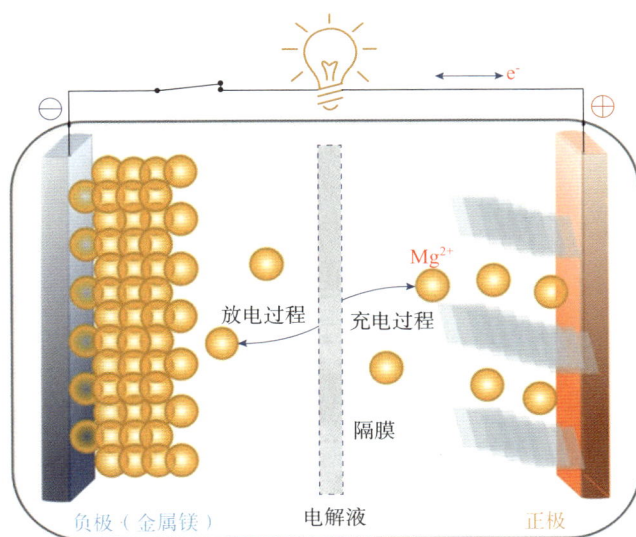

图2-6 镁离子电池的工作原理

资料来源：Bella F, De Luca S, Fagiolari L, et al. "An overview on anodes for magnesium batteries: Challenges towards a promising storage solution for renewables," *Nanomaterials*, 11. no.3 (2021).

[①] P. Bonnick, J. Muldoon, "A Trip to Oz and a Peak Behind the Curtain of Magnesium Batteries," *Advanced Functional Materials*, 30. no.21 (2020).

2. 镁燃料电池与其他燃料电池的比较

目前金属燃料电池在应用层面取得较大进展的主要是镁燃料电池、铝燃料电池和锌燃料电池，它们的技术参数对比如表 2-1 所示。

表2-1 常见金属燃料电池对比

	镁燃料电池	铝燃料电池	锌燃料电池
理论电压	3.1 V	2.7 V	1.6 V
理论能量密度	6800 Wh/kg	8100 Wh/kg	1350 Wh/kg
电化学当量	2.20 Ah/g	2.98 Ah/g	0.82 Ah/g
实际能量密度（基于负极材料）	2000 Wh/kg ~ 2300 Wh/kg	900 Wh/kg ~ 1200 Wh/kg	600Wh/kg ~ 800 Wh/kg
电解液	中性	碱性	碱性/中性
燃料	镁/镁合金	铝/铝合金	锌

资料来源：Li L, Chen H, He E, et al., "High-energy-density magnesium-air battery based on dual-layer gel electrolyte," *Angewandte Chemie*, 133. no.28 (2021); Tan W C, Saw L H, Yew M C, et al., "Analysis of the polypropylene-based aluminium-air battery," *Frontiers in Energy Research*, 9 (2021); Zhong X, Zheng Z, Xu J, et al., "Flexible Zinc-Air Batteries with Ampere-Hour Capacities and Wide-Temperature Adaptabilities," *Advanced Materials*, 35. no.13 (2023).

与铝燃料电池、锌燃料电池相比，镁燃料电池有两大技术优势。

（1）电压和实际能量密度最高。镁燃料电池的理论电压为 3.1 伏特（V），实际电压可达到 1.2 伏特 ~ 1.8 伏特，是三者中的最高水平。镁燃料电池的理论能量密度虽然没有铝燃料电池高，但实际能量密度却是铝燃料电池的 1.6 倍 ~ 2.5 倍、锌燃料电池的 2.5 倍 ~ 3.8 倍。

（2）镁燃料电池使用的是中性电解液，没有安全隐患。铝燃料电池和锌燃料电池均存在安全隐患，因为铝和锌在碱性电解液环境下均会发生严重的析氢副反应、释放出氢气，而且碱性电解液会导致电池在放电过程中发热，需要设计电池热管理系统以避免电池过热。

与氢燃料电池相比，镁燃料电池的主要缺陷是能量密度和功率密度要低很多，但是安全优势则更加突出，产业化难度要小得多。这是因为氢气非常容易泄漏和爆炸，氢气泄漏率是天然气的 3.8 倍，且燃烧、爆炸区间非常宽（空气中氢气的浓度在 4% ～ 75.6% 范围内都是高度易燃易爆区间，遇到明火或火花就可能发生爆炸），所以从制氢、储氢、运氢、加氢、用氢的全过程都存在重大安全风险；[1] 而且制氢、储氢、运氢的成本都很高，特别是储存和运输环节还存在重大技术瓶颈。因为氢分子是最小的分子，可以在固体金属中渗透扩散，氢的渗入会使金属的塑性变形能力显著降低，非常容易断裂，导致氢气泄漏，因此所有涉及氢储运的以及所有直接接触氢气的管道、储罐都必须使用特殊材料，目前人们还没有找到既安全又经济的储氢、运氢的技术手段。[2] 相比之下，镁燃料电池从生产、使用到储运的全过程及长期储存都没有易燃易爆和腐蚀性问题。

正因为镁燃料电池比锂离子电池有显著的高能量密度优势，比氢燃料电池有全过程的安全优势，所以在军用和民用领域的发展前景一直被业内高度看好，甚至认为"镁燃料电池的突破将会是电池工业的颠覆性革命"。

（二）镁燃料电池的重要作用

"镁经济"绿色循环体系既包括能源的绿色循环，也包括材料的绿色循环，而镁燃料电池则同时关联这两大绿色循环，并将它们交叉融合起来，实现优势互补。所以，镁燃料电池对于"镁经济"绿色循环体系的构建，起着重要的中心枢纽作用。

---

[1] 沈晓波、章雪凝、刘海峰：《高压氢气泄漏相关安全问题研究与进展》，《化工学报》2021 年第 72 卷第 3 期。

[2] Alessandro C, Federico U, Antonio A, et al., "A review on hydrogen embrittlement and risk-based inspection of hydrogen technologies," *International Journal of Hydrogen Energy*, 48. no.90 (2023).

1. 镁能源的绿色循环链

与化石能源和核能不同，镁能源和氢能源均能以"燃料可再生的方式"实现完整的能源循环，二者的循环机理相同（能源的储存与利用都是通过化学能与电能之间的转换来实现），只不过前者的循环介质是镁，后者的循环介质是氢。

镁和氢都无法从自然界中直接大量获取，需要依靠不同的技术路径和生产工艺来制取。制取金属镁和氢气的过程，就相当于把所消耗的能源转变成了化学能，储存在了镁原子和氢原子中。之后，金属镁和氢气作为燃料，分别通过镁燃料电池和氢燃料电池来发电，相当于把化学能又转变成了电能，由此就实现了完整的能源循环。这个过程中所消耗的金属镁，可通过对镁燃料电池发电的副产物回收利用后再次获得，而氢气可通过对自然界中广泛分布的水进行电解获得。如果源头上的金属镁和氢气的制取都是利用可再生能源来完成的话，那就等于真正实现了可再生能源的循环利用。因此，要实现碳中和、替代当前化石能源体系，镁和氢作为能源载体的独特优势——"以燃料可再生的方式"实现完整的清洁能源循环，是值得高度重视的。

在"镁经济"体系中，镁能源的绿色循环过程是以镁为载体，实现清洁能源的存储和使用，如图2-7所示。具体而言，清洁能源的存储过程是：利用风电、光电、水电等清洁可再生能源，在沿海、盐湖等镁矿资源丰富的地区，通过冶炼工艺将镁矿石或卤水中的镁元素制备成金属镁，这样可再生能源就以化学能的方式，储存在了镁原子中。清洁能源的使用过程是：通过镁燃料电池技术，将金属镁中储存的化学能转变为清洁稳定的电能。如果对镁燃料电池发电后的副产物进行回收，再利用风电、光电、水电等清洁能源进行提炼，就能再次得到金属镁。所以，镁这种银白色有金属光泽的固体，就其能源属性来说，本质是绿色可循环的新型固体燃料，它没有核燃料固有的放射性风险，也不会像化石燃料那样会枯竭，而且不存在严重的温室气体和污染物排放等环境问题。

图2-7　镁能源的绿色循环链

资料来源：王亦楠，《"镁经济"前景广阔，我国应抓住引领机遇》，《中国经济周刊》2024年第8期。

2. 镁材料的绿色循环链

镁材料的绿色循环链涉及两类重要原材料，即金属镁／镁合金、氢氧化镁／氧化镁。之所以称为"绿色"，是因为在"镁经济"的循环体系中，它们的生产工艺均可以由目前"四高"（高化石能源消耗、高排放、高污染、高成本）的模式转变成"四低"（低化石能源消耗、低排放、低污染、低成本）的模式，而且材料的纯度和品质也大有突破——可在世界上首次实现纯度在99.5%以上、细度在纳米级的氧化镁／氢氧化镁（简称超纯超细氧化镁／氢氧化镁）的工业化生产。

在本书中为便于讨论分析，将"镁经济"绿色循环体系生产出来的金属镁／镁合金、超纯超细氧化镁／氢氧化镁，统称为"镁质先进材料"。其中，"金属镁的生产工艺如何实现既清洁又经济"和"超纯超细氧化镁如何实现工业化生产"，将作为"镁经济"的主要优势在第三章中详细介绍，这里仅简单说明一下镁材料的绿色循环链（见图2-8）。

图2-8 镁材料的绿色循环链

资料来源：王亦楠，《"镁经济"前景广阔，我国应抓住引领机遇》，《中国经济周刊》2024年第8期。

　　海洋和盐湖中含有极其丰富的镁资源，"镁经济"绿色循环体系以海水／盐湖卤水为原料，先从消纳目前盐化工行业难以处理的废弃物苦卤开始。苦卤来自晒盐后的浓海水或卤水，主要成分是氯化镁。海水／盐湖卤水在制盐过程中提取大量食盐的同时，也实现了对镁元素的浓缩，镁含量从原本在海水中的0.135%提高到了8%以上。苦卤进一步精制为无水氯化镁后，镁含量提升至25%。

　　利用风电、光电、水电等清洁可再生能源对无水氯化镁进行电解，产物是金属镁和氯气，这一过程相当于将波动性、间歇性的风光电变成了稳定的、易储存的化学能，储存在了金属镁中。金属镁既可以用于镁合金制造，也可以作为镁燃料电池的"燃料"来发电；若是后者，产物有两个：一是清洁稳定的电能，二是超纯超细氢氧化镁和超纯超细氧化镁（氢氧化镁脱水后即是氧化镁）。

　　氯气的产出和消纳必须维持平衡状态，也称"氯平衡"。氯气是有广泛应用的化工原料，比如聚氯乙烯生产、自来水净化、溴素制取、精细化工等。在"镁经济"的绿色循环体系中，要实现氯平衡，除了给目前化工行业提供零成本的氯气原料之外，还可将镁燃料电池生产出来的氢氧化镁／氧化镁直接氯化生成氯化镁，进而通过电解工艺制取金属镁，形成镁元素的资源循环。与此同时，不稳定的可再生能源就源源不断地变成了稳定输出的电能。

"镁经济"绿色循环体系从根本上颠覆了目前金属镁／镁合金、氢氧化镁／氧化镁以"四高"为特征的生产工艺，不仅使材料的纯度、细度等性能指标更优异，而且实现了金属镁产业链的进一步延伸：除了镁合金、冶金还原剂、钢铁脱硫剂等传统应用之外，金属镁还可以作为氢氧化镁／氧化镁生产的原材料，它们因镁燃料电池而产生关联，并可以实现循环利用。

第三章

"镁经济"的核心产业及主要优势

一、"镁经济"的绿色循环

镁具有工业材料和能源载体的双重属性，"镁经济"是以镁元素为介质的绿色循环经济，既包括清洁能源的绿色循环，也包括镁质先进材料的绿色循环。整个绿色循环产业体系的源头，从材料角度讲是取之不尽的海水／盐湖卤水，从能源角度讲是用之不竭的可再生能源。伴随着镁元素以镁盐、金属镁／镁合金、超纯超细氧化镁／氢氧化镁等不同物质的转变，"镁经济"既实现了清洁能源安全高效的存储和利用，又为国民经济众多领域提供了性能优异的重要原材料。简而言之，"镁经济"是新能源与新材料两大产业交叉融合、优势互补的绿色循环经济，是与镁资源的开发利用有密切关联效应的、庞大的现代产业集群。在前述镁能源和镁材料两个绿色循环链的基础上，"镁经济"整个绿色循环体系如图3-1所示。

在"镁经济"绿色循环体系中，镁质先进材料即金属镁／镁合金、超纯超细氧化镁／氢氧化镁，因具有优异的物理化学性能和多种功能特性，均是工业领域非常重要的基础原材料，广泛用于汽车高铁、航空航天、武器装备、电子电气、生物医药、冶金陶瓷、石油化工等众多领域的高端制造。因此，"镁经济"绿色循环所关联的产业体系按上游、中游、下游划

图3-1 "镁经济"绿色循环体系及关联产业

资料来源：王亦楠，《"镁经济"前景广阔，我国应抓住引领机遇》，《中国经济周刊》2024年第8期。

分，如表3-1所示。其中，上游和中游可称为"镁经济的核心产业"，因为直接关系着镁质先进材料和镁能源的生产；下游可称为"镁经济的外延产业"，包括镁质先进材料和镁能源的所有应用领域。因应用领域众多，难以面面俱到，表3-1仅列出几个典型应用为例。

特别要强调的是，"镁经济"并非一个横空出世的新概念、新构想，而是在现实社会中已有广泛而深厚的产业基础。"镁经济"绿色循环体系本质上正是"短板产业补链、优势产业延链、传统产业升链、新兴产业建链"的新发展格局、新质生产力的体现。本章重点阐述"镁经济"的核心产业和主要优势，而外延产业即镁质先进材料和镁能源的重要应用及其对世界产生的深远影响，将在第四章深入剖析。

表3-1 "镁经济"绿色循环所关联的产业体系

上游	中游	下游
（1）清洁能源 　—风电产业 　—光电产业 　—水电产业 　…… （2）盐化工产业 　—制盐 　—PVC生产 　—溴素制取 　…… （3）金属镁产业 　—电解法炼镁 　—金属镁应用	（1）镁燃料电池制造/发电 （2）超纯超细氧化镁/氢氧化镁生产	（1）镁合金应用 　—交通运输 　—国防军工 　—3C电子 　—生物医用 　…… （2）超纯超细氧化镁应用 　—高温产业（冶金、水泥、玻璃、陶瓷等） 　—化工产业（合成氨、石油化工、煤化工等） 　—电气产业（电机、变压器、家用电器等） 　…… （3）镁燃料电池应用 　—电动汽车 　—应急电源 　—海岛发电 　—单兵电源 　……

资料来源：作者制作。

二、"镁经济"的核心产业

"镁经济"的核心产业是指与镁质先进材料（金属镁／镁合金、超纯超细氧化镁／氢氧化镁）和镁能源的生产直接关联的产业，主要包括五大类：可再生能源产业、盐化工产业、金属镁产业、镁燃料电池产业、氧化镁／氢氧化镁产业。目前除了镁燃料电池尚未实现产业化，其余四大类产业均已有成熟的生产工艺、良好的产业基础和庞大的市场需求。在世界经济可持续发展、"双碳"战略的大趋势下，"镁经济"核心产业的未来发展潜力巨大、前景光明。

（一）可再生能源产业

可再生能源包括水能、风能、太阳能、生物质能、波浪能、潮汐能、地热能等，是自然界中可以循环再生且取之不尽、用之不竭的清洁能源，也是实现可持续发展和绿色能源转型的重要基础、发展方向。在"镁经济"绿色循环体系中，可再生能源产业的作用是提供所需的能量来源。这里仅就目前已经大规模开发利用的风力发电、光伏发电和水力发电作简要介绍。

1. 风力发电

风力发电是利用风力发电机组将风能直接转化为电能，是目前可再生能源中技术最成熟、最具有规模化开发条件和商业化发展前景的发电方式之一。风力发电分为陆上风电和海上风电，陆上风电场建设难度和成本较低，但会受地形和城市规划的影响；海上风力发电场（见图3-2）建设难度和成本较高，但是不受地形的限制。

图3-2 海上风力发电场

资料来源：中国广核集团有限公司。

如图3-3所示为2006年以来全球风电累计装机容量的增长情况。2006—2023年，全球风电累计装机容量约增长了13倍，截至2023年底达到 1021 吉瓦，约占全球可再生能源总装机容量的 27%。[①]

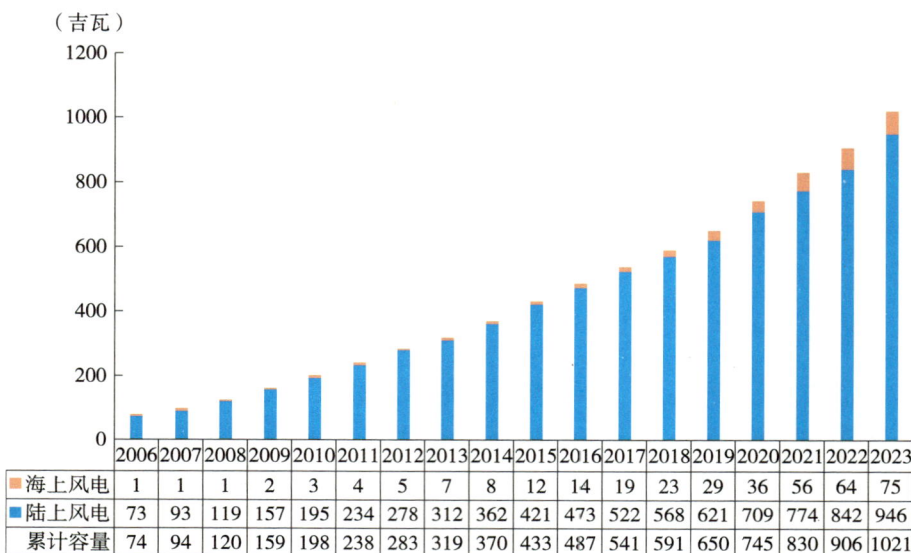

（吉瓦）

	2006	2007	2008	2009	2010	2011	2012	2013	2014	2015	2016	2017	2018	2019	2020	2021	2022	2023
海上风电	1	1	1	2	3	4	5	7	8	12	14	19	23	29	36	56	64	75
陆上风电	73	93	119	157	195	234	278	312	362	421	473	522	568	621	709	774	842	946
累计容量	74	94	120	159	198	238	283	319	370	433	487	541	591	650	745	830	906	1021

图3-3 2006—2023年全球风电累计装机容量的变化情况

资料来源：GWEC, "Global Wind Report 2024," 2024.

　　全球风力发电在过去十多年间呈现成本快速下降的趋势，目前已进入平价时代。根据国际可再生能源署（IRENA）发布的报告《2022 年可再生能源发电成本》，与 2010 年相比，2022 年全球新增陆上风电和海上风电的平准化度电成本已分别降至 0.033 美元 / 千瓦时和 0.081 美元 / 千瓦时，降幅分别高达 69% 和 59%。根据彭博新能源财经（BNEF）的预测，随着风电机组技术不断进步和风能转化效率不断提高，风电成本还将继续保持下降趋势，预计 2050 年全球陆上风电和海上风电的平准化度电成本将分别降至 0.020 美元 / 千瓦时和 0.037 美元 / 千瓦时。根据全球风能协会（GWEC）《全球风电报告 2024》的预测，未来全球风电新增装机容量仍将

---

① IRENA, "Renewable energy statistics 2024," 2024.

以年均 9.4% 左右的速度稳定增长，2028 年新增装机容量将达到 182 吉瓦，风电发展前景光明。图 3-4 为 2024—2028 年全球风电新增装机容量的发展趋势预测。

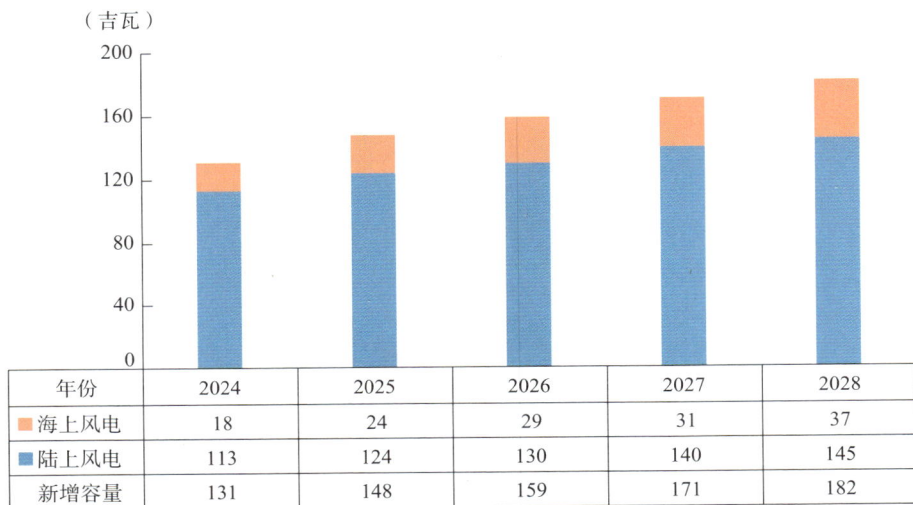

（吉瓦）

年份	2024	2025	2026	2027	2028
海上风电	18	24	29	31	37
陆上风电	113	124	130	140	145
新增容量	131	148	159	171	182

图3-4 2024—2028年全球风电新增装机容量的发展趋势预测

资料来源：GWEC, "Global Wind Report 2024," 2024.

中国风电资源非常丰富。根据国家气候中心的最新研究成果，中国陆上 100 米高度的风电资源技术可开发量约为 8690 吉瓦（其中东北、西北、华北的陆上风电技术可开发量占全国的 68.67%，华中、华东、华南的占比为 31.33%），近海 100 米高度的风电资源技术可开发量约为 2250 吉瓦（其中广东、浙江、山东、福建、江苏和海南的海上风电技术可开发量均在 200 吉瓦以上，广东以 536 吉瓦位居全国第一）。[①] 当前，无论是陆上风电还是海上风电，无论是累计装机还是新增装机，中国都已成为全球规模最大的风电市场。

---

① Wang Y, Chao Q C, Zhao L, et al., "Assessment of wind and photovoltaic power potential in China," *Carbon Neutrality*, 1. no.1 (2022).

截至 2023 年末，中国陆上风电和海上风电的累计装机容量分别为 404 吉瓦和 37 吉瓦。[①] 图 3-5 为 2023 年全球陆上风电和海上风电的累计装机国家占比情况，中国陆上风电和海上风电的全球占比分别为 43% 和 50%，均为世界第一。

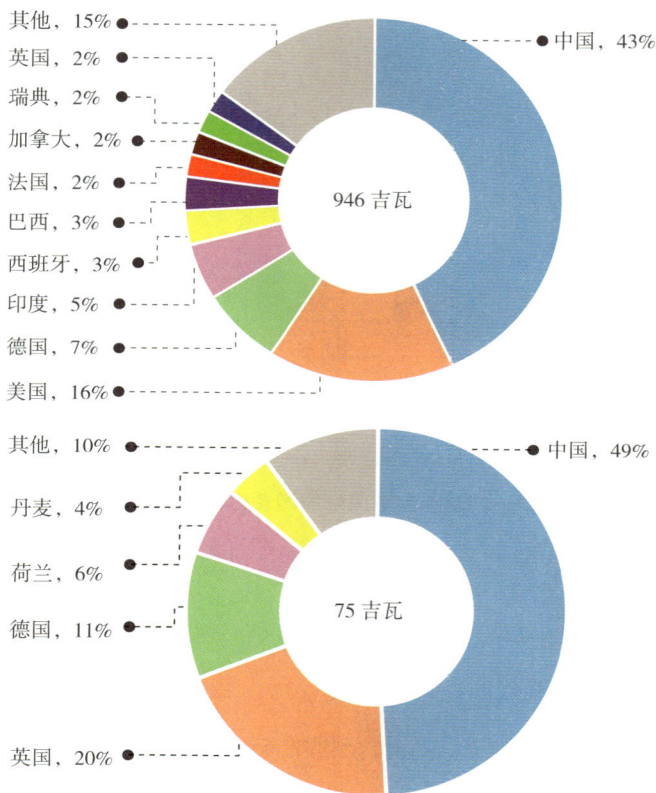

图3-5　2023年全球陆上风电（上）和海上风电（下）累计装机的国家占比情况

资料来源：GWEC, "Global Wind Report 2024," 2024.

风力发电已成为中国的重要电力来源之一。2010—2023 年中国风电累计装机容量增长了 8 倍多，2023 年风电并网装机容量达到 441 吉瓦、发电

---

① GWEC, "Global Wind Report 2024," 2024.

量为 0.89 万亿千瓦时，分别占全国发电总装机容量的 15% 和总发电量的 9.6%。[1] 图 3-6 为 2015 年以来风电在中国电力结构中占比的增长趋势。随着中国"双碳"目标的实施和能源转型的加快，未来风电发展潜力巨大。

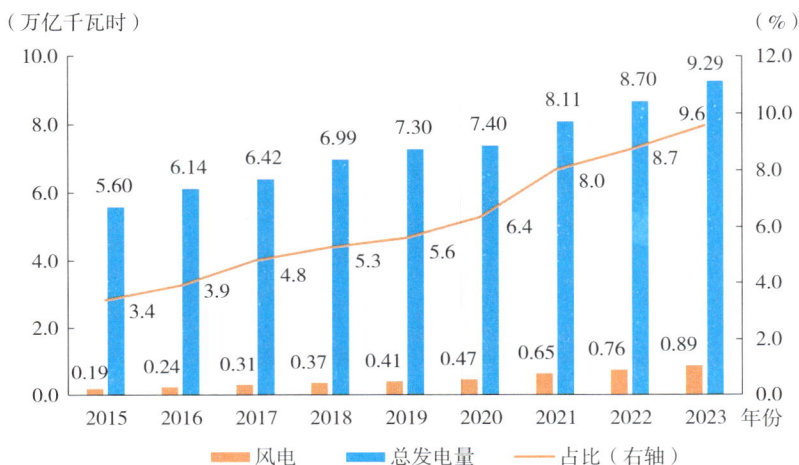

图3-6　2015—2023年风电在中国电力结构中占比的增长趋势

资料来源：国家能源局。

2. 光伏发电

光伏发电是利用半导体材料的光伏效应，将太阳光辐射能直接转换为电能的一种发电方式，能量来源于取之不尽、用之不竭的太阳能（见图 3-7）。随着技术进步使光伏发电的成本不断下降，2000 年以后全球光伏市场快速发展起来，光伏发电成为所有可再生能源中装机增长最快的能源。图 3-8 为 2008 年以来全球光伏发电每年新增装机容量的变化情况，2008—2023 年全球光伏发电装机容量约增长了 57 倍。[2] 截至 2023 年底，全球光伏发电累计装机容量达到 1600 吉瓦，约占可再生能源总容量的 37%，发

---

[1] 国家能源局：《2023 年全国电力工业统计数据》，2024 年。
[2] IEA PVPS, "Snapshot 2024," 2024.

电量为 1.7 万亿千瓦时。[①] 光伏发电已成为全球电力装机新增容量的主要来源之一。

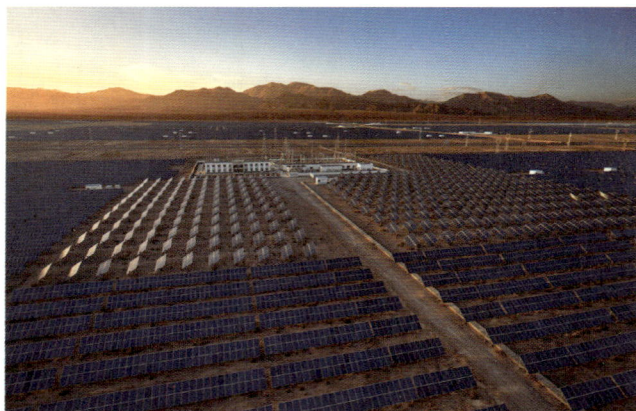

图3-7　青海德令哈光伏发电站

资料来源：余味摄影（协鑫集团有限公司）。

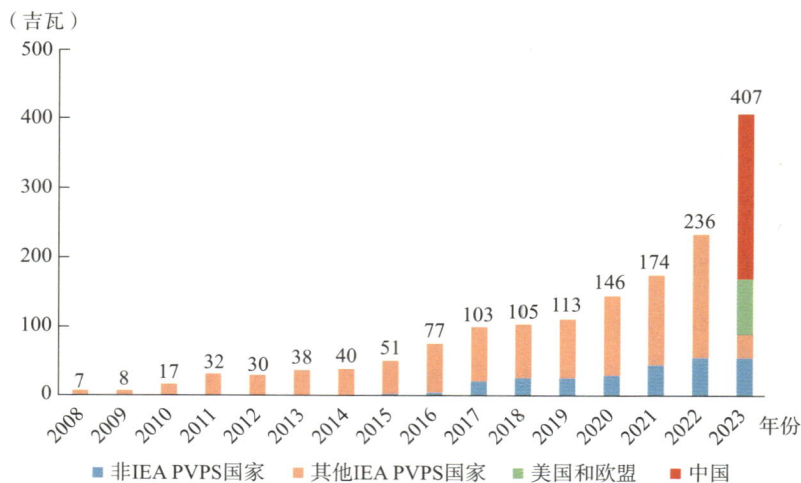

图3-8　2008—2023年全球光伏发电新增装机容量的变化情况

资料来源：IEA PVPS, "Snapshot 2024," 2024.

---

① IRENA, "Renewable capacity statistics 2024," 2024.

目前全球光伏发电已经进入平价时代。根据国际可再生能源署发布的报告《2022年可再生能源发电成本》，2022年全球新增光伏发电的平准化度电成本已降至0.049美元/千瓦时，比2010年降低了89%。根据彭博新能源财经的预测，得益于持续的技术进步、更大的规模经济和更低的融资成本，全球光伏发电的成本还将继续保持下降趋势，2050年平准化度电成本将降至0.020美元/千瓦时。国际能源署（IEA）的《全球能源部门2050年净零排放路线图》预测，2050年全球光伏发电累计装机容量将超过14000吉瓦、风电累计装机容量将超过8000吉瓦（见图3-9）。

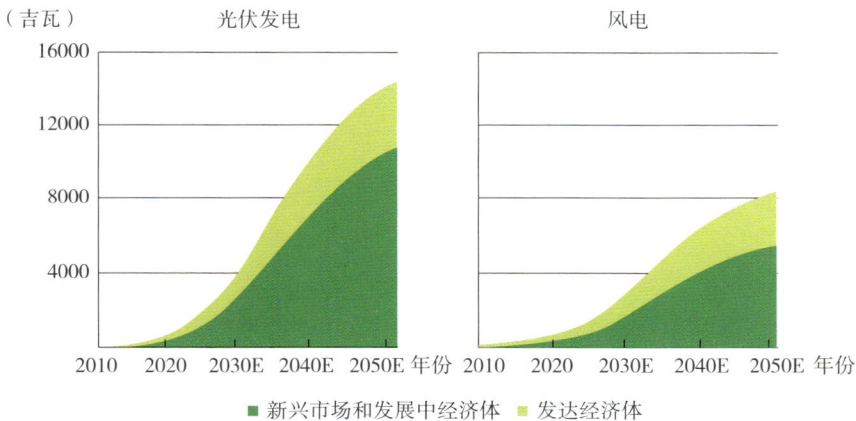

图3-9 国际能源署对光伏发电、风电的装机容量的发展趋势预测（至2050年）

资料来源：IEA, "An updated roadmap to Net Zero Emissions by 2050," 2021.

中国是世界上太阳能资源最富集的国家。根据国家气候中心的最新调查研究成果，中国陆地集中式光伏发电的技术可开发量约为41880吉瓦，其中"三北"地区（东北、西北、华北）的技术可开发量占比为90.95%，而中东南部地区（华中、华东、华南）仅占9.05%；中国陆上分布式光伏发电的技术可开发量约为3730吉瓦，其中"三北"地区的技术可开发量占全国总量的 51.34%，而中东南部地区的占比为 48.66%。[①]

　　中国自 2013 年起就成为全球最大的光伏发电市场，并一直保持至今。图 3-10 为 2010 年以来中国大陆光伏发电装机容量的增长情况，2010—2023 年光伏发电累计装机规模增长了 869 倍，截至 2023 年底光伏发电总装机容量达到 609 吉瓦、发电量为 0.58 万亿千瓦时，分别占全国电力总装机容量和总发电量的 20.9%、6.2%。[②] 经过产业链上下游的不断技术创新，中国光伏发电产业已摆脱了对补贴政策的依赖，2021 年开始全面实现平价上网。图 3-11 为 2015 年以来光伏发电在中国电力结构中占比的增长趋势。随着中国"双碳"目标的实施和能源转型的加快，未来光伏发电的发展潜力巨大。

（吉瓦）

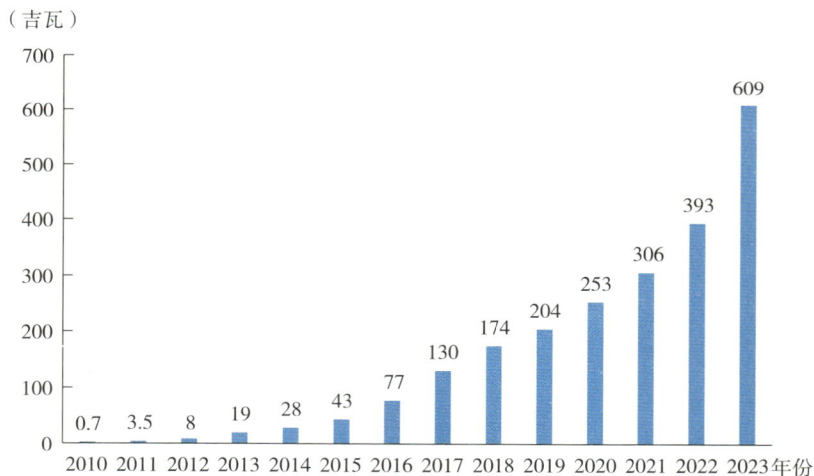

图3-10　2010—2023年中国大陆光伏发电装机容量的增长情况

资料来源：国家能源局。

---

　　①　Wang Y, Chao Q, Zhao L, et al., "Assessment of wind and photovoltaic power potential in China," *Carbon Neutrality*, 1. no.1 (2022).

　　②　国家能源局：《2023 年全国电力工业统计数据》，2024 年。

（万亿千瓦时）   （%）

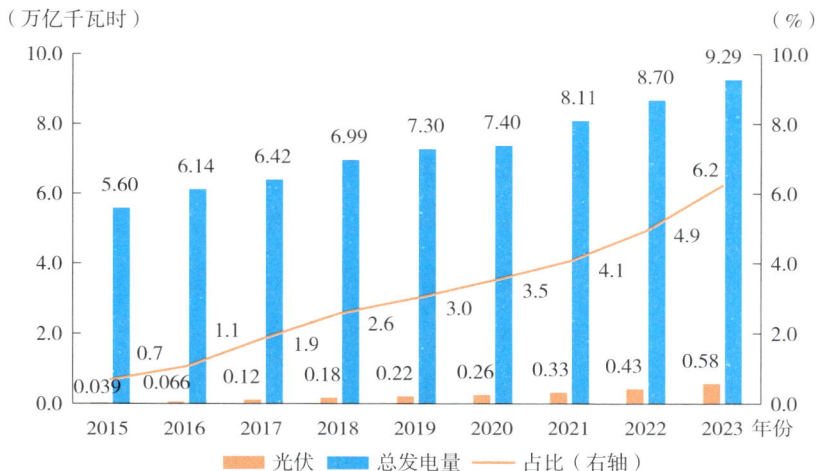

图3-11 2015—2023年光伏发电在中国电力结构中占比的增长趋势

资料来源：国家能源局。

3. 水力发电

水力发电是将水的势能转变成机械能、再转变成电能的过程，即利用河流、湖泊等位于高处的水流至低处，将其中所含势能转换成水轮机之动能，然后水轮机推动发电机发电（见图3-12）。水力发电包括常规水电和抽水蓄能。与其他电源相比，水电的优势是启停迅速、运行灵活，能快速响应电力负荷的变化，既是电力系统灵活调节的最有效手段，又是应对极端气候和突发事件风险、保障电力系统安全稳定运行的"压舱石"。

发达国家大江大河的水能资源早在20世纪六七十年代就已基本开发完毕，平均水电开发程度高达80%，有力支撑了"以风能太阳能为中心"的能源转型。实践证明，水电是风能和太阳能大规模发展的"超级蓄电池"。[1] 通过水电开发使后者变成稳定可控的优质能源，既是当前发达国

---

[1] 王亦楠：《推进"能源革命"需要深化供给侧结构性改革》，《中国经济周刊》2017年第8期。

家的重要经验，也是未来发展的重要方向。当前随着火电的逐步退出，发达国家仍在努力挖掘水电的资源潜力，包括大力建设抽水蓄能电站、积极开发小水电、对老旧水电站进行升级改造等，为电力系统提供灵活调节电源。[①] 发展中国家的水电装机近年来也在持续增长，根据国际可再生能源署统计数据，2010—2020 年水电装机容量年均增加 28.26 吉瓦。就发电量而言，水电目前仍然是全球范围内最大的可再生能源，约占全球电力的 1/6、低碳电力的 1/2、可再生能源总容量的 2/5。

图3-12　世界最高大坝——雅砻江锦屏一级水电站

资料来源：雅砻江流域水电开发公司。

图 3-13 为 2023 年全球各地区水电装机容量的占比情况。根据世界水电协会（IHA）的数据，截至 2023 年底全球水电装机容量总计 1416 吉瓦，东亚和太平洋地区的水电装机规模最大，累计达到 562 吉瓦，占全球水电总装机的 39.7%；其次为欧洲地区，装机容量为 259 吉瓦，占全球水电总装机的 18.3%；另外北美和中美洲地区、南美洲地区、南亚和中亚地区的水电装机容量分别为 206 吉瓦、181 吉瓦、166 吉瓦，分别占全球的 14.5%、

---

① 　王亦楠：《加快水电开发是构建新型电力系统的重要支撑》，《经济要参》2022 年第 38 期。

12.8% 和 11.7%；非洲地区的水电装机容量最小，为 42 吉瓦，仅占全球的 3.0%。按具体国家来划分，2023 年全球水电装机容量排名前五的国家分别为中国、巴西、美国、加拿大、俄罗斯。其中，中国水电装机容量为 421 吉瓦，占全球的 29.7%；巴西和美国分别为 110 吉瓦和 102 吉瓦，分别占全球的 7.8% 和 7.2%。[①]

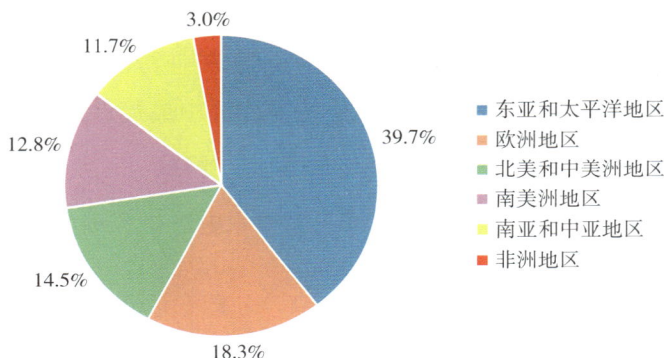

图3-13　2023年全球各地区的水电装机容量占比

资料来源：IHA, "2024 World Hydropower Outlook," 2024.

2021 年 6 月 30 日，国际能源署首次发布的《水力发电市场报告》特别指出，水电是能源转型的基石、低碳发电的支柱，水电是最经常被人们忽视的清洁电力巨头，全球能源转型不要"遗忘"水电。报告中有 4 个结论值得重视：一是水电不仅是已经成熟应用的清洁能源，而且有着其他电源无可比拟的灵活性和储能优势，能有效抵消风电和太阳能间歇性和波动性的不良影响，对电力系统灵活性、安全性作出了重大贡献；二是如果全球各国想如期实现气候目标，各国政府应尽快解决水电发展的绊脚石，将水电纳入能源和气候议程；三是 2030 年以前全球水电增速应在目前预测基础上翻倍，达到 40% 以上；四是全球有经济开发潜力的水电资源还有

---

① IHA, "2024 World Hydropower Outlook," 2024.

1/2 尚未开发，主要集中在中国、印度、土耳其、埃塞俄比亚等国家，水电开发的多重效益对发展中国家的经济社会发展尤为重要。

中国地域辽阔、河流众多，得益于世界第三极青藏高原的高海拔，同样的河流、同样的水量，在中国会得到高于国外几倍的水能。根据 2012 年全国水利资源复核结果，中国水能资源的理论蕴藏量是年发电量 6.08 万亿千瓦时，技术可开发的水电装机容量高达 687 吉瓦、年发电量为 3 万亿千瓦时，资源总量居世界第一，占全球水能资源的 15%；中国人均水能资源占有率为世界平均水平的 81%，是各类能源中最接近世界平均水平的资源。中国十四大水电基地（雅鲁藏布江、金沙江、长江、大渡河、雅砻江、澜沧江、怒江、黄河等）的技术可开发水电装机容量达 402 吉瓦，年发电量为 1.76 万亿千瓦时。

水电是目前中国电力结构中的第二大电源。2023 年全国发电装机总容量和总发电量分别为 2920 吉瓦和 9.29 万亿千瓦时，各类电源的贡献占比如图 3-14 所示，其中水电在总装机容量和总发电量中所占的比重分别为 14.4% 和 13.8%，包括水电在内的可再生能源发电总量达到 2.75 万亿千瓦时、占总发电量的 29.6%。[①] 特别要指出的是，尽管中国常规水电的装机规模在 2023 年已经高达 421 吉瓦、居世界第一，但水能资源的开发程度与发达国家相比还有较大差距。按国际通行的发电量之比（水电实际年发电量与技术可开发的水电年发电量的比值）来计算，发达国家的平均水电开发程度为 80%，而截至 2023 年底中国常规水电的开发程度仅为 44%（仅为发达国家平均水平的 1/2 左右），抽水蓄能装机在电网中的占比也明显低于发达国家 5% ~ 10% 的平均水平，严重滞后于电力系统的需求。因此，中国水电资源待开发的潜力还很大，在大力发展风能、太阳能且要保障电

---

① 国家能源局：《2023 年全国电力工业统计数据》，2024 年。

力系统安全稳定的新形势下，迫切需要加快水电开发，并及时转变水电的功能定位——从传统的"电量供应为主"转变为"电量、储能、容量支撑并重"。

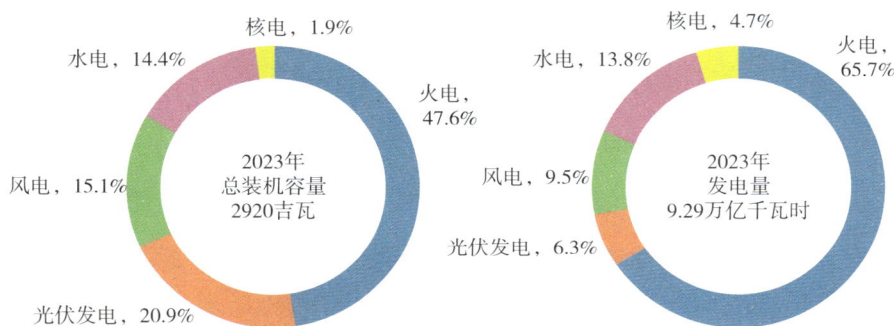

图3-14　2023年中国各类电源的装机容量（左）和发电量（右）占比

资料来源：国家能源局。

按照中国水电"三步走"发展战略，到2030年常规水电的装机容量和年发电量将分别达到430吉瓦和1.85万亿千瓦时，到2050年水电的装机容量和年发电量将分别达到660吉瓦（包括抽水蓄能电站）和2.19万亿千瓦时。也就是说，2050年中国水能资源的开发程度将达到80%（相当于发达国家水电开发程度的平均水平），技术可开发的水能资源绝大部分得到开发利用。2021年发布的《抽水蓄能中长期发展规划（2021—2035年）》明确提出到2030年抽水蓄能投产总规模将达到120吉瓦左右。按照世界水电协会提出的全球水电"2050年2050吉瓦"（相当于全球水电开发程度达到50%）的发展构想，中国水电将占其中的1/3。水电开发对保障国家能源安全和水安全、实现"双碳"目标具有不可替代的重要作用，发展前景看好。

（二）盐化工产业

盐化工是把盐或盐卤资源加工成氯酸钠、氯化铵、纯碱、烧碱、盐酸、氯气、氢气、金属钠等产品，并对它们进一步深加工和综合利用的过程。盐化工产业不仅提供了"三酸两碱"中的烧碱、纯碱和盐酸，而且可向下游延伸生产聚氯乙烯（PVC）、溴素、环氧化合物、含氯中间体等多种重要的基础化工原料及众多的精细盐化工产品。

在"镁经济"绿色循环体系中，盐化工产业的作用是提供所需的材料来源即废弃物苦卤，并消纳苦卤电解过程中的副产物氯气以实现氯平衡，主要涉及制盐、PVC 生产和溴素制取三个产业。

1. 制盐

制盐即制作食盐或工业用盐的过程，根据盐产品的原料来源可分为海盐、湖盐和井矿盐，按照用途可分为食用盐、两碱工业盐和小工业盐。苦卤的主要成分是氯化镁，是制盐过程的副产品。制盐过程是将海水或盐湖水进行蒸发浓缩、冷却结晶，得到主要成分为氯化钠的原盐，剩余部分即为苦卤。制盐过程会产生大量苦卤，因无法排放入海、湖、井中，只能做废弃物堆放。"镁经济"为苦卤提供了资源化、高值化的利用路径。

盐的工业用途广泛，从化工生产到食品加工、从水处理到制药，盐都是一种不可或缺的基本原料，制盐也是国民经济发展的重要基础产业之一。根据中国盐业协会的《我国制盐工业格局及发展趋势分析》，目前全球可以规模化生产盐的国家约 100 个，其中排名前 15 位国家的盐产量约占全球总产量的 85%，主要产地分布在亚洲、北美洲、大洋洲和欧洲，主要消耗地在亚洲、北美洲和欧洲。[①]2023 年全球盐业市场规模为 340.7 亿美元，随着经济的发展和人口的增加，食品和化工行业的市场需求将不断

---

① 中国盐业协会：《我国制盐工业格局及发展趋势分析》，2022 年。

扩大，预计制盐产能和产量将大幅增加，2024—2032 年全球盐业市场的年复合增长率（CAGR）为 5.3%，2032 年市场规模将达到 540.2 亿美元。[①]

中国和美国是全球主要的原盐生产国。中国原盐的产能和产量均居世界第一，根据中国盐业协会官方网站的数据，2016—2023 年中国制盐产能大约在 1.11 亿吨～1.24 亿吨区间波动，产量在 0.88 亿吨～1.03 亿吨区间波动，原盐供需总体平衡（见图 3-15）。

（亿吨）

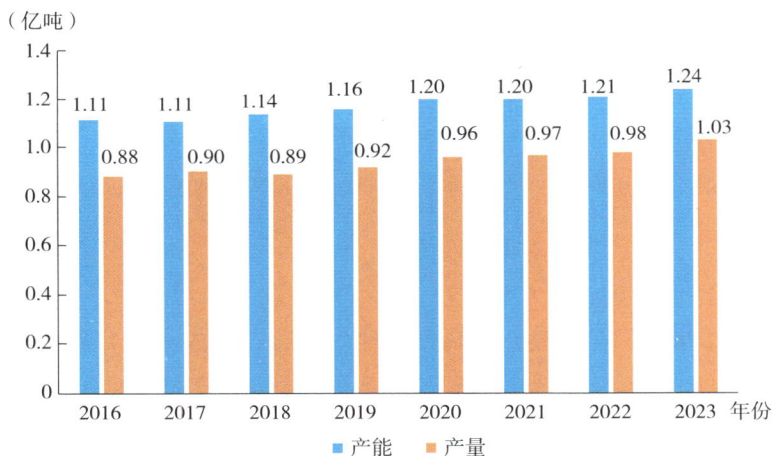

图3-15 2016—2023年中国制盐产能和产量的变化情况

资料来源：中国盐业协会。

从中国原盐生产结构来看，2023 年制盐产能为 1.24 亿吨，其中海盐、湖盐、井矿盐的占比分别为 27.7%、14.3%、58.0%；2023 年制盐产量约为 1.03 亿吨，其中海盐、湖盐、井矿盐的占比分别为 23.2%、17.2%、59.6%。从 2023 年中国原盐需求结构来看（见图 3-16），工业盐占总需求量的比重约为 87.6%，食盐作为一种基本生活必需品，需求量相对稳定，占比约为 11.1%。在食盐产品中，87.3% 为井矿盐、10.0% 为海盐、2.7% 为湖

---

① Fortune Business Insights, "Salt Market Size, Share & Industry Analysis," 2024.

盐。制盐工业在国民经济中占有重要经济地位，未来随着盐酸、烧碱、纯碱、氯化铵、氯气等主要工业品的需求量增长，我国制盐工业将保持稳步增长。

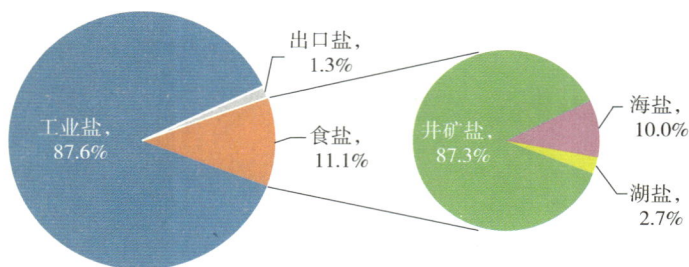

图3-16 2023年中国原盐需求结构

资料来源：中国盐业协会，《2023年全国盐业产销及运行情况报告》，2024年。

2. PVC 生产

聚氯乙烯（PVC）是重要的有机合成材料、五大通用合成树脂之一，因具有优良的耐化学腐蚀性、电绝缘性、阻燃性、质轻、强度高且易于加工等优点，作为基础材料广泛应用于国民经济众多领域。比如，在建筑行业，PVC 管材替代了传统的铸铁管和陶瓷管，PVC 地板替代了木质地板和瓷砖；在包装行业，PVC 替代了玻璃、金属等传统包装材料；在汽车、电子、化工等很多工业领域，PVC 替代了大量金属和橡胶材料。氯气、乙烯或电石是 PVC 生产的主要原材料。

虽然近年来全球 PVC 产业的产能产量一直持续增长，但仍存在着较大的供需缺口。2022 年全球 PVC 产能约为 6100 万吨，产量在 4600 万吨以上，而需求量高达 5571.5 万吨。目前 PVC 产能主要集中在中国、美国、日本、印度和东南亚国家，需求主要集中在东北亚地区、北美洲及欧洲（PVC 消费量分别占世界总消费量的 52%、9% 和 11%），其中中国和印度分别为世界第一和第二 PVC 需求大国（见图 3-17）。

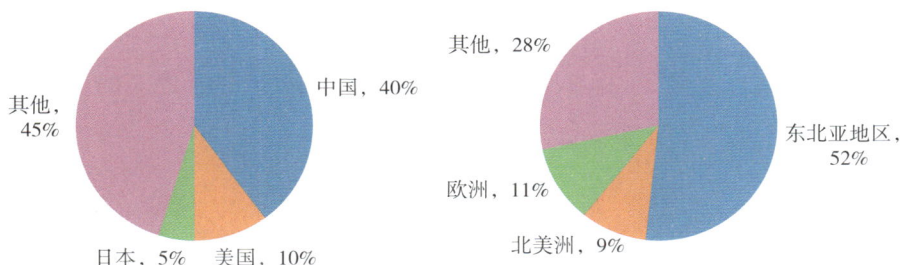

图3-17 2022年全球PVC产业的产能分布（左）和需求分布（右）

资料来源：前瞻产业研究院，《2023年全球PVC行业发展现状分析》，2023。

据德国 Statista 数据库预测，全球 PVC 产能、产量和市场规模将持续增长，2025 年、2030 年产量将分别达到 5972 万吨、7500 万吨。[①] 未来 PVC 的市场增长主要来自印度、东南亚、中东欧、南美等国家和地区，因为随着城镇化进程加快、城市人口比例不断上升，住房基础设施建设和消费品的需求将不断上升。全球 PVC 市场的强劲增长前景将引发新的投资热潮，预计 2024—2027 年至少每年新增 900 万吨的产能，且大部分新增产能集中在中国和印度。[②]2023 年全球 PVC 市场规模为 453.0 亿美元，预计 2024—2031 年将保持 3.8% 的年复合增长率，2031 年将达到 609 亿美元（见图 3–18）。[③]

目前中国是全球最大的 PVC 生产国和消费国，2023 年产能为 2726 万吨（占全球产能的 40%），产量为 2283 万吨，需求量为 2106 万吨（占全球总需求量的 44%），2017—2023 年中国 PVC 产业的供需变化情况、市场规模和期货价格分别如图 3–19、图 3–20 所示。虽然中国人均 PVC 消费量已从 2010 年的 9 千克增至 2020 年的 16 千克，累计增长了近 80%，但是与欧美地区人均 PVC 消费量 24 千克相比，仍有不小差距，未来还有很大

---

① 前瞻产业研究院：《中国 PVC 行业市场前瞻与投资战略规划分析报告》，2023 年。
② 隆众石化网：《中国 PVC 市场出口机遇与挑战》，2023 年。
③ Global Information, "Global Polyvinyl Chloride (PVC) Market 2024–2031," 2024.

的发展空间。[①]2023 年中国 PVC 产业的市场规模约为 2084 亿元（市场均价约为 5978.2 元 / 吨），标普全球预测，2024—2027 年中国 PVC 的市场需求增速将维持在 3% ~ 4%。[②]

（亿美元）

CAGR 3.8%
预测年份

图3-18　全球PVC市场规模发展趋势预测

注：2024—2031年数据为预测值。

资料来源：Global Information, "Global Polyvinyl Chloride (PVC) Market 2024—2031," 2024.

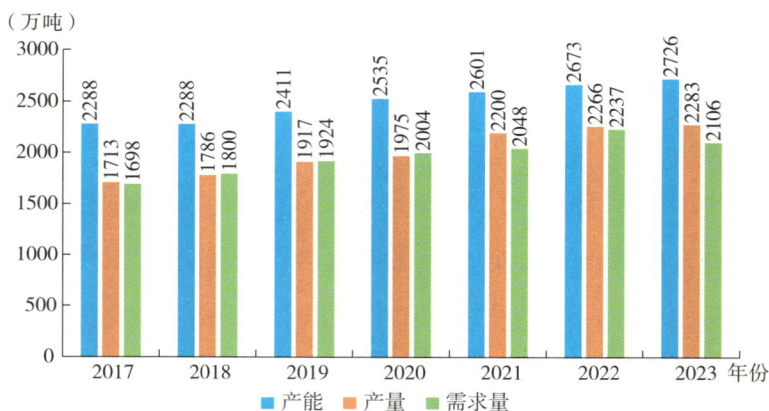

（万吨）

■ 产能　■ 产量　■ 需求量

图3-19　2017—2023年中国PVC产业的供需变化情况

资料来源：瑞达期货研究院，《PVC下半年产量预测》，2024年。

---

① 张键、高自建、玄成英：《国内 PVC 行业的生产现状及发展趋势》，《中国氯碱》2021 年第 10 期。

② Fortune Business Insights, "Polyvinyl Chloride (PVC) Market Size, Industry Share," 2024.

（亿元）

（元/吨）

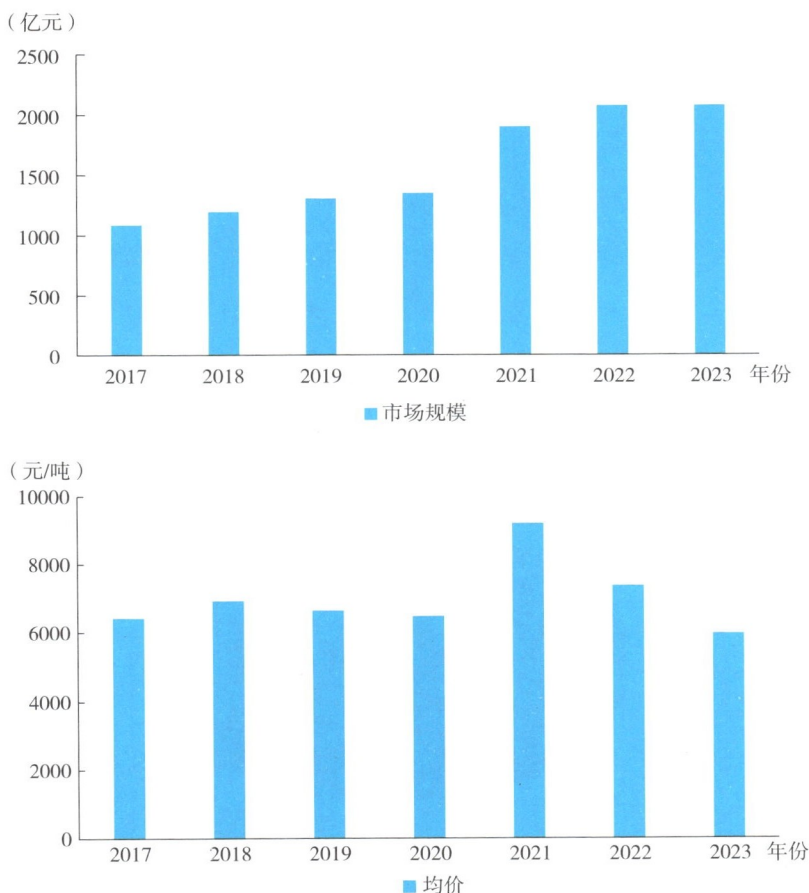

图3-20 2017—2023年中国PVC产业的市场规模（上）和均价走势（下）

资料来源：智研咨询，《2025年中国PVC行业产业链图谱、产业现状、企业格局及未来前景分析：行业产能稳定增长，市场竞争日益加剧》，2024年；英为财情，《聚氯乙烯（PVC）期货数据》，2024年。

3. 溴素制取

在常温常压下，溴素是一种深红色、有刺激性气味的液体，化学性质活泼，可形成种类繁多的无机溴化物和有机溴化物，不同溴化物的物理化学性质各异。溴素是化工产业乃至整个工业领域里用途非常广泛的关键原材料之一，比如生产溴系阻燃剂、杀菌剂、制冷剂、染料、药品、钻井液、水处理剂等，都需要使用溴素。溴素的消耗量被认为是反映产业高端程度的重要指标之一。

死海是全球溴素含量最高的地方，美国是全球最大的溴素生产国，以色列名列第二。根据美国地质调查局（USGS）的数据，2022年全球制溴工业的年产量约为80万吨，其中美国和以色列合计占全球总产量的62%，之后是中国、约旦和日本，溴素产量在全球的占比分别为17%、12%和4%，此外，乌克兰、阿塞拜疆、印度、德国、西班牙和土库曼斯坦也有少量溴素生产（见图3-21）。

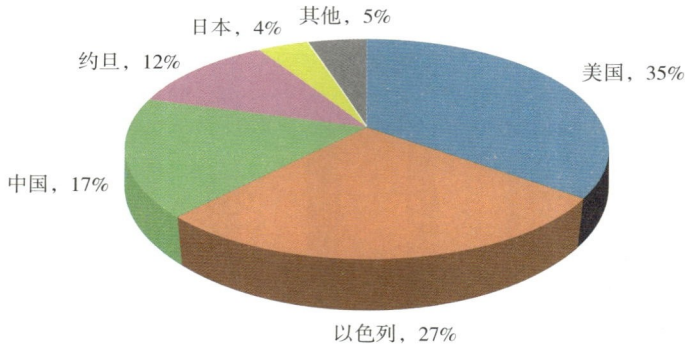

图3-21　2022年全球溴素产量的主要国家占比情况

资料来源：Merchant Research and Consulting, "Bromine: 2024 World Market Review and Forecast to 2033," 2024.

行业研究报告显示，2023年全球溴素市场规模为38亿美元，得益于溴素在阻燃剂、水处理和农业等领域的大量需求，未来全球溴素产量还将持续增长，预计2024—2030年将保持5.0%的年复合增长率，2030年全球市场规模将增至80亿美元（见图3-22）。

（亿美元）

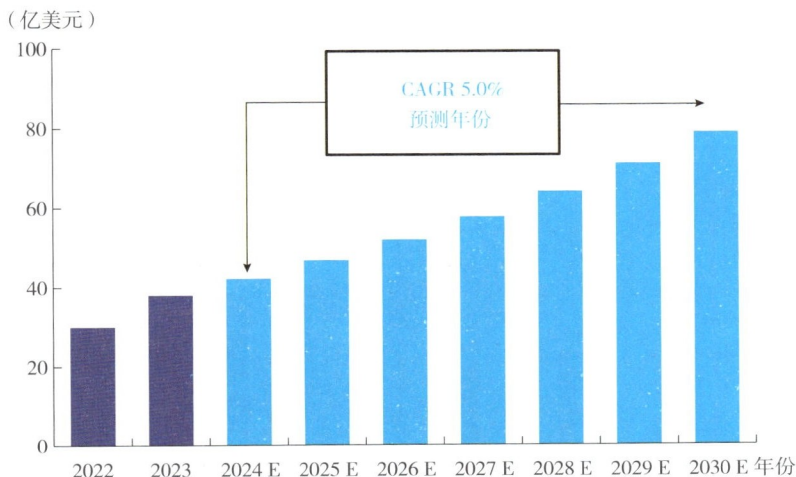

图3-22　2022—2030年全球溴素市场规模增长趋势

注：2024—2030年数据为预测值。

资料来源：Market Research Future, "Bromine Market Size, Share & Growth | Report, 2030," 2024.

中国已经成为全球最大的溴素消费国，但溴素资源储量却相对匮乏，产量也长期处于低位水平，一直存在供需缺口。2007年中国溴素产业的对外依存度约为12.9%，此后逐年攀升，2023年溴素产量为10.1万吨，需求量高达16.4万吨，进口依赖度已超过50%。[①] 图 3-23 所示为 2017—2023年中国溴素产业需求量和产量的变化情况。

中国溴素产业的下游应用领域主要是溴系阻燃剂、有机中间体及农业化学品等（见图 3-24）。阻燃剂是溴素的最大下游产品，广泛用于电子产品及建筑材料中，近年来随着电子工业发展及国家对建筑消防安全要求的提升，阻燃材料的市场需求日益增长。溴素作为医药和农药中间体，在医药、农药领域已广泛应用，其中以溴素为主要原材料的敌草快因为毒性

---

① 孙小虹：《中国溴素行业现状及未来展望》，《化工矿产地质》2024年第46卷第3期。

低、药效快、无漂移药害，已全面推广、替代百草枯，成为目前农药除草剂市场的最主要产品。长期来看，中国溴素产业的需求量将稳步增长，为了减小对外依存度，亟须大力开发新的溴素资源。

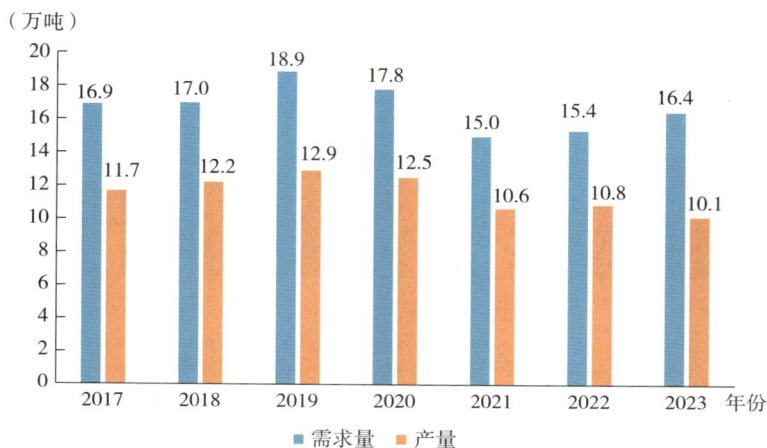

图3-23　中国2017—2023年溴素产业需求量和产量的变化情况

资料来源：智研咨询，《2023年中国溴素行业市场分析》，2024年。

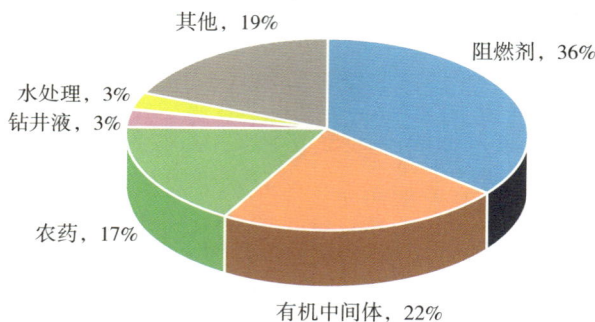

图3-24　中国溴素产业下游应用的分布结构

资料来源：华经产业研究院，《2021年中国溴素行业产业链、生产工艺及供需形势分析》，2022年。

目前溴素生产主要有两种工艺：一是空气吹出法，即用氯气将酸化的海水中的溴离子氧化为溴分子，再通过空气将溴分子汽化吹入吸收塔后，得到液态溴素；二是水蒸气蒸馏法，即将老卤加热后通入氯气，将溴离子氧化为溴分子，然后随水蒸气汽化，经吸收塔吸附后，得到液态溴素。两种生产工艺的原理均是用氯气做氧化剂将溴离子氧化为溴分子。"镁经济"绿色循环体系中的氯气和卤水，均是溴素生产的核心原材料，发展"镁经济"将可使中国摆脱长期以来的进口依赖、实现溴素的完全自给。据测算，如果建设年产10万吨的电解镁工厂，将副产29万吨氯气，这些氯气若全部用于制溴的话，将产出约19万吨溴素，超出目前中国全年的溴素消耗量，可完全解决进口依赖问题。

（三）金属镁产业

如果说可再生能源产业和盐化工产业分别是"镁经济"绿色循环体系的能源来源和材料来源的话，金属镁产业、镁燃料电池产业、氧化镁/氢氧化镁产业则是"镁经济"核心产业链的三大支柱。得益于镁既是工业材料又是能源载体的双重属性，金属镁产业在"镁经济"绿色循环体系中肩负着双重作用：既是生产镁质先进材料（镁合金、超纯超细氧化镁/氢氧化镁）的基础原材料，又是生产清洁镁能源（镁燃料电池发电）的"固体燃料"。这里仅就金属镁的生产工艺（电解法炼镁）及其作为工业材料的传统应用，作一简要介绍。关于用金属镁生产出来的镁质先进材料和清洁镁能源的重要应用，将在第四章 "'镁经济'将深刻改变世界"中专门论述。

1. 电解法炼镁

金属镁的冶炼迄今已有近140年历史，冶炼工艺主要有两大技术路线，即电解法与硅热还原法。

电解法的原理是将海湖卤水、镁矿石等原料用不同的处理方法制成无水氯化镁，之后在电解槽中将其分解成金属镁和氯气。电解法炼镁根据不同的原料来源又可细分为很多工艺种类，比如菱镁石颗粒氯化炼镁、光卤石脱水炼镁、道屋化学公司的海水炼镁、美国盐湖卤水炼镁、挪威海水—白云石炼镁、卤水在氯化氢气氛中脱水炼镁等。

硅热还原法的原理是以硅铁为还原剂，对白云石煅烧产生的氧化镁进行还原后生成金属镁，其中以发明者加拿大多伦多大学教授 L.M. Pidgeon 名字命名的"皮江法"，是硅热还原法中最有代表性的一种工艺。该法诞生于 1941 年，加拿大的 Harley 镁厂是世界上最早的皮江法炼镁厂。

电解法炼镁实现工业化的时间比硅热还原法要早得多。19 世纪 80 年代，德国首先建立了工业规模的电解槽，开创了电解法炼镁的工业化时代。20 世纪 30 年代，西欧一些国家开始使用菱镁石电解镁。电解法在金属镁的冶炼史上有着重要地位，因为发达国家大多选用过该工艺，并且在 2000 年以前，电解法炼镁在全球金属镁的生产中一直占 85% 的高比重。硅热还原法炼镁则是"二战"时期因镁的需求量暴增才开始工业化应用，2000 年以后，由于单位投资小、劳动密集的皮江法炼镁在中国迅猛发展起来，电解法炼镁的产能产量才退居第二。

虽然皮江法是中国目前金属镁冶炼的主流工艺，但是电解法炼镁在中国很早就有了实践。1954 年，国家批准引进苏联菱镁石氯化电解法炼镁技术，在辽宁抚顺建设年产 3000 吨的电解镁项目，1957 年底项目投产，成为中国第一家电解法炼镁的生产厂。1970 年以后，沿海 10 个省份陆续建设了十几个以海水、卤水、白云石为原料的地方镁厂，其中采用电解法的有 12 家，后来因生产规模小、工艺控制难度大、吨镁电耗高、地方电力紧张等因素而相继停产。1980 年，冶金工业部曾赴挪威诺斯克·海德鲁（Norsk Hydro）公司，考察了分别以海水—白云石为原料和以含 33% 氯化镁的卤水为原料的电解法。2008 年，青海盐湖工业股份有限公司引进了挪威诺斯克·海德鲁公司的全套电解技术和设备，利用青海格尔木地区丰富优质的盐湖卤水资源，开展了以"盐湖卤水—水氯镁石—无水氯化镁—电解金属镁—镁合金—镁合金加工业"为产业链条的金属镁一体化项目建设，计划打造全球最大的电解法炼镁基地，并实现盐化工、煤基化工、天然气化工、有色冶金等多产业的融合发展。

青海盐湖工业股份有限公司的金属镁一体化项目以钾肥生产所副产出的大量老卤废液（含有 33% 左右的氯化镁）为原料，以金属镁为核心，以钠资源利用为副线，以氯气平衡为前提，以煤炭为支撑，以天然气为辅助，生产出市场前景好、附加值高的金属镁、聚丙烯、PVC 等系列产品。项目总规模规划为年产 40 万吨金属镁、240 万吨甲醇及烯烃、200 万吨 PVC、200 万吨纯碱、240 万吨焦炭、200 万吨电石及配套热电。项目一期年产 10 万吨金属镁的生产线已于 2017 年投入运行，利用清洁水电，通过卤水精制、脱水、电解、铸造四道工序，成功电解出纯度为 99.95% 的镁锭，副产品氯气直接用于生产 PVC，实现了金属镁的资源综合利用和绿色生产，且整个生产过程机械化、自动化操作，工作环境大大改善。

该金属镁一体化项目在建设过程中，曾由于核心环节——氯化镁脱水单元的前期设计经验不足，国外引进装置在青海出现了"高原反应、水土不服"问题，导致不能长周期稳定运行、成本过高，引发业界高度关注。2021 年，青海省科技厅将"盐湖老卤制备无水氯化镁关键技术研究及应用"确定为首个"揭榜挂帅"的重大科技专项，经过一年多的技术攻关，已成功突破这一技术瓶颈，2022 年 7 月投料试运行生产出的无水氯化镁的水分含量（0.01% ~ 0.09%）、碱式氯化镁含量（0.15% ~ 0.37%），均优于考核指标；而且，在采用了海绵钛产业的多极槽电解镁技术后，吨镁的直流电耗可以降低 3000 千瓦时 ~ 4000 千瓦时，所产生的氯气纯度、洁净度完全能达到下游 PVC 厂的生产需求。青海盐湖工业股份有限公司金属镁一体化项目的实施，提升了中国电解镁产业的整体发展水平，也为打造世界级盐湖镁产业基地奠定了重要基础。[①]

值得高度关注的是，鉴于金属镁对国家安全的重要性，美国正在重启镁供应基地的建设，所采用的技术正是电解法炼镁。媒体报道，2024 年 2 月 1 日美国国防部（DOD）给海水电解镁项目补助 1960 万美元，与总部位于加州的科技公司马格拉尼亚（Magrathea）合作，建设一个更清洁、成本更低的镁厂。该项目是美国近 40 年来首个原镁新建项目，也是美国政府自"二战"以来对金属镁进行的首次重大投资。[②]

2. 金属镁应用

目前金属镁的应用主要集中在四个领域，即镁合金加工、铝合金添加剂、海绵钛生产和钢铁脱硫，其中镁合金加工的需求增长最快。2023 年全球金属镁的消费结构如图 3-25 所示，铝合金添加剂的占比最大（为 45.8%），镁合金加工、钢铁脱硫和海绵钛生产的占比分别为 32.8%、14.0% 和 6.0%。2023 年中国金属镁的消费量为 49 万吨。[③]

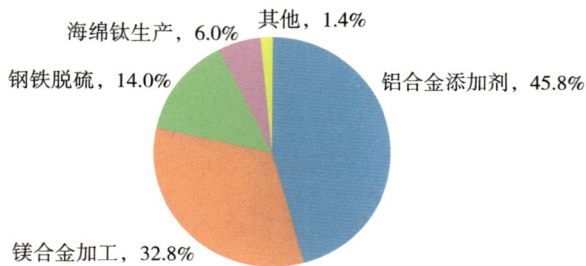

海绵钛生产，6.0%　其他，1.4%
钢铁脱硫，14.0%
铝合金添加剂，45.8%
镁合金加工，32.8%

图3-25　2023年全球金属镁的消费结构

资料来源：Mordor Intelligence，"Metal Magnesium Market Size & Share Analysis – Growth Trends & Forecasts (2025 – 2030)，" 2025.

---

① 刘建国：《青海盐湖金属镁优化升级项目现状及战略发展规划》，2022 年。

② U.S. Department of Defense, "DOD Awards $192.5 Million to Establish Domestic Manufacturing Capabilities for Critical Defense Chemicals," 2024.

③ 葛红林：《开拓大规模应用，引领镁业大发展》，《中国有色金属报》2024 年 10 月 22 日。

（1）镁合金加工

镁合金是以镁为基础加入其他元素组成的合金，具有密度小、比强度高、散热好、减振性好等优势，主要合金元素有铝、锌、锰、铈、钍、锆等。目前使用最广的是镁铝合金，其次是镁锰合金和镁锌锆合金，主要用于航空、航天、车辆、电子、化工等工业领域，镁合金构件的主要用途如表3-2所示。[①]

表3-2　镁合金构件的主要用途

航空航天	喷气式发动机零部件、车轮、窗框、人造卫星框架、直升机零件等
核工业	燃料覆盖材料等
陆上运输机械	汽车等车辆的曲轴箱、变速箱、发动机盖、车轮、自行车架、轮毂等
装卸机械	搬运车、平板车、小推车、小艇等
电气、通信机械	发报机、计算机零部件、笔记本电脑、投影仪等电子数码产品
光学机械	照相机、复印机、望远镜、电视机、摄像机的机身和框架等
其他	纺织设备、印刷设备、包装设备、化学化工机械及高速运动部件等

资料来源：刘静安、谢水生、马志新，《简明镁合金材料手册》，冶金工业出版社2016年版。

国际上镁合金材料的应用主要集中在美国、加拿大、德国、日本、韩国等发达国家。北美是目前全球镁合金材料用量最多的地区，年均增长速度约为35%。美国金属镁产业的大发展始于20世纪80年代，福特、通用、克莱斯勒等几大著名汽车公司将新型镁合金应用于汽车零部件，之后带动了镁合金在通信、计算机等领域的应用不断扩大。

欧洲镁合金用量仅次于北美，年均增长速度高达60%。德国镁合金应用历史较久，自20世纪90年代以来一直在镁合金压铸领域处于世界领先地位，开展了多个镁合金压铸攻关项目，累计投资上亿欧元进行镁合金在汽车上的应用研究。政府、企业和科研机构的共同努力，大大推动了镁合

---

① 刘静安、谢水生、马志新：《简明镁合金材料手册》，冶金工业出版社2016年版。

金在德国及欧盟工业领域的应用。

日本是镁合金在 3C 电子产品上应用的世界强国，早在 20 世纪 80 年代末期就开发出了一系列先进的镁合金产品，应用在汽车、计算机、通信等领域。韩国的金属镁产业覆盖了从熔炼、精炼、铸造、轧制、表面处理、涂层到回收利用的所有领域，自 2000 年以来大大增加了镁合金零部件在汽车工业的应用（比如发动机罩、安全气囊壳体、方向盘芯、座椅架、转向柱支架、前照灯壳体、车轮架、车门板等），此外还开发了高速列车（KTX）的座椅框架、大型工业机器人手臂框架、自行车框架和 LED 散热器等许多其他领域应用的镁制品。

中国自 2003 年以来一直是世界上最大的金属镁生产国与出口国，初步建立了镁合金技术产业化的研发体系，并吸引了欧美发达国家和地区的镁合金加工企业到国内投资，目前已形成以珠三角、长三角、环渤海地区、重庆地区等不同产品种类和规模的镁合金产业群体，世界制造工厂的地位已基本形成。2015—2022 年中国镁合金产量的年复合增长率为 5.8%，2022 年镁合金产量为 35.78 万吨，出口量为 13.67 万吨。[①]

（2）铝合金添加剂

铝合金是航空、航天、汽车、机械制造、船舶等领域广泛应用的有色金属结构材料，具有质量轻、强度高、耐腐蚀、延展性好、易加工等一系列性能优势，目前已发展成相对成熟的市场。镁是铝合金中最常见的添加元素之一，因为镁可以显著提高合金的强度、延展性和耐腐蚀性，并减少自重。铝合金中镁元素的含量一般为 0.5% ~ 5%，平均含量约为 3%。[②]

亚太地区的铝合金生产在全球占据主导地位，2023 年的全球占比超过 66%（见图 3-26），其中中国是世界铝合金第一生产大国，占亚太地区

---

① 智研咨询：《2023 年中国镁合金行业市场概况》，2023 年。

② Vargel C, *Corrosion of aluminium*, Elsevier, 2020.

铝合金总产量的 64% 以上。[①] 国家统计局的数据显示，2018—2023 年我国铝合金产量逐年上升，年产量从 796.9 万吨增至 1458.7 万吨（见图 3-27），累计增长了约 83%，年复合增长率为 12.9%。

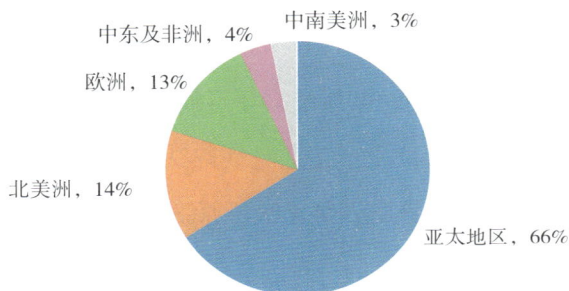

图3-26 2023年世界铝合金产量的地区分布

资料来源：Grand View Research, "Aluminum Alloys Market Size & Trends," 2024.

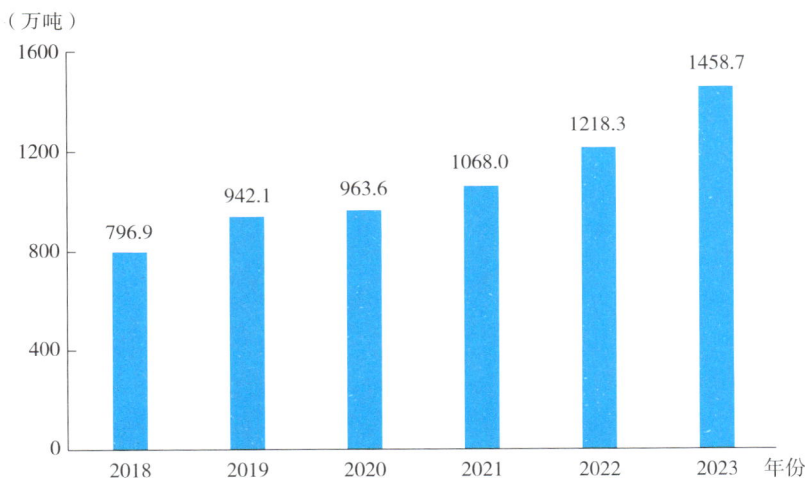

图3-27 2018—2023年我国铝合金产量的增长趋势

资料来源：智研咨询，《2024—2030年中国铝合金行业市场运营格局及前景战略分析报告》，2024年。

---

① Grand View Research, "Aluminum Alloys Market Size & Trends," 2024.

（3）海绵钛生产

钛合金是钛与其他金属元素所制成的合金，因具有优异的比强度、抗腐蚀性、抗疲劳性和抗裂性能，广泛用于航空器、航天器、海军船舰、装甲敷板与导弹的各种元件，包括关键结构部件、防火墙、起落架、引擎、排气管、液压系统、监察仪等。海绵钛是一种具有多孔状结构的钛金属，是生产钛合金的主要原材料，其质量好坏直接影响着钛合金的性能。目前国际上应用最广泛的海绵钛生产工艺是镁热法（也称为克罗尔法），即在900℃左右温度下，用金属镁将四氯化钛还原以提炼出金属钛。

2023 年，全球海绵钛产业的产量为 32.4 万吨，同比增长 16.2%，产量分布情况如图 3-28 所示。中国目前是海绵钛第一生产大国，约占全球产量的 2/3。2018—2023 年中国海绵钛的年产量从 7.5 万吨快速增长到 21.8 万吨（见图 3-29），累计增长了 190.7%，年复合增长率高达 23.8%。

（万吨）

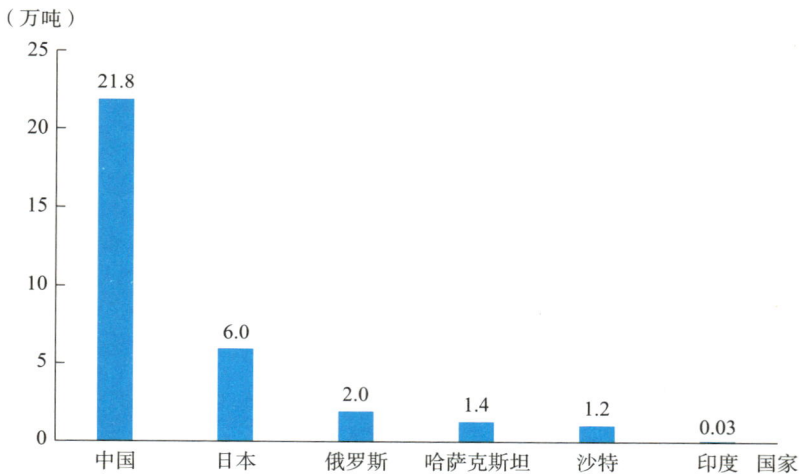

图3-28　2023 年全球海绵钛产量的分布情况

资料来源：安仲生、陈岩、赵巍等，《2023年中国钛工业发展报告》，《钛工业进展》2024年第41卷第2期。

（万吨）

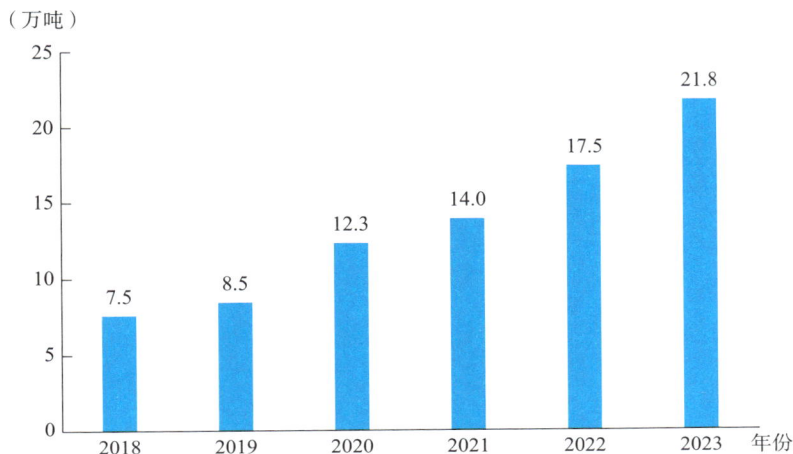

图3-29 2018—2023年中国海绵钛产量的增长趋势

资料来源：安仲生、陈岩、赵巍等，《2023年中国钛工业发展报告》，《钛工业进展》2024年第41卷第2期。

（4）钢铁脱硫

硫会造成钢材的力学性能、热加工性能、焊接性能下降，导致钢材容易断裂、使用寿命降低。为了保证钢材质量，必须在炼钢过程中进行脱硫。

20世纪70年代，乌克兰黑色冶金研究院成功开发出了镁脱硫技术，即利用金属镁与铁水中的硫元素发生化学反应从而去除铁水中的硫元素。之后，镁脱硫技术以处理周期短、设备投资小、铁水温降小、操作简便、环境污染小、综合经济效益佳等优势，日益受到世界冶金行业的重视，中国大型钢厂都引进了镁脱硫设备及技术。[1] 近年来全球和中国的粗钢产量分别保持在18亿吨和10亿吨左右的水平（见图3-30），庞大的钢铁产业使钢铁脱硫也成了金属镁需求的重要增长点之一。[2]

---

[1] 周汉香、王丹青、杜秀峰：《颗粒镁铁水脱硫技术》，《钢铁研究》2005年第4期。

[2] World Steel Association, "World Steel in Figures," 2024.

（亿吨）

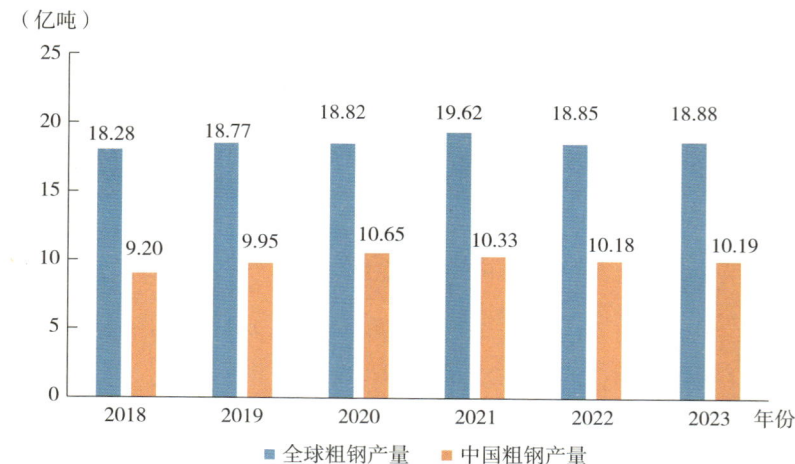

图3-30　2018—2023年全球和中国粗钢产量的变化情况

资料来源：World Steel Association、中国钢铁工业协会。

（四）镁燃料电池产业

在"镁经济"绿色循环体系中，镁燃料电池起着重要的枢纽作用，因为它同时关联着清洁能源的绿色循环和镁质先进材料的绿色循环，并将它们交叉融合起来，实现优势互补。金属镁除了前述的镁合金加工、铝合金添加剂、海绵钛生产、钢铁脱硫等传统应用之外，在"镁经济"体系中又开辟出新的用途、实现了产业链的延伸，即通过镁燃料电池发电产出清洁电能和镁质先进材料——超纯超细氧化镁/氢氧化镁。

与其他核心产业都已有庞大市场需求和良好产业基础相比，镁燃料电池技术目前在全球范围内还处于产品化阶段，但关键技术的重要突破已使其产业化发展的路径清晰可见。

1. 国内外已开展的实践

由于镁燃料电池有显著的性能优势，国内外已有不少企业和研究机构在军用和民用领域开展了很多探索和实践。

早在 20 世纪 50 年代，世界主要海军强国就高度重视镁燃料电池在军事装备领域的开发应用，首先从水面及水下武器装备的电源系统开始。美国的 MK44 轻型鱼雷、英国的鲔鱼鱼雷、意大利的 A244 系列鱼雷、俄罗斯 СЭТ-72 系列和 ТЭСТ-71М 系列鱼雷的动力系统均采用了镁燃料电池。与使用铅酸蓄电池、镍镉蓄电池驱动的电动鱼雷相比，镁燃料电池动力系统可直接利用海水做电解液，显著提高了鱼雷的总体性能，不仅使航速增加了 30%，而且电池不受鱼雷外壳背压的影响，可在大深度条件下使用，功率稳定，使用维修方便。[①]

20 世纪 60 年代，美国通用电气公司对镁燃料电池进行了研究，随后美国海军海底战事中心与麻省理工学院等机构成功研制了用于自主式潜航器的镁燃料电池系统。这款电池以海水为电解液、镁合金为负极、液态过氧化氢为氧化剂，为低速率、长寿命的潜航器提供了成本更低且更为安全的动力。[②]

2004 年，美国国防部资助的一项海军研发项目成功验证了镁燃料电池用于水面无人舰艇传感器电源的优越性。该项目将具有高能量密度的镁燃料电池系统与具有高功率密度的镍锌电池混合，可提供 25 千瓦的功率，持续时间超过 14 天；与同样具有长续航能力的氢燃料电池相比，镁燃料电池在能量密度、燃料损失率、操作便捷性、系统成本和整体安全等方面更具优势，在水面舰艇这种特定应用中，镁燃料电池可以提供比氢燃料电池高 4 倍的能量。[③]

除了做水面水下军事装备的电源以外，镁燃料电池也应用到了海洋油气开采等领域。1996 年挪威与意大利共同开发了镁燃料电池（以镁合金

[①] 袁鹏、马悦飞：《鱼雷动力系统发展综述》，《舰船科学技术》2019 年第 41 卷第 9 期。

[②] 杨维谦、杨少华、孙公权等：《镁燃料电池的发展及应用》，《电源技术》2005 年第 3 期。

[③] The U.S. Small Business Administration, "Hybridized magnesium air fuel cell with Ni – Zn battery or electrochemical capacitor as the ideal energy source for USV sensor payloads," 2004.

为负极、海水为电解液、海水中溶解的氧为氧化剂，正极用碳纤维制造），用于 180 米深海底油井或气井探测的海洋水下自动控制系统，电池系统能量达到 650 千瓦时，系统设计寿命为 15 年。

2020 年 12 月，中国科学院大连化学物理研究所研制的镁燃料电池系统顺利完成了 3000 米以下的深海试验，实现了新型镁燃料电池在深海装备上的首次应用。镁燃料电池系统为着陆器和潜水器提供能源，最大下潜工作深度为 3252 米，累计作业时间为 24.5 小时，累计为系统供电 3.4 千瓦时。[①]

为解决锂离子电池续航里程不足、充电时间长、材料来源受限及安全性等问题，国外电动汽车领域也开展了镁燃料电池的应用尝试。2013 年，韩国科学技术研究院（KIST）的科学家首次进行了镁燃料电池汽车的道路测试，他们开发出的镁燃料电池（见图 3-31）能量密度比同等尺寸的锂离子电池高 5 倍，可使电动汽车续航里程提升到 800 千米（是当时锂离子电池电动汽车平均续航里程的 4 倍），当电量耗尽后只需更换镁金属板、补充电解液（盐水），电池即可在 10 分钟内恢复至满电状态。虽然当时镁燃料电池汽车的燃料成本是汽油车的 3 倍，但科研团队负责人 Byung-Won Cho 博士表示，一旦开发出新型的电池技术和氢氧化镁回收技术，镁燃料电池汽车的燃料成本将大幅下降，并且可以全面实现商业化。[②]

[①] 中国科学院:《大连化物所新型镁海水燃料电池系统完成 3000 米水深海上试验》，2020 年。

[②] Electric Vehicle News, "KIST Develop Magnesium-air Battery with 800 km range," 2013.

图3-31 韩国科学技术研究院研发的镁燃料电池电动汽车

资料来源: http://www.electric-vehiclenews.com/2013/01/kist-develop-magnesium-air-battery-with.html#google_vignette。

2015 年，日本东京工业大学名誉教授矢部孝提出了一种全新结构设计的车载镁燃料电池，可在车辆驾驶过程中对锂离子电池进行充电，如图3-32 所示。其中，示意图中的蓝色扇形结构为镁燃料电池的电堆（由若干个镁燃料电池单体串联堆叠而成），粉色扇形结构为多个镁电极（镁金属板），在垂直方向上通过绿色的圆柱形转轴结构连接，在水平维度形成圆心角大于 300 度的扇形。当一个镁电极完成发电后，绿色转轴转动，给镁燃料电池插入新的镁电极，以保证镁燃料电池连续工作。当电堆需要停止工作时，转轴旋转至空缺对齐电堆的位置，使电堆与镁电极分离。需要重新启动时，只需旋转转轴再次将镁电极插入电堆即可。这种设计使电堆的结构和镁电极的更换大大简化，能提供 36 千瓦时电量的镁燃料电池的直径和高度分别仅为 60 厘米和 50 厘米（适合放在后备厢中），重量仅为 26 千克（相比之下提供同样容量的锂离子电池大约要 140 千克）。按一台电动车需要 100 千瓦时电量来计算的话，需要 67 千克的金属镁。[1]

---

[1] MSP Corporation，"電気自動車"，2021.

图3-32 全新结构设计的车载镁燃料电池（左）及电堆示意图（右）

资料来源：MSP Corporation，"電気自動車"，2021 年。

为提高电动汽车的续航里程，2010 年美国特斯拉公司提出了"增程式混合动力电池组系统"的概念，系统设计上采用两种不同类型的电池：锂离子电池组负责给车的动力系统直接供电，金属燃料电池组负责为锂离子电池组供电，因为金属燃料电池能量密度高、能储存更多的电能，所以可取代增程式内燃机。[①] 由于锂离子电池内部反应速率增加到一定程度时会出现过热问题，2013 年特斯拉改进了"增程式混合动力电池组系统"的设计，在低功率输出情况下改由金属燃料电池组直接给车供电，以减少锂离子电池的工作时长，防止锂离子电池出现热失控，提升安全性。[②]

2014 年，以色列 Phinergy 公司与美国铝业公司（Alcoa）联合展示了一款电动汽车，将金属燃料电池和锂离子电池的优势相结合，续航里程可达到 1800 千米；50 千米以下的城市短途旅行时，电动汽车由锂离子电池供电，长途旅行时金属燃料电池就会启动。这款金属燃料电池—锂离子电池的混合动力测试车，仅需每隔一两个月添加电解液就能维持电池的稳定

---

① Kelty K, Mehta V, Straubel J, "Efficient dual source battery pack system for an electric vehicle: US8180512B2," 2010.

② Hermann W, "Hazard mitigation within a battery pack using metal-air cells: US20130273444A1," 2013.

工作。2023 年 Phinergy 公司在印度汽车博览会上亮相的 Tata Tiago 电动汽车原型车（见图 3-33），搭载的新型金属燃料电池可使续航里程进一步增至 3000 千米。[①]

图3-33　2023年印度汽车博览会上亮相的Tata Tiago电动汽车原型车

资料来源：Graphic News, "Metal–air batteries," 2022.

2. 产业快速成长的路径

纵观科技发展史，重大技术创新变成现实的生产力，都要经历一个"产品化阶段—产业化早期—产业化成熟期"的发展过程。产品化阶段简而言之是将创新性概念或技术转化为可销售产品的过程，包括产品的定义、设计、开发、测试、发布，并将产品推向市场、不断改进产品以满足市场需求；产业化则是在完成技术研发和产品开发后，建设大规模的生产线，实现稳定的批量化生产。考察产业化已经非常成熟的锂离子电池的发展历程，可以发现，当一种新型电池技术在材料科学领域取得了重要突破后，找到合适的应用场景使之得以批量化生产和应用，对电池成本快速下降、从产品化走向产业化起着至关重要的作用。当前，镁燃料电池技术正处于材料科学已经实现了重要突破的产品化阶段，如果针对其优势领域开展批量化生产和应用，将会大大助力镁燃料电池从产品化向产业化的

---

① Graphic News, "Metal–air batteries," 2022.

跃变。

图 3-34 描绘了 1990—2020 年锂离子电池技术从产品化走向产业化的发展轨迹。在 30 年的时间里，锂离子电池的成本从近 8000 美元 / 千瓦时降至不到 80 美元 / 千瓦时，这一下降幅度高达 99% 的成本骤降，大体上经历了产品化、产业化早期、产业化成熟期三个阶段。

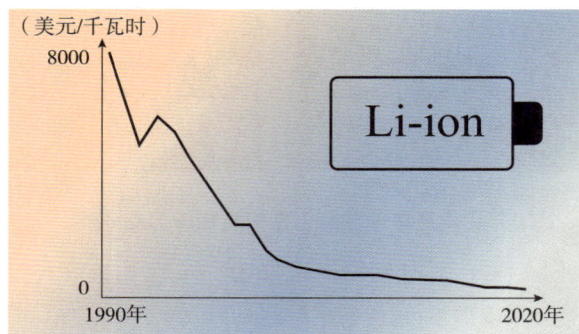

图3-34　1990—2020年锂离子电池的成本下降轨迹

资料来源：MIT News, "Study reveals plunge in lithium-ion battery costs," 2021.

1991—2000 年可视为锂离子电池技术的产品化阶段。1991 年，日本索尼公司推出了全球第一只商用的锂离子电池，当时市场价格高达 7523 美元 / 千瓦时（约合 60000 元 / 千瓦时）。1997 年，得益于诺贝尔化学奖得主约翰·B. 古德诺（John B. Goodenough）成功开发出磷酸铁锂材料和磷酸铁锂电池产品，全球锂离子电池的销量比 1991 年增加了百万倍，2000 年达到了 4 亿只（总容量约 200 万千瓦时）。移动电话、摄像机、笔记本电脑、数码玩具等便携式电子产品的应用，带动了小型锂离子电池从产品化阶段向产业化早期的跃变。[①]

2000—2011 年可视为锂离子电池技术的产业化早期。2006 年，中国

_____

① 渤海证券研究所：《电力设备行业深度研究报告》，2019 年。

锂离子电池行业崛起，以每年 8 亿只的产量占据了全球市场份额的 38%，仅次于日本。此时，锂离子电池已广泛应用于个人电子产品领域，并开始向电动汽车动力电池发展（2010 年特斯拉推出了 Model S 纯电动汽车）。2011 年，全球锂离子电池销量已高达 4667 万千瓦时，但 97% 的销量是便携式电子产品的小型锂电池，电动汽车用动力电池和储能电池的比重仅占 3%。[①]2011 年，锂离子电池的成本已经从 1991 年的约 60000 元 / 千瓦时降至 6000 元 / 千瓦时左右。[②]

2011—2020 年可视为锂离子电池技术的产业化成熟期。全球锂离子电池的主要应用场景已由电子产品转变为电动汽车和储能行业。由图 3-35 可见，2017 年电动汽车用动力电池在锂离子电池总销量中的占比已增至 42%，销量比 2011 年增长了近 60 倍。电动汽车和储能行业对锂离子电池性能、成本、产能的要求更高，大大加速了锂离子电池行业的技术进步。截至 2023 年，全球电动汽车用动力电池和储能用锂离子电池的销量已分别高达 8.65 亿千瓦时和 2.24 亿千瓦时，在总销量中的占比分别高达 72% 和 19%。[③] 锂离子电池的成本从 2011 年的 6000 元 / 千瓦时左右降至 2020 年 600 元 / 千瓦时；2023 年末，中国锂离子电池的市场价格又降到了 420 元 / 千瓦时 ~ 480 元 / 千瓦时。[④]

相关研究显示，有两个因素对锂离子电池成本下降的影响最大。[⑤]

一是材料科学领域实现突破是成本降低的最大贡献者，贡献权重为 40.1% ~ 49.7%。材料科学的突破既包括电极材料生产工艺的优化，也包括新型电极、电池隔膜和电解液材料的发明等等。比如，正极材料是锂

---

① 第一电动网：《全球电池市场分析 锂电池消费中国占比超一半》，2018 年。

② 索鎏敏、李泓：《锂离子电池过往与未来》，《物理》2020 年第 1 期。

③ EVTank：《中国锂离子电池行业发展白皮书（2024 年）》，2024 年。

④ 国信证券：《电力设备新能源 2024 年 3 月投资策略》，2024 年。

⑤ Ziegler M S, Trancik J E, "Re-examining rates of lithium-ion battery technology improvement and cost decline", *Energy & Environmental Science*, 14. no.4 (2021).

离子电池最核心、成本最高的部分（约占电池总成本的 40%），[①] 其重要突破——磷酸铁锂的成功开发使成本骤降了 90%。从 1991 年锂离子电池问世后的大约 20 年里，主导成本降低的因素一直是材料领域的技术研发，包括提高单位材料的能量密度和新型材料的更新迭代等，技术研发对成本降低的贡献并没有随着锂离子电池产业化的深入推进而结束。

（吉瓦时）

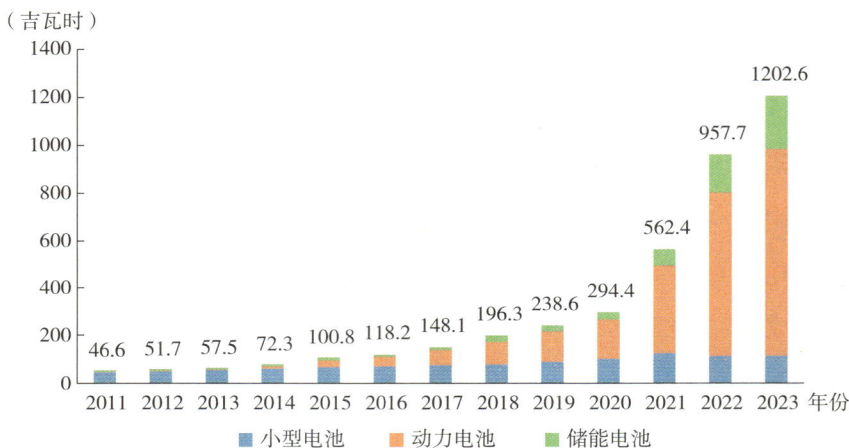

图3-35　2011—2023年全球不同类型锂离子电池的销量走势

资料来源：第一电动网，《全球电池市场分析 锂电池消费中国占比超一半》，2018年。

二是电池构型在规模化生产过程中得以不断优化，贡献权重为 26.6% ~ 30.9%。圆柱形、方形和软包是锂离子电池的三种主流构型，不同构型对应着不同的应用场景。比如，圆柱形锂离子电池安全性较高，易于堆叠，适用于电动汽车领域；方形锂离子电池结构紧凑，易于集成到各种设备中，适用于智能手机、平板电脑、笔记本电脑等领域；软包锂离子电池结构灵活、轻便、容量大、成本较低，适用于电动汽车、储能系统等

---

① Farhad S, Gupta R, Yasin G, et al., *Nano Technology for Battery Recycling, Remanufacturing, and Reusing,* Elsevier, 2022.

领域。近十年来，圆柱形 18650、21700 锂离子电池在电动汽车行业的大规模应用，大大带动了电池制造装备和供应链的改进，对锂离子电池成本的降低也起到了重要作用。

　　锂离子电池产业化的发展历程及近年来氢燃料电池的成本下降趋势，为镁燃料电池的产业化快速成长路径提供了重要参照和启示，图 3-36 为锂离子电池、氢燃料电池、镁燃料电池目前所处的不同发展阶段及未来成本走势的对比。其中，锂离子电池已经实现了产业化，在产品化阶段、产业化早期和产业化成熟期的成本大约分别是 60000 元／千瓦时、6000 元／千瓦时和 600 元／千瓦时；氢燃料电池目前处于产业化早期，在 2024 年 4 月氢能产业科技创新发展论坛上，行业专家表示氢燃料电池的系统成本已经从 20000 元／千瓦降至目前的 2000 元／千瓦，预计 2025 年、2030 年将

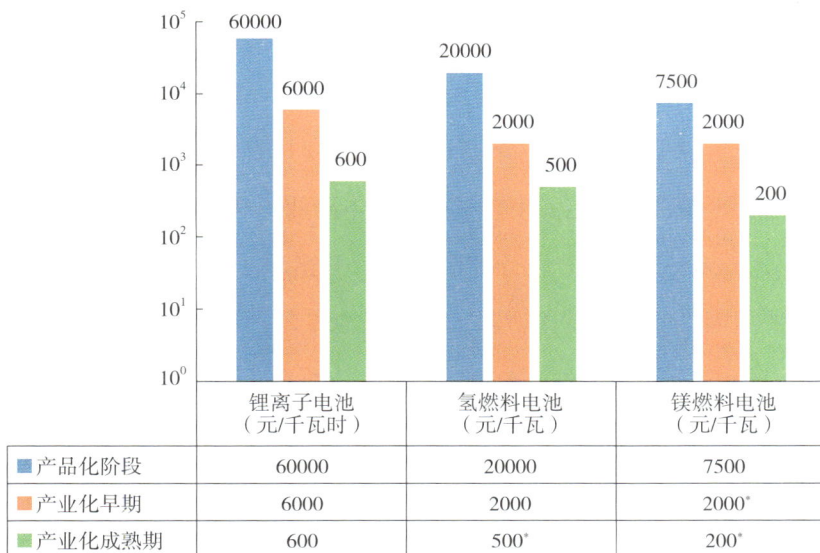

	锂离子电池 （元/千瓦时）	氢燃料电池 （元/千瓦）	镁燃料电池 （元/千瓦）
■ 产品化阶段	60000	20000	7500
■ 产业化早期	6000	2000	2000*
■ 产业化成熟期	600	500*	200*

图3-36　锂离子电池、氢燃料电池和镁燃料电池的发展阶段及成本走势对比

注：*为预测值。
资料来源：根据公开资料整理。

分别降至 1000 元 / 千瓦、500 元 / 千瓦。[①]

与锂离子电池和氢燃料电池相比，镁燃料电池尚处于产业化前的产品化阶段，目前系统成本约为 7500 元 / 千瓦，如果在 2029 年能进入产业化早期（即实现 100 千瓦级镁燃料电池系统年均生产 2 万套 ~ 5 万套的规模）、2035 年能进入产业化成熟期（即实现 100 千瓦级镁燃料电池系统年均生产 50 万套的规模）的话，预计镁燃料电池发电系统的成本将分别降至 2000 元 / 千瓦、200 元 / 千瓦。预测的计算依据如表 3-3 所示，简要说明如下。

现阶段，铂催化剂在镁燃料电池发电系统成本中的占比最高（约占 40%），而催化剂材料的最新研发成果及其在 30 千瓦级镁燃料电池电堆中的应用实践显示，碳基材料催化剂可以在性能上完全替代铂催化剂，并实现大规模生产。这一重要突破可使镁燃料电池不再受制于铂资源的稀缺和昂贵，为其规模化应用解决了最大的技术制约，正如锂离子电池正极材料因采用磷酸铁锂而实现了重要突破一样。虽然在表 3-3 中当前碳基材料催化剂的成本仍然高达 3000 元 / 千瓦，但随着生产规模的扩大和原材料采购价格的下降，镁燃料电池的催化剂成本完全可以在目前基础上降低 90%，正如磷酸铁锂使锂离子电池正极材料的成本降低了 90% 一样。

此外，表 3-3 中辅助设备（控制系统和循环系统）的当前成本也较高，主要原因是受开发阶段所限、均摊成本较高，事实上也具有大幅下降的潜力。随着镁燃料电池批量化生产和应用水平的不断提升，催化电极制造和装配工艺的自动化水平将越来越高，控制系统和循环系统的成本也将大幅下降，再加上上下游产业链的不断优化，可以保守预测，镁燃料电池发电系统的成本将从目前的 7500 元 / 千瓦降至 2029 年的 2000 元 / 千瓦、2035 年的 200 元 / 千瓦。

[①] 每日经济新闻：《制氢电解槽或成中国第四个大宗出口新能源产品》，2024 年。

表3-3 镁燃料电池发电系统的成本构成及发展趋势预测

内容	单位	2024年	2029年	2035年
电堆成本		5500	1500	140
碳基材料催化剂	元/千瓦	3000	1000	100
催化电极		800	200	20
装配工艺		1700	300	20
辅助设备成本		2000	500	60
控制系统	元/千瓦	1200	300	30
循环系统		800	200	30
镁燃料电池发电系统成本总计	元/千瓦	7500	2000	200

注：2029年的情景假定为产业化早期（即实现100千瓦级镁燃料电池系统年均生产2万套～5万套），2035年的情景假定为产业化成熟期（即实现100千瓦级镁燃料电池系统年均生产50万套）。

资料来源：根据公开资料整理。

（五）氧化镁 / 氢氧化镁产业

氧化镁 / 氢氧化镁是"镁经济"绿色循环体系中两个重要的镁化合物，它们均为碱性化合物，具有相似的化学性质，并可以相互转化。从化学结构看，氧化镁比氢氧化镁少了一个水分子，化学性质更稳定、不易分解，而氢氧化镁的反应活性比氧化镁更高；氧化镁与水反应生成氢氧化镁，氢氧化镁加热后即可分解成氧化镁和水。

在"镁经济"绿色循环体系中，氢氧化镁是镁燃料电池发电的直接副产物，以固体沉淀物的形态出现在镁燃料电池的内部，通过简单工艺回收、脱水后即可制得氧化镁。氧化镁和氢氧化镁均是国民经济发展中广泛应用的基础材料。

1. 氧化镁

氧化镁（MgO）常温下是白色粉末，无臭、无味、无毒，是典型的碱土金属氧化物，熔点为2850℃，沸点为3600℃，密度为3.58克/立方厘米，在自然界中以方镁石等矿物的形式存在。氧化镁有高度耐火绝缘性能，经 1000℃以上高温灼烧可转变为晶体，升至 1500℃ ~ 2000℃则变为烧结氧化镁。

氧化镁广泛应用于冶金、建材、农业、医药等众多领域，随着高新技术功能材料市场需求的不断增长，氧化镁产业也在不断研发高端精细氧化镁产品。这里仅就普通氧化镁的典型应用作简单介绍，超纯超细氧化镁的重要应用将在第四章中详细分析。

（1）冶金行业

在常见的耐火氧化物中，氧化镁的熔点最高。以氧化镁为主要成分的镁质耐火材料具有优异的耐高温性、耐碱性和热稳定性，是钢铁、水泥、玻璃等高温产业的首选耐火材料，因为可以有效应对窑炉内部高温高压、碱性物料侵蚀的恶劣工作环境，从而延长窑炉的使用寿命、提高生产质量和效率，而且氧化镁可与炼钢过程中的杂质形成高熔点的固溶体（钢渣），进一步提高钢水的洁净度。

（2）建材行业

氧化镁是氯氧镁水泥、磷酸镁水泥等新型水泥的主要原料，在常温条件下通过水化反应，可凝结硬化形成坚硬的固体，具有轻质高强、防火隔热、节能环保等优势，广泛应用于建筑材料、包装材料、装饰材料、磨料磨具等领域。氧化镁还可作为混凝土膨胀剂（添加量为 2% ~ 5.5%）广泛用于水工建筑、机场公路、地下工程等大体积混凝土的施工，能显著简化施工温控措施、降低温控费用（通常占工程总投资的 4% ~ 6%）、加快工程进度。[①]

---

① 莫立武、邓敏：《氧化镁膨胀剂的研究现状》，《混凝土膨胀剂及其裂渗控制技术——第五届全国混凝土膨胀剂学术交流会论文集》，2010 年。

（3）电气行业

氧化镁广泛用于磁性装置填料、绝缘材料填料及各种载体，比如无线高频顺磁导磁材料、磁棒天线、调频元件磁芯、复合超导磁材料的制作，以及热电偶、高温仪表、电热板、电子管屏极、电绝缘陶瓷管等高温电器的电绝缘材料等。陶瓷集成电路的基板采用氧化镁，比氧化铝的导热率高2倍多，介电损失仅为氧化铝的1/10，而且可承受高达600℃的工作温度，是生产半导体、集成电路等高质量电子元件和设备的理想选择。[①]

（4）农牧行业

氧化镁常用于植物肥料和牲畜饲料，参与植物和动物的生长代谢过程。镁元素可以促进植物叶绿素合成和提高作物质量，在动物的生长发育中更是不可或缺，参与能量代谢、蛋白质合成等多种生理过程，对维持骨骼健康、促进能量代谢、调节神经肌肉功能、增强免疫力起着重要作用。据国外报道，在奶牛精料补充料中添加0.5%的氧化镁，平均每头牛可提高产奶量1.6千克，提高乳脂率0.145%。[②]

目前全球氧化镁产业的市场供需基本平衡，近年来呈现出稳定增长态势（见图3-37），2017—2022年产量和需求量的年复合增长率分别为4.7%和4.6%，2022年全球氧化镁产量和需求量分别为2610万吨和2595万吨。

中国是全球氧化镁生产的第一大国，年产量占全球75%以上。图3-38为2017—2022年中国氧化镁产业的产能、产量及需求量变化情况，2022年产能和产量分别为2265万吨和2035万吨；2017—2022年中国氧化镁产业市场规模的年复合增长率为13.1%，2022年约为252亿元。虽然中国氧化镁产业总体上保持着供需平衡，并且是世界最大的氧化镁材料出口

①　华经产业研究院：《2022—2027年中国高纯氧化镁行业市场运行现状及投资规划建议报告》，2021年。

②　孟庆翔：《饲料添加剂在奶牛饲养中的应用（2）》，《饲料广角》2005年第19期。

国，但高端精细氧化镁产品如高纯电熔氧化镁、硅钢级氧化镁、纳米级氧化镁等，仍需要从国外进口才能满足国内市场需求。

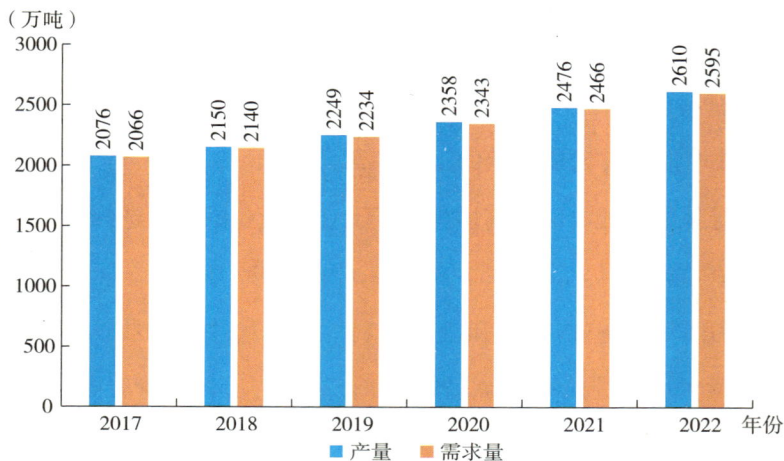

图3-37　2017—2022年全球氧化镁产业的产量及需求量变化情况

资料来源：华经产业研究院，《2023年全球及中国氧化镁行业现状》，2023年。

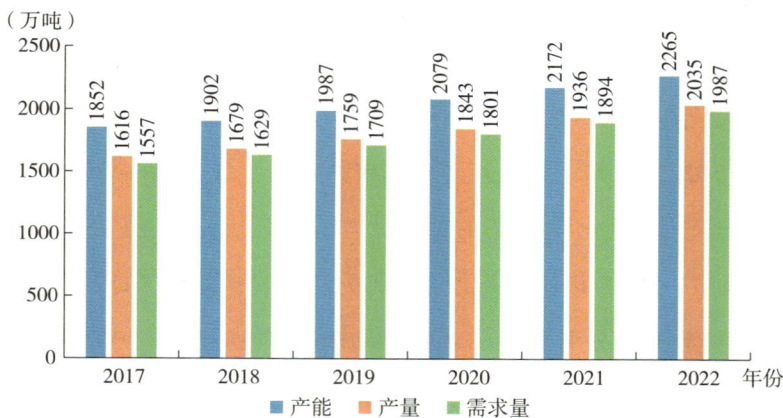

图3-38　2017—2022年中国氧化镁产业的产能、产量和需求量变化情况

资料来源：华经产业研究院，《2023年中国氧化镁行业深度研究报告》，2023年。

2. 氢氧化镁

氢氧化镁 $[Mg(OH)_2]$ 是白色无定形粉末或无色六方柱晶体，密度约为 2.36 克 / 立方厘米，在自然界中以水镁石矿物的形式存在，加热到 350℃ ~ 450℃失水后即生成氧化镁。氢氧化镁因具有良好的阻燃、中和、吸附等特性，广泛应用于工业、环保、食品和药品等领域。

（1）工业领域

氢氧化镁具有优异的抑烟和阻燃效果，是环境友好的绿色阻燃剂。在高分子材料中加入阻燃剂，可使塑料、橡胶、纤维、涂料、纺织品、电缆等材料有效阻止燃烧并抑制火焰传播。有机阻燃产品由于具有分解毒性大、烟雾大等缺点，正逐步被无机阻燃产品替代。氢氧化镁作为阻燃剂无毒无烟无二次污染，且价格低廉易获得，已成为无机阻燃剂的重要材料之一（氢氧化镁在高温分解过程中，释放出的大量水蒸气能有效稀释燃烧区域的氧气浓度、降低可燃物的燃烧速率，同时分解产生的氧化镁还能形成隔绝氧气的覆盖层，进一步抑制燃烧）。氢氧化镁阻燃剂在美国、日本、欧洲等发达国家和地区无机阻燃剂消费量中的占比已达 30% 以上，全球阻燃用氢氧化镁的年消费量已超过 225 万吨。[①]

除了优异的阻燃性之外，氢氧化镁还有着良好的绝缘性和吸附性，因此是电子行业理想的封装材料。在半导体、集成电路、印刷电路等电子元器件的制造过程中，氢氧化镁用作芯片封装材料，能很好地吸附和固定芯片表面的金属离子，减少其在电路中的干扰作用，提高芯片的电导率和稳定性；同时芯片表面的氢氧化镁保护膜能有效防止金属离子的氧化和腐蚀，保护芯片不受环境中的氧气、水分和其他有害物质的侵蚀，延长芯片的使

---

① 中国合成树脂网：《国内外阻燃材料行业发展现状及市场情况分析》，2022 年。

用寿命。[1] 此外，氢氧化镁绝缘材料还广泛应用于电容、电感等电子元器件中，提高元器件的绝缘性能和可靠性。随着电子产品日益向小型化、轻量化、高性能方向发展，氢氧化镁的需求量将持续增长。

（2）环保领域

燃煤机组、工业锅炉、垃圾焚烧锅炉的烟气中均含有较高的二氧化硫，据不完全统计，我国二氧化硫的年均排放量大于 2000 万吨。烟气脱硫是防治大气污染的重点技术措施之一。氢氧化镁脱硫是以氢氧化镁作为碱性脱硫剂，吸收烟气中的二氧化硫，生成硫酸镁和水（副产物硫酸镁具有工业价值，可用于生产肥料或其他化工产品）。与其他脱硫技术相比，氢氧化镁脱硫具有脱硫效率高（98% 以上）、投资费用少、运行费用低、综合效益高、运行可靠、无二次污染等优点，具有良好的发展前景。[2]

氢氧化镁还是最常见的、绿色环保的水处理剂。氢氧化镁缓冲性能好、吸附能力强、安全无毒无害，具有中和酸性废水、印染废水脱色、去除重金属离子等多种功能，且在废水处理过程中不会产生二次污染和结垢，大大简化了净化流程。相比于其他水处理剂，氢氧化镁的强大吸附性能可以在短时间内快速吸附废水中的各类金属离子，对生活污水中的铵盐和磷酸盐的去除率分别高达 82% 和 97%，生成的沉淀物经过滤分离回收后还可用作肥料。[3]

（3）食品和药品领域

食品级氢氧化镁是常见的膨松剂。制作糕点、饼干等烘焙食品时，通

---

[1] Sumi K, Kobayashi Y, Kato E, "Low-temperature fabrication of cordierite ceramics from kaolinite and magnesium hydroxide mixtures with boron oxide additions," *Journal of the American Ceramic Society*, 82. no.3 (1999).

[2] 郝宏科：《脱硫废水中镁离子资源化回收实验研究》，华北电力大学硕士学位论文，2021年。

[3] 黄永强、游小艇、杨铭：《氢氧化镁对水质、底质改良的研究与应用》，《渔业研究》2017年第 39 卷第 2 期。

过与食品中的酸性物质反应，产生二氧化碳气体，使食品在烘焙过程中膨胀，增加食品的酥脆程度，使口感更好。在奶粉、糖粉等粉末状食品中，氢氧化镁可以作为抗结剂使用，防止食品中的颗粒状物质结块，保持食品的流动性和分散性。氢氧化镁作为一种碱性药物的主要作用是中和胃酸，减轻胃酸对胃黏膜的刺激。在制药过程中，氢氧化镁可作为药物辅料使用（如用于制备片剂、胶囊等），也可以作为填充剂、稳定剂或崩解剂等，改善药物的物理性质和稳定性，提高药物的疗效和安全性。此外，氢氧化镁还是一种多功能的化妆品原料，具有抑菌、抗炎、美白、保湿、去角质、舒缓肌肤、平衡皮脂分泌等多种功效，在护肤品和彩妆产品中都有广泛应用。

目前全球氢氧化镁用量最大的领域是环保（工业废水处理和工业烟气脱硫等），占总消费量的 45%，阻燃剂应用和其他工业应用的占比分别为 28.5% 和 26.5%。[①] 值得注意的是，阻燃剂应用是氢氧化镁用量增长最快的领域。根据目前阻燃用氢氧化镁的消费量超过 225 万吨、应用占比 28.5%，可推算出目前全球氢氧化镁的总消耗量约为 800 万吨。

全球氢氧化镁的行业集中度较高，前五大企业共占有超过 48% 的市场份额。处于领先地位的是欧美企业和日本企业，如美国雅宝公司、日本协和公司等，氢氧化镁产品结构完整，竞争实力较强。中国是全球最大的氢氧化镁消费市场，占有大约 33% 的市场份额，其次是日本和欧洲市场，占比合计接近 48%。中国氢氧化镁产业的产能近年来呈稳步增长之势（见图 3-39），从 2016 年的 51.15 万吨增至 2020 年的 71.56 万吨，年复合增长率为 8.8%，2020 年的产能约为全球总产量的 10%。

---

① 中国合成树脂网：《国内外阻燃材料行业发展现状及市场情况分析》，2022 年。

（万吨）

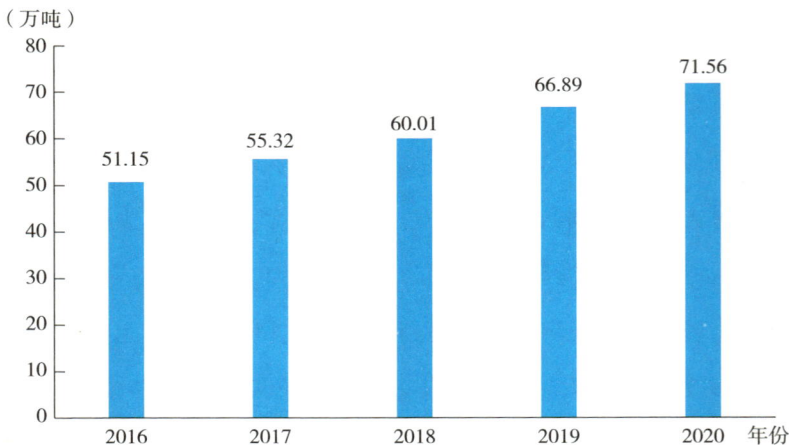

图3-39　2016—2020年中国氢氧化镁产业的产能增长情况

资料来源：杭州先略投资咨询有限公司，《氢氧化镁行业数据深度调研分析与发展战略规划报告》，2023年。

三、"镁经济"的主要优势

"镁经济"绿色循环体系以清洁的可再生能源为能源来源，以取之不尽的海水／盐湖卤水为材料来源，其核心产业链的生产全过程只有极少量的废水、废渣、废气产生和二氧化碳排放，所有产物都可以做到"物尽其用、可循环利用"。"镁经济"不仅实现了新能源和新材料两大产业的交叉融合、绿色循环，而且还具有四大突出优势：一是为风电和太阳能的储能开创了新出路，二是使金属镁的生产工艺既清洁又经济，三是使超纯超细氧化镁实现工业化生产，四是使镁燃料电池的商业应用成为可能。

（一）为风电和太阳能的储能开创了新出路

目前，全世界已有130多个国家明确了"碳中和"战略目标，大力发展以风电和太阳能为代表的可再生能源，已成为全球能源低碳转型的共识。2011 年日本福岛核事故后，以七国集团（G7）为代表的发达国家纷纷制定了"2050 年电力 100% 可再生能源化"的战略目标和能源低碳转型路线图。据国际可再生能源署预测，2050 年全球 2/3 的能源供应、91% 的电力供应将来自可再生能源，其中风能和太阳能光伏发电合计占全球电力的70% 左右；太阳能将成为最大的能源来源，光伏发电和风电的装机容量将分别是现在的 20 倍和 11 倍。[①]

风电和太阳能都是间歇性、波动性电源，在电网中占比越高，电网协调平衡的压力和难度越大，当占比超过 15% 后，电力系统安全稳定运行的风险陡升。因此，要构建能适应风电和太阳能大规模、高比例并网的新型电力系统，必须解决好电网的储能问题，即在用电低谷期间把间歇性、波动性的电能储存起来，转化为电力负荷高峰时所需要的电力。处于电源和负荷之间的电网，只有依靠储能和调节电源，才能实现"源荷平衡"。

目前，人们已经关注的储能技术按能源形式不同可分为电储能、热储能和氢储能三种，其中电储能又分为机械储能、电化学储能和电磁储能。储能技术的主要分类如图 3-40 所示。截至 2023 年底，全球已经投运的电力储能项目累计装机达到 289 吉瓦，不同储能技术的市场占比如图 3-41所示。这些储能技术各有优缺点，适用于不同的应用场景。

目前，抽水蓄能是电网中最经济、最成熟、最安全且能实现百万千瓦级大规模的储能技术，曾长期占全球储能市场份额的 90% 以上，直到近两年，随着电化学储能技术异军突起，抽水蓄能的市场份额才降至 70% 以下（截至 2023 年底为 67%）。虽然抽水蓄能目前仍是储能市场的主导，但抽水蓄能需要特殊的水库地理条件，因很多资源处于生态保护区内，环境评估难度大，所以建设抽水蓄能电站经常会遇到"生态红线"的难题。

---

① IRENA, "Renewable energy statistics 2023," 2023.

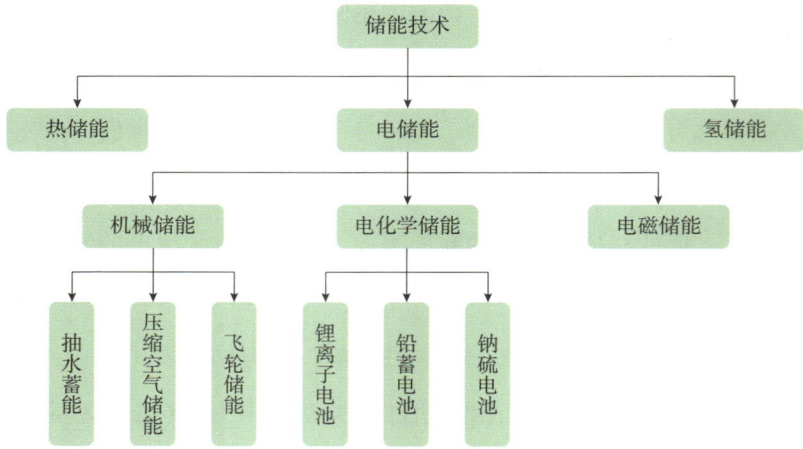

图3-40 不同能源形式的储能技术分类

资料来源：根据公开资料整理。

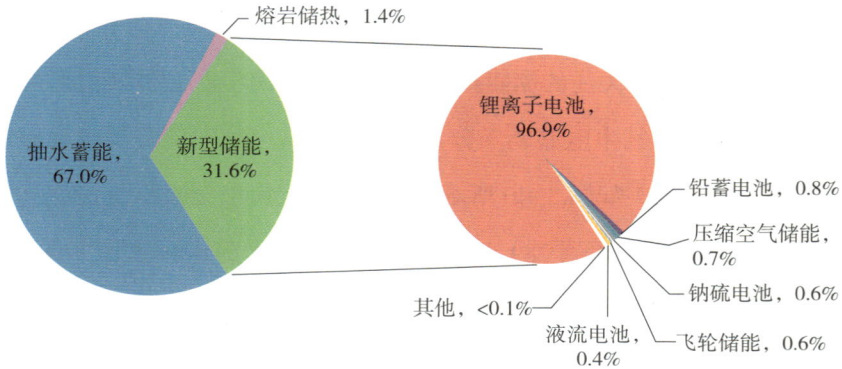

图3-41 2023年全球不同储能技术的市场占比

资料来源：中关村储能产业技术联盟，《2024中国储能技术与产业最新进展与展望报告》，2024年。

电化学储能包括锂离子电池、铅蓄电池、钠硫电池、液流电池等。无论是已实现产业化的锂离子电池还是尚处于应用示范阶段的钠硫电池，均无法做到长时间储能，且安全性也难以满足风电和太阳能大规模并网的需求。韩国自2017年以来发生了数十起锂离子储能电池的火灾事故，澳大利亚最大的锂离子储能电站也发生过火灾事故。有专家指出，目前全世界的锂离子电池产能仅能满足日本东京全市停电 3 天的电能需要；即使将全球储存的几千万吨锂资源全部开采加工成锂离子电池，能存储的总电量也仅为全球几天的用电量。[①] 除了资源短缺和安全性差之外，锂离子电池退役后的回收利用及环境污染，也是尚未解决的一大难题。

储氢是近年来备受关注的一种储能新途径，也是氢燃料电池车、氢燃料电池电站、火箭等装备和产品的重要动力源。与抽水蓄能、压缩空气储能相比，氢储能不受地理条件的制约；与电化学储能相比，氢储能不受储存容量的限制，可实现数月乃至一年时间的储能需求，从而可以调节可再生能源的季节性波动。但是，目前氢储能还面临制氢成本高、储运成本高、安全风险大等重大技术瓶颈。因为氢气非常容易泄漏和爆炸，其泄漏率是天然气的3.8 倍，只要氢在环境中的浓度达到 4% 即进入爆炸区间，所以从制氢、储氢、运氢、加氢到用氢的全过程都存在重大安全风险；此外，由于一般碳钢会产生氢脆从而导致强度急剧下降，因此所有涉及氢储运的以及所有直接接触氢气的管道、储罐都必须使用特殊材料，目前还没有既可靠又经济的技术手段，高压气态和液态氢储运技术均存在安全性差、效率低的问题。

那么，能否找到一种新型储能技术，既可以像氢储能那样实现长时间储能、不受容量制约，同时又没有安全风险、便于储存和运输呢？"镁经济"绿色循环体系给出了可集两种优势于一身的新方案，即镁储能。第二章已经介绍过，镁能源与氢能源的工作机理一样，镁和氢作为"燃料"均能够"以可再生的方式"实现完整的清洁能源循环，区别就是前者的循环介质是镁，后者的循环介质是氢。镁储能是利用可再生能源制取金属镁，金属镁再通过镁燃料电池发电，产出清洁稳定的电能。氢储能则是利用可

---

① 吴忠、胡文彬：《未来绿色储能：金属空气电池》，《光明日报》2023 年 10 月 26 日。

再生能源制取氢，氢再通过氢燃料电池发电，产出清洁稳定的电能。

虽然工作机理一样，但与氢储能相比，镁储能的优势显而易见：一是安全性高。除了镁粉和镁箔两种特殊形态外，金属镁从生产、使用、运输到储存的全过程都没有燃爆风险，作为绿色可循环利用的固体燃料，金属镁可以安全地长期放置，可以轻松实现数月、数年甚至更长时间的储能。二是储运便捷。与人们寄望于固态储氢技术来解决氢的储运难题相比，镁本身就是固体燃料，不存在泄漏问题，非常容易长距离、跨区域的运输和储存，无须密闭容器或密闭管道，也不受输配电网络的限制。与氢储能还存在诸多重大技术难点相比，镁储能技术简单得多，产业化难度也小得多。随着风电和太阳能发电的装机容量迅猛增长、在电网中的占比越来越大，镁储能的长时间、大容量、长寿命、安全、经济、高效的优势，将能发挥越来越重要的作用。镁储能可与现阶段的电化学储能实现优势互补——电化学储能负责解决日内的、高频的波动，镁储能负责季节性、跨地区的能源存储和转移，共同支撑未来新型电力系统的平稳运行。

2024年9月9日，国家能源局党组在《人民日报》发表的《以能源转型发展支撑中国式现代化》署名文章中，特别强调了"电能替代"不再为主——"推动终端能源消费转型由电能替代为主向电、氢、氨等多元清洁替代转变，推动主要用能领域成为能源转型的重要引擎"，也就是说，与之前依靠"新能源并网、通过大电网的输配去使用"相比，今后要鼓励风光电等新能源直接转化成氢、氨、甲醇等产品去用作能源消费，减小新型电力系统的复杂程度。在这种背景下，人们在研究关注热储能、电储能、氢储能的同时，还应该关注到，"镁经济"为可再生能源的储能消纳、"终端能源消费的多元清洁替代"开创了一个新的解决方案——镁储能（见图3-42），将风光电以化学能的形式储存在金属镁中，可以突破现有储能技术的瓶颈，既清洁低碳又安全高效，且有高附加值。关于镁储能的经济性分析，因为与金属镁、镁燃料电池、超纯超细氧化镁的经济性息息相关，而这正是"镁经济"的另外三大突出优势所在，所以接下来逐一介绍。

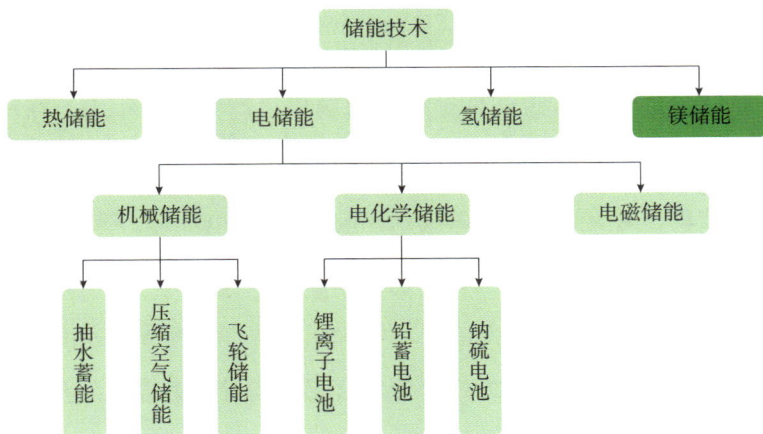

图3-42 "镁经济"为风电和太阳能的储能提供了新方案——镁储能

资料来源：作者绘制。

（二）使金属镁的生产工艺既清洁又经济

目前全世界 80% 以上的金属镁产量在中国，而中国 90% 以上的金属镁冶炼采用的都是硅热还原法中最有代表性的一种工艺——"皮江法"。皮江法炼镁以白云石为原料、硅铁为还原剂、萤石为催化剂，将白云石还原成金属镁，工艺流程主要包括白云石煅烧、粉磨与压球、真空热还原和精炼等几个环节。皮江法每生产 1 吨金属镁，大约消耗 11 吨白云石、5 吨标准煤、1 吨硅铁、9 吨新水，大约产生 9 吨工业废渣、17 吨二氧化碳和40 千克二氧化硫排放，还有严重的粉尘、噪声和热污染。皮江法是典型的高耗能高污染高排放项目，温室气体排放强度是钢铁行业的 5 倍，几乎是有色金属行业里的最高水平。[1]

---

[1] 孟浩杰、李长勇、李峰等：《镁冶炼节能减碳新技术研究现状》，《中国有色冶金》2022年第 51 卷第 4 期。

皮江法炼镁在发达国家早已停产，在我国生态环境部公布的《环境保护综合名录（2017版）》中被确定为高污染行业，在国家发展和改革委员会公布的《产业结构调整指导目录（2019版）》中被确定为限制类行业。虽然皮江法炼镁的生产工艺也在不断改进，但与铜、铝、铅、锌等金属冶炼行业相比，高耗能高污染高排放的问题仍很严重。近年来，在环保和能源双控的压力下，国内很多炼镁企业被限产，导致金属镁的市场价格也出现剧烈波动，甚至一度从20000元/吨冲高到70000元/吨。虽然当前（截至2024年8月）金属镁的价格基本稳定在19000元/吨左右，但由于皮江法工艺固有的能耗和环保问题，以及受硅铁、煤炭等主要原材料的限制，成本很难降低，2021—2022年金属镁的市场价格走势也证明了这一点（见图3-43）。

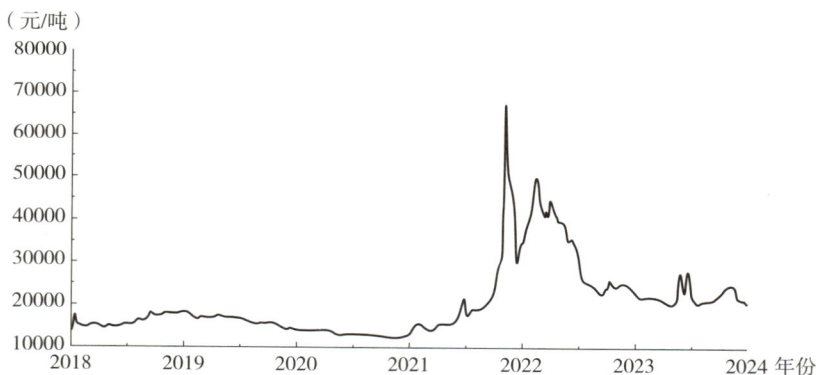

图3-43　2018—2024年皮江法炼镁的市场价格走势

资料来源：陕西省镁金属电子商务中心，《国内镁锭主产区出厂价格》，2024年。

多年来，金属镁冶炼产业一直在寻求低成本且环境友好的工艺创新，而电解法炼镁被认为是金属镁"绿色冶炼"发展的必然趋势。美国政府时隔40年后重启镁供应基地建设，给予"二战"后对金属镁的首次重大投资，正是因为从海水、盐湖水中获取金属镁的新一代电解工艺，可以实现更清洁、成本更低的目标。与皮江法相比，电解法具有资源节约、产品质量稳定、生产过程连续、易规模化生产等优点。在发达国家已经实践过的几种电解法炼镁工艺中，用盐湖卤水提钾后或海水晒盐后的废弃苦卤（含有33%左右的氯化镁）冶炼金属镁的工艺成熟可靠，是最适合中国国情的选择，因为生产流程简单、除电解外没有高温过程、易于控制、操作环境好、环境污染小、资源和能源消耗低。电解法炼镁的工艺流程如图3-44所示。"镁经济"以盐化工产业的废弃苦卤为原料、以清洁可再生的风光水电为能源，通过电解法炼镁，可使金属镁的生产从根本上摆脱高化石能源消耗、高排放、高污染、高成本的模式，变得"物美又价廉"——不仅生产工艺简单、清洁环保，而且技术进步已经可以使电解法炼镁的生产成本显著低于皮江法，未来还有进一步降低的潜力。

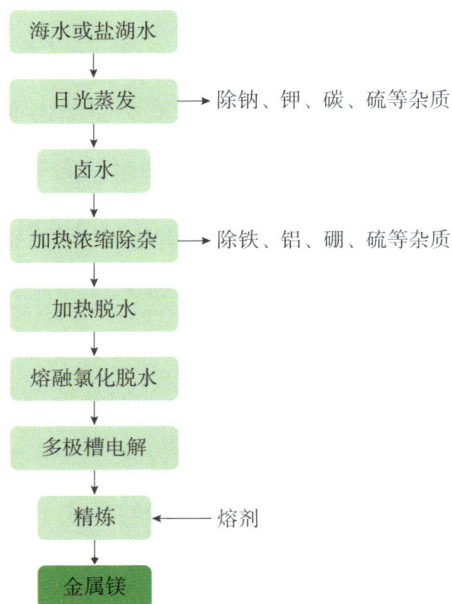

```
          ┌──────────────┐
          │  海水或盐湖水  │
          └──────────────┘
                 │
          ┌──────────────┐
          │   日光蒸发     │ ──→ 除钠、钾、碳、硫等杂质
          └──────────────┘
                 │
          ┌──────────────┐
          │    卤水        │
          └──────────────┘
                 │
          ┌──────────────┐
          │  加热浓缩除杂   │ ──→ 除铁、铝、硼、硫等杂质
          └──────────────┘
                 │
          ┌──────────────┐
          │   加热脱水     │
          └──────────────┘
                 │
          ┌──────────────┐
          │  熔融氯化脱水   │
          └──────────────┘
                 │
          ┌──────────────┐
          │   多极槽电解    │
          └──────────────┘
                 │
          ┌──────────────┐
          │    精炼        │ ←── 熔剂
          └──────────────┘
                 │
          ┌──────────────┐
          │    金属镁      │
          └──────────────┘
```

图3-44　海水/盐湖水电解法炼镁的工艺流程

资料来源：车玉思、杜胜敏、宋建勋等，《金属镁生产新工艺研究现状与进展》，《中国有色金属学报》，2022年第32卷第6期。

　　21世纪初，皮江法炼镁之所以在中国迅速发展起来，并以低成本的优势打败在国际上占主导地位的电解法，很大程度上得益于当时国内硅铁、煤炭等主要原材料的价格较低和宽松的节能环保政策，而目前的形势已经大为不同，技术进步使电解法炼镁比皮江法更具成本优势。2009年，贵阳铝镁设计研究院学者曾对电解法和皮江法的能源消耗、资源消耗与吨镁成本进行了测算和对比，两个结论值得关注：一是在不考虑环境成本的情况下，皮江法生产出来的金属镁成本是14472元/吨，而电解法是12216元/吨；二是皮江法炼镁的成本主要受硅铁、煤炭等主要原材料影响（占金属镁总成本的75%），所以价格波动大，而电解法炼镁成本中的75%是能源消耗，其中仅电解环节的电力成本就占总成本的61%——我国于20世纪80年代引进的苏联105千安无隔板电解槽技术的吨镁耗电量高达18500千瓦时。[①]

　　近十几年来的公开资料显示，技术进步已使电解法炼镁的吨镁耗电量大幅下降：2008年，青海盐湖工业股份有限公司引进挪威诺斯克·海德鲁的426千安大型无隔板电解槽技术，吨镁耗电量已降至14470千瓦时；[②]2014年，遵宝钛业有限公司、攀钢集团钛业有限公司采用日本、美国的90千安～165千安多极槽电解镁技术，吨镁耗电量进一步降至10500千瓦时。[③]

　　因此，针对电解法炼镁和皮江法炼镁两种工艺的不同特点，综合已有的研究成果、全过程生产数据（包括所消耗的各项原材料及能源的数量、价格）及未来走势，可对电解法炼镁进行保守、中性和乐观三个不同情景下的吨镁成本测算，并和当前皮江法炼镁的吨镁成本进行对比，结果如表

---

　　① 申明亮：《电解法与皮江法炼镁的效益比较及分析》，《有色冶金节能》2009年第25卷第5期。

　　② 刘国建：《青海盐湖金属镁优化升级项目现状及战略发展规划》，网易新闻，2022年。

　　③ 姜宝伟、陈平：《海绵钛生产工艺中的多极性镁电解槽技术》，《钛工业进展》2011年第28卷第5期。

3—4 所示。由于电解法炼镁的主要成本是电力消耗，所以将保守、中性、乐观三个情景分别按用电量和电价的高低来划分并进行测算，主要参数说明如下。

保守情景下，吨镁耗电量按青海盐湖工业股份有限公司的 17500 千瓦时计（其中，电解环节需耗电 14500 千瓦时，而电解工艺之前的脱水环节即将水氯镁石变成无水氯化镁还需耗电 3000 千瓦时。特别要说明的是，脱水环节的耗电量对于中性和乐观情景也是一样），电价设定参考目前全国各地的大工业电价情况（最高为天津的 0.679 元／千瓦时，最低为新疆的 0.363 元／千瓦时），按 0.65 元／千瓦时计。[1]

中性情景下，吨镁耗电量按遵宝钛业、攀钢钛业的 13500 千瓦时计（其中电解环节的耗电量是 10500 千瓦时），电价设定参考目前全国风电的上网电价为 0.30 元／千瓦时～ 0.35 元／千瓦时和光伏发电的上网电价 0.20 元／千瓦时～ 0.22 元／千瓦时，按 0.35 元／千瓦时计。[2][3]

乐观情景下，吨镁耗电量按 11500 千瓦时计（其中电解环节的耗电量预计还能通过技术改进从目前的 10500 千瓦时降为 8500 千瓦时），电价设定的依据是以弃风、弃光、弃水为电力来源，按 0.15 元／千瓦时计。

在上述情景分析基础上，表 3—4 的测算对比结果是：目前，在不考虑环境成本的情况下，皮江法炼镁的成本为 19616 元／吨（这一结果与 2024 年 3 月 15 日媒体报道《欧盟镁价跌破 3000 美元关口》的数据亦相符，该文指出，我国皮江法炼镁成本已超过 19000 元／吨，在欧盟镁价跌破 3000 美元／吨的情况下，最大炼镁生产基地陕西省的大部分生产商处于亏损状态），[4]而保守、中性、乐观三个情景下电解法炼镁的成本分别为 17715 元／吨、

①　光伏联播：《2021 年 1 月 1 日起执行 !13 省最新销售电价》，2020 年。
②　北极星电力网：《从 0.978 元到 0.302 元 载入史册的海上风电电价变革！》，2022 年。
③　北极星太阳能光伏网：《加速入市！31 省区市光伏上网电价》，2024 年。
④　Argus, "EU magnesium prices enter grey area below \$3,000/t," 2024.

表3-4　电解法炼镁在不同情景下的能源消耗、成本估算及与目前皮江法炼镁的对比

项目	用量单位	单价（元）	电解法炼镁						皮江法炼镁	
			保守情景		中性情景		乐观情景			
			单耗	成本（元/吨）	单耗	成本（元/吨）	单耗	成本（元/吨）	单耗	成本（元/吨）
卤片（水氯镁石）	吨	50					8.5	425		
		100	8.5	850	8.5	850				
氯气①	吨	0	2.90	0	2.90	0	2.90	0		
石墨阳极	吨	35000	0.02	700	0.02	700	0.02	700		
白云石	吨	50							10.5	525
硅铁②	吨	7000							1.005	7035
萤石③	吨	2180							0.2	436
其他				500		500		500		1200
电	千瓦时	0.15					11500	1725		
		0.35			13500	4725				
		0.65	17500	11375						
新水	吨	5	50	250	50	250	50	250	36	180
锅炉用煤	吨	800	0.8	640	0.8	640	0.8	640	1.0	800
煤气	立方米	0.5							13880	6940
工资及福利				400		400		400		700
生产费用（含折旧）				3000		3000		1500		1800
生产成本总计				17715		11065		6140		19616

注：①氯气是电解法炼镁的副产品，是有广泛用途的化工原料，本身可以产生收益，但在电解法炼镁的成本测算中，并未考虑氯气收益对吨镁成本降低的贡献，而是按氯气免费供给下游产业使用来设定；如果考虑氯气收益的话，按照《2023年中国液氯产量、进出口、价格走势及重点企业分析》中近10年液氯的最低市场售价为150元/吨，那么保守、中性、乐观三个情景下的电解法炼镁的成本还会在目前基础上再降低450元/吨。②硅铁价格参考郑州商品交易所成交价格及国金证券行业研究报告《硅铁——碳中和下钢铁产业链最佳弹性品种》，https://quote.eastmoney.com/qihuo/sfm.html。③萤石价格参考国信证券行业报告《萤石价格大幅上行，稀缺资源属性显现》，由于2024年萤石价格出现了大幅上涨，所以采用过往10年的市场平均价格来测算。

资料来源：根据公开资料整理；姜宝伟、陈平，《海绵钛生产工艺中的多极性镁电解槽技术》，《钛工业进展》2011年第28卷第5期。

11065 元 / 吨、6140 元 / 吨，分别是皮江法成本的 90%、56%、30%。也就是说，即使按电解法当前最保守的耗电量和电价考虑，亦不考虑皮江法的高污染高排放问题，电解法炼镁也已经比皮江法有成本优势，而在可预见的技术改进空间内，电解法炼镁的成本可以降至目前皮江法的 30% 以下，将具有非常显著的经济优势。

还要特别强调的一点是，电解法冶炼出来的金属镁纯度也比皮江法更高，更适合于高纯镁合金的生产。根据青海盐湖工业股份有限公司的报道，电解法炼镁的纯度为 99.94% ~ 99.97%，而皮江法炼镁的纯度为 99.90% ~ 99.95%。[①]

所以，电解法炼镁将使金属镁的生产工艺彻底摆脱高化石能源消耗、高排放、高污染、高成本的"四高"模式，而转变成低化石能源消耗、低排放、低污染、低成本的"四低"模式。"物美又价廉"的电解法炼镁取代目前产能受限的皮江法，可为金属镁 / 镁合金在全世界大规模的生产和应用，扫除最主要的障碍，镁将有望成为继钢铁和铝之后的第三大金属结构材料。

（三）使超纯超细氧化镁实现工业化生产

普通氧化镁的纯度为 92% ~ 95%，国际上纯度达到 98.5%、国内纯度达到 98% 的氧化镁即被称为"高纯氧化镁"。但是在一些特定领域的应用中，一般的高纯氧化镁仍难以满足需要，还需 99% 以上的更高纯度，然而这一纯度级别的生产技术要求更高，能够生产的企业更少，价格也非常昂贵。高纯氧化镁广泛应用于众多高端制造领域，其纯度和细度有微小不同，所生产的产品性能和质量就有明显的高下之分，因此，提升高纯氧化

---

① 李鹏业、张智光、龙琪等：《盐湖老卤熔盐电解法与硅热法（皮江法）环境、政策、质量方面的分析》，《世界有色金属》2017 年第 14 期。

镁的纯度和细度、降低成本，一直是业界努力追求的方向。"镁经济"的重大创新之一是突破了现有高纯氧化镁生产工艺的限制，可在世界上首次实现超纯超细氧化镁的工业化生产。

目前，高纯氧化镁的工业化生产主要有矿石煅烧法和化学合成法两条技术路线，前者主要是中国采用的菱镁石高温煅烧工艺，后者主要是国际上采用的以海水／盐湖卤水为镁源的化学合成工艺。

1. 矿石煅烧法

菱镁石的主要成分是碳酸镁，通过工业选矿方法（浮选法、磁选法和重选法）去除矿石原料中的碳酸钙、碳酸铁、碳酸锰、氧化铝、二氧化硅等杂质后（事实上很难去除干净），碳酸镁在1000℃左右高温下分解成氧化镁和二氧化碳，工艺流程如图3-45所示。高温煅烧菱镁石的工艺技术简单，但所获得的氧化镁纯度通常只能达到97%左右，即使是以特别优质的菱镁石为原料，再加上复杂工艺提纯后，所生产的氧化镁纯度也只能达到98.5%，再高就难以实现了。

特别要指出的是，菱镁石虽然在中国资源储量丰富，但因传统的开采选矿方式不合理，造成了很大资源浪费。近年来，品位高的特级矿已基本枯竭，一级矿也储量有限，因此中国生产出来的高纯氧化镁的纯度几乎都在97%左右。此外，菱镁石高温煅烧工艺本身也是高耗能高排放高污染，每生产100吨氧化镁大约要消耗25吨标准煤，排放110吨二氧化碳，生产过程中贮存、破碎、选料、煅烧等多个工序均存在严重的粉尘排放，干燥、煅烧工序还会有大量的二氧化硫、氮氧化物、一氧化碳等大气污染物的排放。[1]

---

① 辽宁省市场监督管理局，《DB21/T 1642-2024镁质耐火原料及制品单位产品能源消耗限额》，辽宁省市场监督管理局，2024。

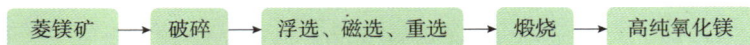

图3-45 高温煅烧菱镁石生产高纯氧化镁的工艺流程

资料来源：陈昌林、侯光、崔曦文等，《高纯镁砂制备生产工艺》，《耐火与石灰》2017年第42卷第1期。

2. 化学合成法

海水／盐湖卤水并不是纯的镁盐溶液，其中含有钠、钾、钙、铁、铝、硅、硫、磷、硼、有机物等十余种物质，为了得到纯度在99%以上的高纯氧化镁，必须使杂质总含量控制在低于1%的范围内。化学合成法虽然可以获得纯度高达99%～99.5%的氧化镁，但除杂工艺极其烦琐复杂、成本高昂，还存在着"硼难以去除"的世界性难题，且生产过程中需要使用有毒有害的氨水（氨水是有毒有害化工原料，一旦泄漏，极易导致皮肤、眼睛、消化道等多部位受损，甚至有生命危险），并产生大量废液（沉淀、中和、清洗等工序会产生大量酸碱废水）。海水／盐湖卤水化学合成高纯氧化镁的工艺流程如图3-46所示，由于工艺复杂，目前这一技术只掌握在日本、荷兰、美国、以色列、德国等少数发达国家手中。其中日本宇部化学公司做得最好，可生产出纯度高达99.5%的氧化镁。

特别要指出的是，化学合成法因为成本高昂，很大程度上限制了高纯氧化镁的大规模推广应用。因为同样是高温材料，纯度为99%～99.5%的氧化铝的市场价格仅为每吨4000元～6500元，而相同纯度的氧化镁的市场价格却高达每吨2.8万元～21万元（相同纯度的氧化镁如果细度不同，价格也会有很大差异），这一悬殊差距常常导致下游应用行业在产品等级要求不高、利润率低的情况下，尽管知道高纯氧化镁的重要价值，也不得不望而却步。此外，海水／盐湖卤水的化学合成工艺目前还难以实现纯度在99.5%以上的高纯氧化镁大规模生产，因为除杂工艺（尤其在脱硼环节和杂质沉淀分离环节）采用的精细化工领域的复杂提纯手段会大大提高成本，这对于大宗原材料生产是难以承受的，所以为了降低成本，不得不牺牲对更高纯度的追求；如果要获取纯度在99.5%甚至99.9%以上的高纯氧化镁，成本可能会飙升至每吨数十万元甚至百万元。

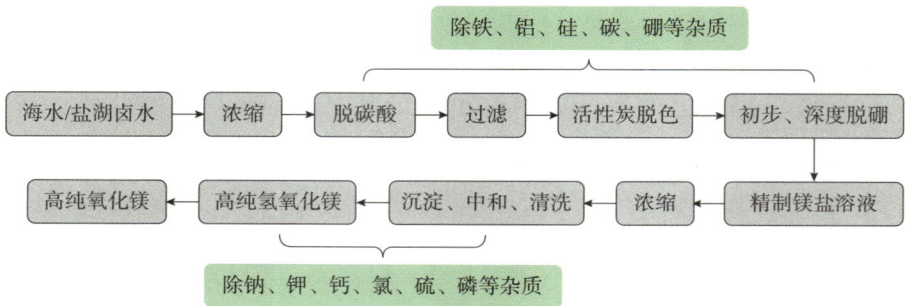

图3-46　海水 / 盐湖卤水化学合成高纯氧化镁的工艺流程

资料来源：王兆中，《浅谈海水镁砂的研制与发展》，《海湖盐与化工》1998年第1期。

与上述生产高纯氧化镁的两种工艺不同，"镁经济"绿色循环体系开创了第三种工艺，可在世界上首次实现纯度在99.5%以上、细度在纳米级的超纯超细氧化镁的工业化生产，而且是极低碳排放和工业"三废"的绿色生产（只有电解过程中会产生少量阳极残渣和电解质残渣，事实上这种残渣本身就来自苦卤，是非镁的盐类物质）。"镁经济"生产超纯超细氧化镁（简称"镁燃料电池法"）的工艺流程如图3-47所示。从海水 / 盐湖卤水到超纯超细氧化镁的获取，提纯过程分两步走：第一步是通过过滤、吸附分离、分级蒸发结晶等纯化手段，去除海水 / 盐湖卤水中的铁、钠、钾、钙、碳、硫、磷及大颗粒杂质，获取精制氯化镁；第二步是将精制氯化镁电解为纯度高达99.9%的金属镁。两步提纯的优势在于规避了海水 / 盐湖卤水化学合成技术的复杂性和局限性，能够以成本低得多、技术也简单得多的工艺获得较高纯度的氯化镁，进而获得高纯度的金属镁，之后金属镁通过镁燃料电池发电即可轻松获得超纯超细氧化镁（镁燃料电池发电过程的直接副产物是超纯超细氢氧化镁，脱水后就是超纯超细氧化镁）。如果还要获得比 99.5% 纯度更高的 4N ～ 6N 级（纯度为 99.99% ～ 99.9999%）的氧化镁，只需将金属镁精炼至相应纯度级别后（目前技术上很容易实现），通过镁燃料电池的电化学反应即可获得。

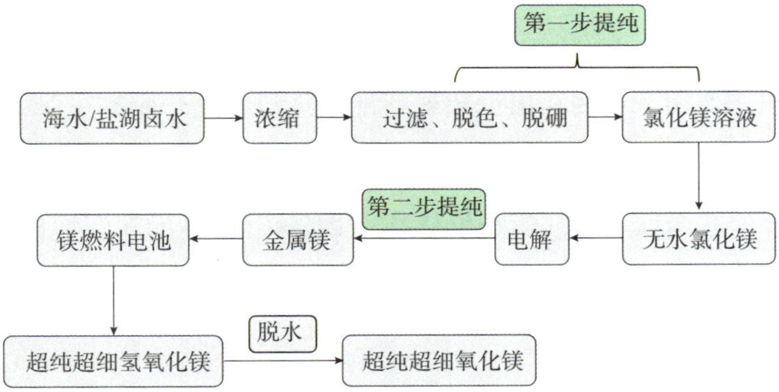

图3-47　镁燃料电池法生产超纯超细氧化镁的工艺流程

资料来源：根据公开资料整理。

超纯超细氧化镁比一般的高纯氧化镁性能更优异，当前在全世界范围内都是非常稀缺且昂贵的尖端基础材料。"镁经济"以颠覆性的技术创新，可为超纯超细氧化镁开创质优价廉的工业化来源。保守预测，即使以当前皮江法工艺生产的、市场价格约为 21000 元 / 吨（此数值为陕西省镁金属电子商务平台 2023 年的镁锭含税平均价格）的金属镁为原料，镁燃料电池生产超纯超细氧化镁的成本也能降至目前高纯氧化镁国际平均市场价的 1/3 以下；如果未来通过电解法炼镁使金属镁生产成本大幅下降的话，将能以目前国内普通氧化镁的成本（6000 元 / 吨 ～ 8000 元 / 吨）实现超纯超细氧化镁的工业化生产。

表 3-5 为镁燃料电池生产超纯超细氧化镁的成本预测。1 吨金属镁通

过镁燃料电池可以产出 1.66 吨超纯超细氧化镁，由于金属镁的市场价格是对超纯超细氧化镁生产成本影响最大的因素，因此按照表 3-4 "电解法炼镁在不同情景下的能源消耗、成本估算及与目前皮江法炼镁的对比" 所测算出的金属镁不同成本再加上合理利润后，将超纯超细氧化镁的生产成本也分为保守、中性、乐观三个不同情景进行测算，即 2024 年保守情景、2029 年中性情景、2035 年乐观情景下的金属镁市场价格分别按 21000 元 / 吨、12000 元 / 吨、6500 元 / 吨计算，再考虑镁燃料电池电堆的电解质消耗、折旧等费用，可测算出：超纯超细氧化镁的生产成本在保守、中性、乐观三个情景下将分别为 15655 元 / 吨、8855 元 / 吨、5205 元 / 吨。也就是说，即使在当前金属镁市场价格高达 21000 元 / 吨的保守情景下，超纯超细氧化镁的生产成本也比目前国际上高纯氧化镁的平均市场价具有显著经济优势。

表3-5　镁燃料电池生产超纯超细氧化镁的成本预测

项目	单价（元/吨）	单耗（吨）	成本（元/吨）		
			2024年保守情景	2029年中性情景	2035年乐观情景
金属镁	21000	0.60	12600		
	12000			7200	
	6500				3900
电解质	1500	0.01	15	15	15
水	5	8	40	40	40
设备折旧（电堆）			1800	400	50
其他			1200	1200	1200
合计			15655	8855	5205

资料来源：根据公开资料整理。

因此可以预见，"镁经济"将使全球高纯氧化镁的市场格局重新洗牌，并为这种原本只能在高端制造领域不惜成本时才会考虑使用的尖端原材料，大规模应用于国民经济工农业众多领域、实现产业提质升级扫除了障碍。目前，该项技术成果已经在河北唐山完成验证性生产线的建设（年产300吨级的规模），产线本身是模块化设计，只要增加镁燃料电池的发电装置数量即可大规模复制，实现10万吨～100万吨级的产能规模。此外，这一新生产工艺易于实现自动化、智能化操控，一个千吨级超纯超细氧化镁的生产车间只需要6～8名操作工，日常只需要2～3名检修人员对生产设备进行维护即可。

（四）使镁燃料电池的商业应用成为可能

与其他电池不同，镁燃料电池既是清洁发电装置，又是超纯超细氧化镁的生产设备，这一特殊性使得我们在探讨镁燃料电池商业应用的可行性时，应综合考虑发电和超纯超细氧化镁的成本投入和收益。对镁燃料电池发电装置全生命周期的效益进行深入分析后，可以发现，因超纯超细氧化镁是有高附加值的工业原材料，现阶段即使不考虑镁燃料电池的发电收益，仅仅是超纯超细氧化镁的收益就足以让镁燃料电池全生命周期内的投资回报率很有吸引力，简要说明如下。

对功率为1千瓦的镁燃料电池发电装置进行全生命周期的效益分析，模型的建立及分析的过程有以下四个方面的重要考量。

第一，镁燃料电池发电装置全生命周期运行的总成本由燃料成本（即金属镁）、设备成本（即镁燃料电池发电系统）和制造成本（指的是将副产物氢氧化镁加工成氧化镁的过程）构成，其中燃料成本的占比最高；而总收入由材料收入（即超纯超细氧化镁）和发电收入两部分构成，其中超纯超细氧化镁的收入占比高达97%以上。在这个效益分析的模型中，镁燃料电池的发电电价特别设定为 0.30 元 / 千瓦时以下,[①] 目的是考察在低电价下镁燃料电池发电装置是否可以依靠副产物超纯超细氧化镁的市场价值来获取足够高的收益。如果可以，就说明现阶段镁燃料电池发电的商业应用已经可行，且因可以提供低电价而具有很大竞争力。

第二，影响镁燃料电池发电装置全生命周期经济效益的关键变量有四个：镁燃料电池的使用寿命、镁能源的转化效率、金属镁的市场价格和超纯超细氧化镁的市场价格；其中，前两个变量决定着镁燃料电池全生命周期内的金属镁消耗量和超纯超细氧化镁的生产量。[②] 对镁燃料电池发电装置的全生命周期效益进行分析，需充分考虑上述四个关键变量的现状和未来发展趋势。由于表 3-3 已经对镁燃料电池发电系统在 2024 年、2029 年、2035 年不同发展阶段和生产规模下的成本进行了预测，表 3-4 和表 3-5 又分别对电解法炼镁成本和镁燃料电池生产超纯超细氧化镁成本作了保守、中性和乐观三个不同情景下的预测，因此这里仅简单分析镁燃料电池的使用寿命和镁能源转化效率的现状和未来发展趋势。

第三，镁燃料电池的使用寿命指的是在保持性能指标（80% 功率保有率）情况下的累积工作时间（并非电池存储放置的时间），通常以工作小时数来衡量。镁燃料电池的使用寿命由催化电极、循环系统、密封件、管路和连接件等多个部件共同决定，其中最关键的是催化电极，直接影响着镁燃料电池的整体发电效率和使用寿命。镁燃料电池的催化电极与氢燃料电池的膜电极工作机理相同、生产工艺类似，但后者在强酸性的腐蚀环境下工作，而前者在中性温和环境下工作，所以，镁燃料电池的使用寿命不会低于氢燃料电池。在目前的产品化阶段，镁燃料电池催化电极的使用寿

---

① 参考的是目前国内风电、光伏和水电的平均度电成本，分别为 0.30 元 ~ 0.35 元、0.20 元 ~ 0.22 元、0.10 元 ~ 0.12 元。

② 镁燃料电池的使用寿命越长，全生命周期的发电量就越高，消耗的金属镁就越多；镁能源的转化效率越高，同等发电量下，所消耗的金属镁就越少。

命约为 5000 小时，随着材料制造工艺不断改进、自动化装备水平不断提升，保守预测使用寿命可达到 25000 小时以上。因为，目前处于产业化早期的氢燃料电池，国产膜电极的实际使用寿命已达到 20000 小时左右，预计到 2025 年和 2030 年将分别升至 25000 小时和 30000 小时 ~ 35000 小时。[①] 所以，在镁燃料电池全生命周期效益分析的模型中，参照氢燃料电池使用寿命的增长趋势，可将镁燃料电池的使用寿命分别按 2024 年 5000 小时、2029 年 15000 小时、2035 年 25000 小时来设定。表 3-6 为镁燃料电池和锂离子电池在全生命周期内的发（放）电量对比。

表3-6 镁燃料电池和锂离子电池全生命周期内的发（放）电量对比

	镁燃料电池	三元锂电池	磷酸铁锂电池
规格	1千瓦	1千瓦时	1千瓦时
寿命	5000小时 ~ 25000小时	2000次	3000次
发（放）电量	5000千瓦时 ~ 25000千瓦时	2000千瓦时	3000千瓦时

资料来源：根据公开资料整理。

第四，镁能源的转化效率是指镁燃料电池将金属镁中的化学能转化为电能的效率，反映了能源利用的有效程度，是衡量能源系统或设备性能的重要指标，转化效率越高意味着能量损失就越少。在目前的产品化阶段，镁燃料电池的能源转化效率大约为 30%，实际能量密度约为 2000 瓦时 / 千克。鉴于镁燃料电池与氢燃料电池的发电机理相同，而目前处于产业化早期的氢燃料电池的能源转化效率已经达到 50% ~ 60%，可以预见，随着材料制造工艺不断改进、自动化装备水平不断提升，镁燃料电池的能源转化效率将升至 50% 以上、能量密度将提高到 3200 瓦时 / 千克以上（规模化生产会降低镁燃料电池的内阻、有效控制电池极化，从而使能源转化效率超过 50%）。因此，在镁燃料电池全生命周期效益分析的模型中，参

---

① 清华大学 :《中国氢燃料电池产业链已建立，碱性制氢前景广阔》，2023 年。

照氢燃料电池能源转化效率的增长趋势，可将镁燃料电池的能源转换效率按 2024 年（产品化阶段）为 30%、2029 年（进入产业化早期）为 37%、2035 年（进入产业化成熟期）为 47% 来设定，所对应的镁燃料电池能量密度分别为 2024 年 2000 瓦时 / 千克、2029 年 2500 瓦时 / 千克和 2035 年 3200 瓦时 / 千克，再结合相应阶段下镁燃料电池的寿命分别为 5000 小时、15000 小时和 25000 小时，可计算出：在 2024 年、2029 年和 2035 年，1 千瓦镁燃料电池发电装置全生命周期的发电量分别为 5000 千瓦时、15000 千瓦时和 25000 千瓦时，发电消耗的金属镁分别为 2.50 吨、6.00 吨和 7.81 吨，发电产出的超纯超细氧化镁将分别为 4.15 吨、9.96 吨和 12.97 吨（1 吨金属镁可产出 1.66 吨氧化镁）。

基于上述四个方面的重要考量，对一台功率为 1 千瓦的镁燃料电池发电装置的全生命周期效益建立模型并进行量化分析后，结果如表 3-7 所示，从中可以得出两个重要结论：一是在上述四个关键变量本着尽可能保守预测和取值的情况下，现阶段镁燃料电池全生命周期的效益已可以实现 22.25% 的毛利率；未来随着镁燃料电池批量化生产规模越来越大、从产品化阶段进入产业化阶段，即使按目前普通氧化镁的市场价格水平计算超纯超细氧化镁的材料收入，镁燃料电池全生命周期的效益仍可以实现 30% 以上的毛利率；二是超纯超细氧化镁的材料收入对镁燃料电池全生命周期的利润、利润率的贡献占比最大（在不同的预测时间段均高于 97%），而发电收入的贡献占比还不到 3%，即使让发电收入为零，对全生命周期效益的影响也可忽略不计。因此，镁燃料电池若采用"镁—电协同"的商业化模式（即综合考虑镁质先进材料和镁能源的收益），现阶段就已经济可行；也就是说，集诸多性能优势于一身（全过程安全、能量密度高、资源丰富、寿命长免维护、易回收无污染等）的镁能源，将不再受制于"单纯靠发电获取收益而必然面临的高成本困境"，能够迅速以极有竞争力的低电价甚至零电价进入规模化推广应用阶段。

表3-7 功率为1千瓦的镁燃料电池发电装置的全生命周期效益分析

项 目	2024年	2029年	2035年
成本总计（万元/台）	6.57	8.85	7.15
—燃料成本小计（万元/台）	5.25	7.20	5.08
金属镁消耗量（吨/台）	2.50	6.00	7.81
金属镁单价（万元/吨）①	2.10	1.20	0.65
—设备成本小计（万元/台）②	0.75	0.20	0.02
电堆成本（万元/台）	0.55	0.15	0.014
辅助设备成本（万元/台）	0.20	0.05	0.006
—制造成本小计（万元/台）③	0.57	1.45	2.05
耗材成本（万元/台）	0.15	0.45	0.75
加工成本（万元/台）	0.42	1.00	1.30
收入总计（万元/台）	8.45	12.68	10.63
—氧化镁收入小计（万元/台）	8.30	12.45	10.38
氧化镁产量（吨/台）	4.15	9.96	12.97
氧化镁销售价格（万元/吨）④	2.00	1.25	0.80
—发电收入小计（万元/台）	0.15	0.23	0.25
发电量（千瓦时/台）	5000	15000	25000
电价（元/千瓦时）	0.30	0.15	0.10
毛利（万元/台）	1.88	3.83	3.48
毛利率（%）	22.25	30.21	32.74

注：①金属镁2024年价格设定为21000元/吨，参考的是陕西省镁金属电子商务平台2023年镁锭的含税价格均值；2029年和2035年的价格分别按表3-4电解法冶炼金属镁的中性情景和乐观情景来设定；②设备成本数据来源于表3-3；③制造成本包含电池运行过程中的电解液、回收产物过程中的滤膜等耗材成本，以及氢氧化镁脱盐、干燥、脱水、封装等加工成本；④当前国际市场上高纯氧化镁的价格约为2.8万元/吨～21万元/吨，因此2024年按最保守的2万元/吨价格进行测算，2029年和2035年的价格参考表3-5中的成本加部分利润来设定，其中2035年设定的8000元/吨与目前普通氧化镁的市场价格相当。

资料来源：根据公开资料整理。

　　以目前全球氧化镁和氢氧化镁两大产业总计3000万吨～4000万吨的消耗总量计，将带动金属镁的需求量高达2000万吨～2500万吨，可提供清洁的镁能源640亿千瓦时～800亿千瓦时，占全球目前总用电量的0.3%左右。虽然这0.3%的镁电贡献尚不足以使人类的能源结构发生质的变化，但足以让全球金属镁冶炼行业成为最主要的受益者——清洁产能大规模提升和金属镁成本大幅度降低，使镁迅速成为规模在千万吨甚至亿吨级的重要金属材料。同时还可以展望的是，如果未来金属镁冶炼技术出现更重大的突破，以至金属镁的价格能降到与目前粗钢市场价格（2000元/吨～3000元/吨）接近的话，镁能源也将不必再依附于镁质先进材料的收益，就能实现平价上网。

第四章

"镁经济"将深刻改变世界

材料、能源和信息技术被称为"现代文明的三大支柱"。其中，材料是现代文明的物质基础，小到一针一线，大到飞机火箭，人类衣食住行用的大千世界，材料无处不在、无所不包，材料的品种、数量和质量所取得的突破也成了社会进步的里程碑和时代发展的重要标志，人类社会发展史正是一部如何更好地创造材料、利用材料的历史；能源是现代文明的动力基础，是工业、农业、商业等一切领域的机器设备正常运转的"血液"，社会发展的现代化程度越高，对能源的依赖就越强，几百年来人类一直在努力提高能源利用效率，寻找更清洁、可持续的能源来源。镁资源的本质既是工业材料，又是能源载体，"镁经济"绿色循环体系的建立和推广，将在材料领域和能源领域对人类社会产生重大而深远的影响。

战略性关键矿产资源通常被称为产业发展的"维生素"，决定着高端制造、国防军工等诸多战略产业的命脉，对国家经济、科技、军事的安全至关重要。近年来，战略性关键矿产资源已经成为世界大国竞争和博弈的焦点。值得关注的是，日本在 2009 年、欧盟在 2011 年、美国在 2018 年、澳大利亚在 2019 年，均已将镁资源列入其战略性关键矿产资源的清单中，而中国目前尚未列入。图 4-1 为中国、美国、欧盟的战略性关键矿产资源对比。

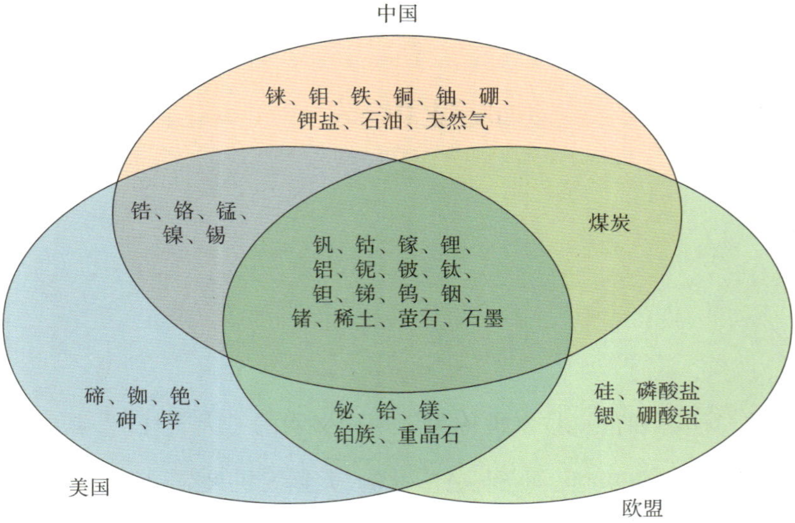

图4-1 中国、美国、欧盟的战略性关键矿产资源对比

资料来源：王安建，袁小晶，《大国竞争背景下的中国战略性关键矿产资源安全思考》，《中国科学院院刊》2022年第37卷第11期。

镁资源之所以被发达国家高度重视并列入战略性关键矿产资源清单，是因为镁质先进材料和镁能源与汽车交通、航空航天、武器装备、电子电气、生物医药、冶金陶瓷、石油化工、可再生能源开发等众多领域的高端制造、产业升级密切相关。虽然镁资源的重要价值已经为人们所关注，但是现阶段受制于成本高昂等因素，镁质先进材料在全球的市场潜力还远未释放出来，镁能源也尚未实现商业化应用。比如，地球上能单独作为金属材料来应用且资源丰度大于1%的元素只有铝、铁、镁三种，而且镁和铝在历史上又是同期被发现的，但是200多年来铝资源的开发利用技术突飞猛进，铝材料的应用早已深入生产生活的各个领域。目前全球铝的年产量是镁的80倍，钢的年产量更是高达镁的1800倍，镁的年产量只有区区100万吨左右。镁资源的开发利用水平与其丰富的资源储量、重要的工业价值严重不相匹配。正如英国物理冶金学家罗伯特·康（Robert Wolfgang

Cahn）所言："在材料领域还没有任何材料像镁那样，潜力与现实有如此大的颠倒。"①

镁质先进材料和镁能源的成本一直居高不下的根本原因，并非资源有限或从自然界中难以获取，而是生产工艺、关键技术亟待突破。"镁经济"绿色循环体系以颠覆性的技术创新实现了三个重大突破：一是超纯超细氧化镁在世界上首次实现工业化生产，二是金属镁／镁合金的生产工艺既清洁环保又成本低廉，三是镁燃料电池不再受制于铂资源的稀缺昂贵、发电成本可以大大降低。工业产品追根溯源，最重要的支撑是基础材料，没有尖端的基础材料，高端产品就是"无源之水、无本之木"。镁合金和超纯超细氧化镁均是发展高端制造所必需的、可带动一个庞大"材料群"实现技术突破的尖端基础材料；镁燃料电池因集能量密度高、安全性好、寿命长、免维护、易回收等多种优势于一身，被业界认为"一旦突破将是电池工业领域的颠覆性革命"。"镁经济"为性能优异的镁质先进材料和镁能源在全球大规模推广应用，扫除了最主要的高成本障碍，必将在世界范围内、在与能源和材料密切相关的众多经济领域内引发深刻变革。

一、镁合金的重要应用及前景

镁合金被誉为"21世纪最具开发和应用潜力的绿色工程材料"，也被发达国家视为"战略性原材料"。因为镁合金不仅是轻量化效果最显著的金属结构材料，还具有多种优异的功能特性。

最轻的金属结构材料。镁的密度为1.74克／立方厘米左右，还不到钢的1/4、铝的2/3、钛合金的2/5、锌合金的1/3。镁合金的密度与多数工程塑料相当，但比刚度和比强度显著高于钢铁和铝合金（见图4-2），是实

---

① ［德］K.H. 马图哈：《非铁合金的结构与性能》，科学出版社1999年版。

现轻量化发展最有效的金属材料。

减振降噪性能好。在相同载荷下，镁合金的减振能力是铝合金的 100
倍、钛合金的 300 倍～500 倍，在所有金属结构材料中镁合金的减振性能
最好，可大大减少噪声和振动，提高稳定性和舒适性。[①]

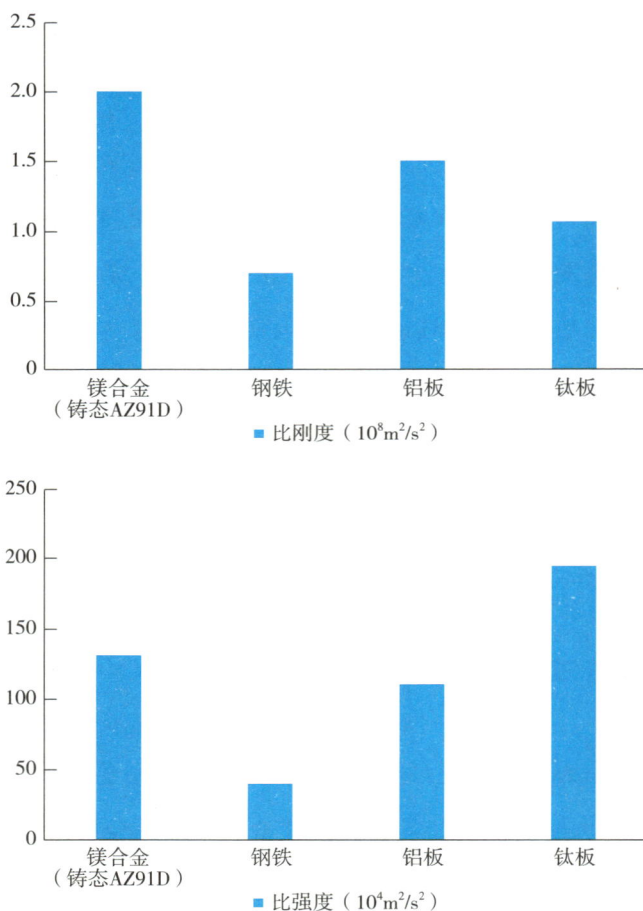

图4-2　不同金属结构材料的比刚度（上）和比强度（下）对比

资料来源：[新加坡] 莫纳义·古塔（Manoj Gupta）、奈·美·玲·莎伦（Nai Mui Ling
Sharon），《镁、镁合金及镁基复合材料》，航空工业出版社2021年版。

---

① 陈振华：《变形镁合金》，化学工业出版社 2005 年版。

电磁屏蔽性能好。常规商用镁合金在 30 兆赫兹 ~ 1500 兆赫兹频率范围内的电磁屏蔽效能一般可达 50 分贝以上，显著优于相同厚度的铝合金。镁合金做电子器件的壳体时，无须再做表面处理就能获得很好的电磁屏蔽效果。[①]

导热散热性能好。室温下纯镁的热导率为 158 W/(m·K)，镁合金的热导率略低于铝合金和铜合金，但远高于钢铁和钛合金，且比热容在常用合金中是最低的。[②] 材料的高导热性对于现代电子科技的发展尤为重要，可保障设备的稳定运行、提高使用寿命。

容易加工和成型。镁合金在高温和常温下都具有一定的塑性，可通过压铸成型、塑性加工、热处理加工、切削加工和冷冲加工等方式，制备出不同性能和用途的棒材、管材、板材、型材、锻件、压铸件、冲压件等，允许较高切削速度，加工精度高，模具使用寿命长。

能源应用特性好。镁作为电池负极材料具有很高的能量密度（理论值为 6800 瓦时 / 千克）和较高的理论电压（3.09 伏特）；镁及其合金可与氢形成化合物，具有很高的吸氢量，镁的理论储氢密度高达 7.6 wt%。[③] 镁基储氢被认为是最有发展前途的固态储氢方式。

生物相容性能好。镁是生命必需的元素。镁合金是理想的可降解生物医用植入材料，力学性能与骨骼相似，可设计制造更薄的人造假体、心脏支架等，显著降低因异物引起的血管风险，降解产物可以被人体吸收，不必额外做手术来移除。

---

① 刘艳辉、马鸣龙、张奎等：《镁合金电磁屏蔽性能的研究进展》，《材料导报》2022 年第 36 卷第 18 期。

② 曾小勤、王杰、应韬等：《镁及其合金导热研究进展》，《金属学报》2022 年第 58 卷第 4 期。

③ wt% 在化学领域里指混合物中某种物质的质量分数，此处指的是单位质量的储氢密度，是评价储氢技术的主要指标，定义为"储氢单元内所储氢的质量与整个储氢单元的质量之比并乘以 100%"。

易于回收再利用。废旧镁合金零部件可以回收后循环利用，而且不会影响材料的使用性能。镁的回收再生所需要的能耗和成本仅是矿石炼镁的百分之几，既节能环保又具经济竞争力，回收性能优于铝合金。

镁合金材料的主要缺点是：耐腐蚀性差，燃点低，高温下强度偏低，抗蠕变性能差，镁合金铸件容易形成热裂纹，镁合金变形件塑性加工条件控制困难，等等。自 20 世纪 80 年代以来，发达国家相继制定了镁合金研究计划，并投入巨额资金研究，目前已经开发出了高强铸造镁合金、高强变形镁合金、高塑性镁合金、高阻尼镁合金、高温镁合金等一系列高性能的镁合金材料，在高质量构件制备和非对称变形加工技术上取得了巨大进展。

高性能的镁合金材料在汽车高铁、航空航天、军事装备、电子通信、生物医用等众多领域已显示出巨大的发展潜力。虽然镁合金目前成本较高，产业链还不完善，总体上的应用规模还很有限，但随着人们对产品轻量化及环保要求的不断提高，以及金属镁冶炼加工技术的进步和生产成本的下降，镁合金必将成为继钢铁和铝合金之后的第三大广泛应用的金属结构材料，在全球范围内迎来市场需求的快速增长。

目前，全球大约 1/3 的金属镁产量用于镁合金制造，而在镁合金的市场结构中，70% 用于交通运输，20% 用于 3C 电子，10% 用于国防军工、生物医用等其他领域。因此，本节仅以三个重点领域即交通运输、国防军工、3C 电子以及两个前沿领域即生物医用、镁基储氢为例，简要介绍镁合金大规模推广应用的重要价值及发展前景。

（一）交通运输

1. 汽车

应对气候变化已是全球重大战略问题。据统计，汽车所消耗的石油占全世界交通运输系统的 70% ~ 80%，占石油消耗总量的 20% 左右。研究显示，传统燃油汽车的油耗和排放与整车的重量密切相关：汽车所用燃料的 60% 消耗于汽车自重，汽车重量每降低 100 千克，就能使每百千米的油耗降低 0.3 升 ~ 0.6 升、二氧化碳排放减少 0.6 千克 ~ 1.4 千克，同时也减少了氮化物、硫化物等有害物质的排放。新能源汽车对汽车轻量化的需求更为迫切，汽车重量每减少 10%，续航里程将提升 5% ~ 6%。在绿色低碳发展的大背景下，无论是传统燃油车还是新能源汽车，汽车的轻量化已成为未来发展的必然趋势。[1] 此外，轻量化还会使车辆加速性能、制动性能、最大时速、碰撞情况下的安全性得到显著提升，根据欧洲铝业协会的研究报告，车重若减轻 25%，可使汽车起步后加速到 60 英里 / 小时的时间从原来的 10 秒减少到 6 秒。[2]

　　汽车轻量化的途径主要有两种：一是汽车制造采用轻质材料，用密度更低的材料替代钢材；二是优化汽车框架结构设计，采用一体式压铸工艺制造车身和其他零部件，以减少零部件数量。图 4-3 为乘用车的整车重量分布，重量占比最大的是白车身、动力系统和底盘系统，三者合计占整车重量的 83%。目前汽车轻量化材料主要有高强度钢、铝合金、镁合金、工程塑料等，根据美国铝业协会的研究报告，镁合金是最理想的汽车轻量化材料，白车身如果用高强度钢、铝合金替代钢，可分别实现 10%、40% 的减重，用镁合金替代钢则可实现 60% ~ 70% 的减重，减重效果显著优于高强度钢和铝合金。[3] 图 4-4 为白车身采用不同材料的重量对比，表 4-1 为北美轻型车的部分汽车零部件（在不降低零部件强度的情况下）采用镁合金材料后的减重效果。

---

[1]　中国（德国）研发创新联盟：《轻量化发展白皮书 2022》，2022 年。

[2]　European Aluminium Association, "Aluminium in cars unlocking the lightweighting potential," 2022.

[3]　佟琳：《汽车轻量化—汽车铝板在白车身和覆盖件减重中的应用》，《世界有色金属》，2014 年第 2 期。

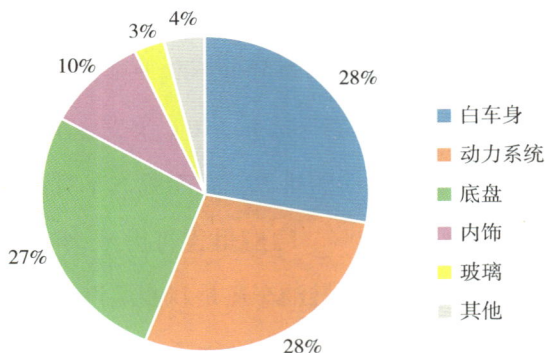

图4-3 乘用车的整车重量分布

资料来源：佟琳，《汽车轻量化—汽车铝板在白车身和覆盖件减重中的应用》，《世界有色金属》，2014年第2期。

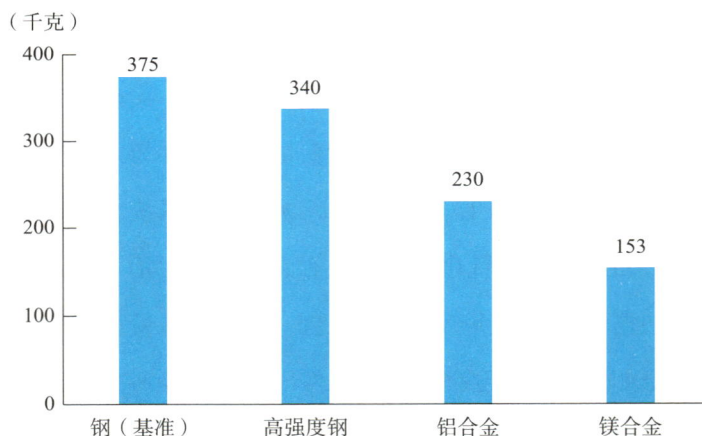

图4-4 白车身采用不同材料的重量对比

资料来源：民生证券，《汽车行业深度报告：轻量化需求高增，一体化压铸蓄势待发》，2023年。

表4-1 北美轻型车的部分汽车零部件采用镁合金材料后的减重效果

汽车零部件	原用材料	原质量（千克）	改用镁合金后质量（千克）	减重比例（%）
发动机缸体	铝合金	22.0	19.0	13.6
变速器壳体	铝合金	21.5	15.0	30.2

续表

汽车零部件	原用材料	原质量（千克）	改用镁合金后质量（千克）	减重比例（%）
油底壳	铝合金	3.0	2.0	33.3
轮毂	铝合金	23.0	18.0	21.7
	钢	36.0	18.0	50.0
框架	铝合金	14.4	7.3	49.3
方向盘	钢	4.0	0.9	77.5
脚踏板	钢	5.0	1.1	78.0
阀体零件	锌合金	2.5	0.7	72.0

资料来源：智研咨询，《汽车轻量化大趋势下镁合金行业迎来新机遇，2020年我国车用镁合金年需求将达到10万吨左右》，2015年。

事实上，镁合金不仅是汽车零部件实现轻量化、节能环保的理想材料，而且有三大性能优势。

一是镁合金压铸件有一次成型的优势，可使原来需要多种部件组合才能形成的构件实现一次成型。零部件集成度的提升和结构的简化，既提高了生产率和设计灵活性，又降低了加工和装配成本，减少了制造误差和装配误差。

二是镁合金零部件的机械加工比较容易，在无冷却液和润滑剂的情况下就能实现高负荷的加工，并得到精细光洁的加工面。镁合金压铸件的切削速度、加工精度分别比铝合金高50%、25%，而耗能却比铝合金低50%。加工模具的寿命可比铝合金长2倍~4倍。[1]

三是镁合金的减振降噪性能大大优于铝合金和钢，抗冲击韧性好，耐碰撞能力强，用于零部件的壳体可以降低噪声，用于座椅、轮毂等经常承受冲击的部件可以有效吸收振动，既延长了使用寿命，又提高了汽车的安全性、稳定性和舒适性。

---

[1] 徐河、刘静安、谢水生：《镁合金制备与加工技术》，冶金工业出版社2007年版。

镁合金在汽车上的应用已有近百年的历史，但真正较大规模的使用是在 20 世纪 70 年代石油危机以后。随着汽车轻量化发展的需求越来越迫切，美国、欧洲都制定了推动镁合金在汽车上应用的中长期计划。在日益严苛的燃油和排放标准下，汽车制造商采用更多新技术生产质量轻、耗油少的新一代汽车，拉动了镁合金市场需求的迅速扩大。1990—2000 年，全球汽车镁合金零部件使用的年增长率为 20%，其中北美为 35%、欧洲高达 60%，汽车制造业的镁合金用量增加了 4 倍多，成为镁合金总消费量中占比最高的领域。

目前镁合金消费主要集中在北美洲、欧洲、日本和韩国。世界各大汽车公司均将镁合金零部件的开发作为重要发展方向，市场上的镁合金压铸零部件已超过 200 种，覆盖了整车四大系统，即车内构件（如方向盘、转向柱、仪表盘支架、中控支架、座椅架、气囊外罩、座位升降器等）、车身构件（如车门、前后舱体、前端框架、尾板、车顶框、车顶板、行李厢盖等）、发动机及传动系统（如发动机支架、离合器外壳、变速器壳体、齿轮箱壳体、气缸盖、进气管、机油盘、马达罩、油箱、空压机罩、曲轴箱等）和底盘系统（如轮毂、引擎托架、前后吊杆、尾盘支架等），如图 4-5 所示。

图4-5 汽车的镁合金车门（左）和轮毂（右）

资料来源：作者绘制（AI生成）。

在汽车零部件领域，镁合金和铝合金有着高度重合的适用范围，如表4-2所示。目前全球90%的汽车方向盘都是镁合金制造，镁合金仪表盘已经在中高端车型广泛应用，单车的镁合金用量也成了衡量汽车性能的重要指标之一。早在2006年，美国汽车材料伙伴关系联盟（USAMP）发布的报告《镁愿景2020：北美汽车用镁的战略愿景》就已明确了镁合金在汽车轻量化发展过程中将要承担的重要使命，计划到2020年北美乘用车的单车镁合金用量争取达到350磅（约160千克），使汽车减重630磅（约286千克），镁材料在乘用车总重量中的占比从当年的0.3%增加到12%；镁将会成为第二大汽车材料，不仅能实现更大的汽车减重、给客户带来价值，也将在节能减排方面给世界带来巨大的贡献。[①] 根据美国铝业协会的研究报告，轿车每使用1千克镁合金，可在寿命期内减少30千克尾气排放；如果每辆汽车能使用70千克镁合金，二氧化碳的年排放量就能减少30%以上，节能减排效果显著。[②]

表4-2　镁合金和铝合金有着高度重合的适用范围

非常规部件	铝合金	镁合金	发动机系统	铝合金	镁合金	传动系统	铝合金	镁合金
离合器踏板	√	√	缸盖	√	√	变速箱壳	√	√
踏板柄	√	√	缸体	√	√	离合器壳	√	√
刹车踏板	√	√	进气歧管	√	√	后变速箱壳	√	√
刹车盘盖	√	√	发动机托架	√	√	转向齿轮壳	√	√
转向节	√	√	发动机支架	√	√	车轮	√	√
方向盘	√	√	油泵	√	√			
驾驶室及门	√	√						

　　资料来源：智研咨询，《汽车轻量化大趋势下镁合金行业迎来新机遇，2020年我国车用镁合金年需求将达到10万吨左右》，2015年。

---

①　United States Automotive Materials Partnership, "Magnesium Vision 2020: A North American Automotive Strategic Vision for Magnesium," 2006.

②　山西证券：《物"镁"价廉，优势显露——镁行业研究报告》，2010年。

尽管镁合金的减重、减振、降噪等性能更优，且模铸生产率高、铸造性能好，对汽车构件的设计非常有利，但是目前应用最多的汽车轻量化材料仍然是铝合金（在 2022 年汽车轻量化材料市场中的占比为 64%）。[①] 全球单车铝合金用量的平均水平在 2000 年时就已达到 100 千克，而同期单车镁合金用量仅为 3.8 千克；2022 年单车铝合金用量已增至 190 千克，而单车镁合金用量即使在镁合金应用程度较高的北美和欧洲地区，平均水平也仅为 15 千克~20 千克。镁合金材料在汽车制造业尚未大规模推广应用的最主要障碍是综合成本高于铝合金，不具性价比优势。比如，2015 年以来金属镁与金属铝的市场价格平均比值为 1.19，2021 年 9 月受金属镁产业的供给收缩影响，镁铝价格比一度高达约 3.2，随着 2022 年上半年金属镁市场价格逐步回落，镁铝价格比再次回到 1.2 左右的历史均值。[②③]

汽车业界对车用材料的成本分析表明，目前对镁合金综合成本影响最大的是材料成本，在年产 40 万个镁合金零部件的生产规模下，材料成本占总成本的 84%。[④] 因此，降低金属镁的成本是提升镁合金综合竞争力的关键。"镁经济"绿色循环体系用电解法炼镁取代皮江法炼镁，可使金属镁的成本降到目前的 1/2 甚至 1/3，进而可使镁合金的材料成本大幅降低。作为最有潜力的汽车轻量化材料，业界普遍认为以镁代铝、以镁代钢是汽车轻量化发展的必然趋势，随着镁铝原材料价格比的降低，镁合金零部件必将凸显出经济优势、逐步取代铝合金构件，迎来市场的高速增长。图 4-6 为 2018—2023 年全球汽车市场销量的变化情况，其中全球新能源汽车 2019—2023 年市场销量的快速增长趋势如图 4-7 所示。保守预测，未来单车镁合金用量将至少可以达到目前单车铝合金 190 千克的用量水平，按照 2023 年全球汽车产

---

① 天风证券：《一体化压铸市场规模 2025 年预计达 300 亿以上，关注两条主线》，2022 年。
② 锐观网：《原镁市场未来供需平衡预测，未来价格分析》，2019 年。
③ 长江有色网：《镁锭今日价格》，2024 年。
④ 徐河、刘静安、谢水生：《镁合金制备与加工技术》，冶金工业出版社 2007 年版。

业年销量9272万辆来计算的话，未来全球仅汽车产业的镁合金消费量就将高达每年1760万吨以上，市场规模将超过3000亿元，发展潜力巨大。

（万辆）

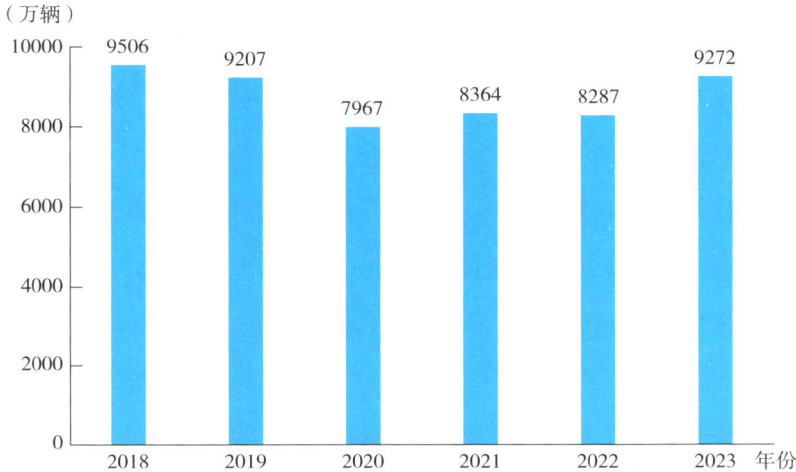

图4-6 2018—2023年全球汽车市场销量变化情况

资料来源：雪球，《2023年全球汽车销量增长11.9%至9272万辆》，2024年。

（万辆）

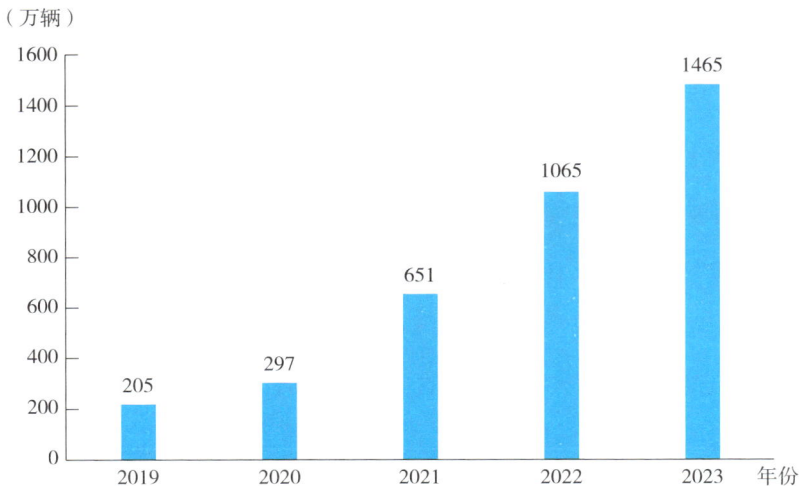

图4-7 2019—2023年全球新能源汽车市场销量快速增长

资料来源：EVTank，《2023年全球新能源汽车销量达1465万辆，中国销量占比64.8%》，2024年。

2. 轨道交通

轨道交通车体轻量化发展是高速安全运行、节能降耗的必然要求。目前我国高速列车的车体、顶盖、齿轮箱箱体等关键构件的材料主要以铝合金、不锈钢为主，高性能的铝合金材料在车体总重量中的占比为90%。随着轨道交通运行速度和节能降耗要求的不断提升，镁合金材料已显示出巨大发展潜力。

研究数据表明，如果中国京沪线高铁动车组的车身全部采用镁合金材料来制造，整车重量和所需能耗将分别减少13%和8%，按目前京沪线运营量每天高达1000多班次来计算，每天仅直达列车即可节约用电120万千瓦时，折合二氧化碳减排1146吨。[①] 由此可见，镁合金材料对列车减重、节能减排意义重大。此外，镁合金材料优异的减振性能可以更好地吸收列车运行过程中产生的振动，优良的加工性能可以制备出符合人体工学和美学的不同形状、尺寸的复杂产品。

目前，商用镁合金主要用于轨道交通车辆的非主要承载件或内饰件，已经在国外高速列车的座椅、脚踏板、扶手等很多场景出现，并显示出良好的经济效益。[②] 比如，法国TGV Duplex双层高速列车的镁合金座椅超过4.5万个，和原先的铝合金座椅相比可减重20%；韩国KTX特快列车的座椅原来使用玻璃钢和铝合金材料，改用镁合金材料后单个座椅可减重5千克，同时减少了8%～10%的材料成本；日本新干线N700系列高速列车的座椅（由背靠、扶手、底垫、底座和中央支架等组成）已经全部采用镁合金制造，整车减重效果明显，动力性能提升，运行能耗和成本也随之降低。

---

① 罗彦云、蒲全卫、左国良：《铝合金和镁合金在轨道交通装备轻量化上的应用》，《电力机车与城轨车辆》2020年第43卷第3期。

② 刘世杰、唐伟能：《镁合金在轨道交通领域的应用》，《金属制品》2023年第49卷第3期。

镁合金材料在我国轨道交通装备领域的应用也在迅速增加，目前主要用于空调通风口格栅、窗框、门框、防护栏杆、座椅、地板、卧铺床架、行李架、内部仪表盘框架等零部件。"复兴号"动车组的行李架已全部采用镁合金型材，国内首列实用型中低速磁悬浮列车用镁合金代替了约30%的木质骨架，其车身结构件和灯体均采用镁合金制造。

由于铝合金产业发展较早、加工技术成熟，现阶段轨道交通的轻量化材料仍然以铝合金为主、镁合金为辅。虽然目前部分商用镁合金产品的力学性能已接近甚至超过部分铝合金材料，但是要将镁合金应用于轨道车辆的关键承载件如车体、支撑梁等，还需要镁合金的成分不断优化，以及冶炼和加工工艺的不断提升。由于对镁合金零部件承重能力的要求越来越高，国内外研发机构都在致力于高强韧镁合金、阻燃镁合金等新型材料在轨道交通装备上的研发应用。

比如，日本新结构材料技术研究协会使用新开发的阻燃镁合金制造了约9米长、3米宽的车厢地板，应用在新干线子弹头系列测试车辆ALFA-X上，这是目前用于铁路车辆的世界上最大的镁合金压延材料。通过性能测试，研究人员发现在保证相同隔音效果的情况下，镁合金新型地板可减重23%（约50千克）。此外，日本结合阻燃镁合金、加工与连接技术、防腐技术以及大型结构制造技术，完成了全镁车身的模型设计，并首次制作了一个5米长的局部车体样件，用在新一代高速列车FASTECH 360的原型车（见图4-8）上，可比原来的铝合金车体减重25%。这种新型阻燃镁合金将在模拟实际操作环境下进行疲劳试验，以验证长期使用的安全性和可靠性。[1]

---

① 刘世杰、唐伟能：《镁合金在轨道交通领域的应用》，《金属制品》2023年第49卷第3期。

图4-8　日本新一代高速列车FASTECH 360原型车

资料来源：作者绘制（AI生成）。

重庆理工大学研发出第三代气动磁悬浮列车LOOP，车身采用阻燃镁合金再辅以环形翼的特殊设计，与第一代、第二代车体相比，气流稳定性大大提高，在轨道宽度不变的情况下能将列车运输能力提高 30% ~ 40%。[①]

我国是世界高铁总里程第一大国，截至 2023 年底，全国铁路运营总里程已达到 159000 千米以上，其中高铁 45000 千米；全国铁路货车和客车的拥有量分别达到 100.5 万辆和 7.84 万辆，其中动车组约 3.54 万辆；全国 40 余个城市（包括港澳台）开通了地铁或轻轨，运营线路总长度已超过 7000 千米，列车保有量超过 5000 列。[②]根据《新时代交通强国铁路先行规划纲要》，到 2035 年高铁总里程将超过 70000 千米。按照我国高铁动车组车辆保有量密度约为 1 辆 / 千米测算，未来 10 ~ 20 年高铁新线建设将至少新增 2 万 ~ 3 万辆的动车组需求。此外，我国主要城市均在大力发展城市地铁、轻轨等新型轨道交通，至 2023 年底累计已有 59 个城市建成

---

① 刘义鹤、江洪：《镁合金在轨道交通装备中的应用和展望》，《新材料产业》2018 年第 10 期。

② 国家发展和改革委员会：《中国国家铁路集团有限公司 2023 年统计公报》，2024 年。

运营，城市轨道交通线路总长 11200 千米，列车保有量超过 1.14 万列；17
个城市开通了有轨电车，运营线路总长度已超过 370 千米。根据北京、上
海、广州、深圳等 56 个主要城市的地铁建设规划，2030 年地铁运营里程
将达到 12000 千米，对地铁车辆的需求巨大。①

可以预见，随着轨道交通运营里程和车辆数量的持续增长，对车辆的
提速、降噪、安全、节能等方面的要求将更高，对具有更高强度、更低重
量的新型材料的需求也更加迫切。镁合金材料的应用从非主要承载件向主
要承重构件转变，是轨道交通装备轻量化升级的关键。开发推广高强度、
阻燃性能好的镁合金及结构功能一体化的镁合金加工技术，对未来轨道交
通装备行业的转型升级将发挥重要作用。

3. 摩托车、自行车

两轮交通工具如摩托车、自行车也是镁合金材料可以大有所为的领域。

镁合金在摩托车工业上的应用起源于 1930 年的欧洲，和汽车工业的
镁合金应用同时起步，而且镁合金制作的摩托车零部件几乎与摩托车同时
代诞生。1938 年，世界最大摩托车制造商英国 BSA 公司推出的"金星"
摩托赛车的变速箱壳体即是镁合金制造；1939 年，英国 AJS 公司推出的
"超级动力"摩托赛车的曲轴箱体也是镁合金制造。1970 年以后，镁合金
的主流应用从发动机部件进一步扩展到轮毂、制动盘、离合器外壳、前叉
架等 10 多种零部件，到 1980 年时摩托车的镁合金零部件已高达 50 多种，
涵盖了发动机系统、传导系统、悬挂系统、框架及各种附件，应用厂家几
乎囊括了欧洲所有摩托车生产厂商。②

日本四大著名摩托车厂商本田、铃木、雅马哈和川崎也是仿照欧美模
式，将镁合金零部件的应用首先从发动机入手，再扩展到其他部件（见图

---

① 中国城市轨道交通协会：《城市轨道交通 2023 年度统计和分析报告》，2024 年。
② 张先鸣：《浅谈摩托车零部件用材料》，《摩托车技术》2009 年第 7 期。

4-9），应用规模丝毫不逊于欧洲。其中川崎 ZX 系列几乎囊括了日本摩托车的所有镁合金零部件，川崎 ZX-6R 发动机的气缸盖、机油箱面板、离合器盖、油泵盖均采用镁合金制造，使整个发动机减重 6 千克。[1]

图4-9　镁合金结构的摩托车

资料来源：作者绘制（AI生成）。

中国摩托车工业发展迅速，1997 年产量首次突破 1000 万辆，占世界总产量的 43.6%，但当时国产摩托车约一半不能满足欧洲 1 号排放标准，而且振动和噪声大。在"十五"国家科技攻关专项支持下，2001 年成功研制出"LX150 型镁合金绿色概念摩托车"，开创了中国摩托车大量采用镁合金的先例。LX150 型摩托车的发动机曲轴箱体、箱盖、尾盖、前后轮毂、后制动盖、后扶手等 12 个零部件用镁合金材料替代后，轮毂重量减轻了 3 千克，整个摩托车减重 6 千克左右，摩托车的一氧化碳、氮氧化物排放由此降低约 70%，优于欧洲 1 号排放标准。[2][3]

---

[1]　RoadRUNNER, "Kawasaki Ninja ZX-6R/RR," 2003.

[2]　常青梅：《镁合金车架的材料替代设计及服役性能分析》，重庆大学硕士学位论文，2011年。

[3]　王启伟：《电磁铸造条件对 AZ31 镁合金组织与力学性能的影响》，东北大学硕士学位论文，2008 年。

　　镁合金的开发与应用已成为摩托车材料技术发展的一个重要方向，发动机、轮毂、变速器、后扶手及减振系统等用镁合金材料替代后，既能减轻整车重量、提升加速和制动性能，又能降低行驶振动、排污量、噪声及油耗，大大提升了驾乘的舒适度。2023年全球和中国的摩托车销量分别高达6260万辆和1899万辆（见图4-10）。保守预测，如果未来单车镁合金用量达到10千克，按照2023年全球摩托车的销量计算，未来摩托车产业的镁合金消费量就将高达每年62万吨以上，市场规模将超过110亿元。

（万辆）

图4-10　2018—2023年全球和中国摩托车的销售量变化趋势

　　资料来源：MarkLines汽车信息平台，《全球摩托车产销量：中国、印度、东盟地区概况》，2023年；MotorCycles Data，《2023年全球摩托车销量》，2024年。

　　自行车是人力驱动，轻量化带来的好处会更加明显——加速性能、爬坡性能、转弯性能更好且更容易操控，所以国际自行车产业有"产品轻1克就能多卖1美元"之说。用镁合金材料制造的自行车（见图4-11），比用铝合金能减重33%，折叠式自行车的车架甚至可以做到重量仅为1.4千克，总重量仅为4千克。[①] 得益于优异的减振特性，用镁合金制造出来的

―――――――――

　　① 潘复生、王敬丰：《中国新材料产业发展报告（2009）第5章 交通用材料——镁合金》，国家发展和改革委员会高技术产业司、中国材料研究学会，2010年。

自行车比用钢材、铝材的舒适度大大提高。

目前自行车领域的镁合金零部件包括轮毂、车把夹、脚踏板、制动器、手把、前叉、框架等，全球著名自行车制造商均已开始应用。其中，三大顶级自行车厂商之一的意大利 Pinarello 公司生产的 38 厘米规格（车架车轴中心与座管顶端的间距）的镁合金车架重量仅为 1.19 千克；台湾地区的自行车厂商已将镁合金大量应用于山地车、折叠车等高级车种，折叠式镁合金自行车的重量可低至 6.4 千克；上海交通大学轻合金精密成型国家工程中心研制的山地自行车，整车车架和车轮均为镁合金材料，车身自重仅为 8 千克。[①]

图4-11　镁合金一体铸造的自行车

资料来源：作者绘制（AI生成）。

中国是世界自行车生产和消费的第一大国，2023 年自行车产量为 4883.5 万辆，电动自行车产量为 5035.2 万辆，电动自行车的保有量已超过 3.5 亿辆。[②③] 但是，目前中高端自行车仍处于供不应求的局面，特别是很

---

① 姚志英：《镁合金自行车车架技术研究》，南京理工大学硕士学位论文，2016 年。
② 中国产业经济信息网：《2023 年自行车行业总产量达 9918.7 万辆》，2024 年。
③ 《电动自行车社会保有量超 3.5 亿辆》，《人民日报海外版》2024 年 9 月 16 日。

多电动自行车的重量及最高速度超过了国家标准（按照现行国家标准，电动自行车最高车速应不大于 20 千米 / 小时，整车重量应不大于 40 千克）。因此，对于增加了电池的电动自行车来说，镁合金材料是非常重要的轻量化选择，不仅会延长一次充电后的行驶距离，而且镁合金的散热性能好，可以降低刹车系统温度、延长刹车轮毂的使用寿命，镁合金轮毂会明显改善加速与刹车性能。

目前，天津、河北、浙江、山西、山东等地已经有很多企业生产自行车和电动自行车的镁合金零部件。除了车架、支梯、泥板、支棍等镁合金车体部件外，镁合金轮毂的应用显著加大了单车镁合金的用量。按照目前中国电动自行车产业的市场规模，如果每辆电动自行车使用 5 千克的镁合金，每年就会新增 25 万吨的镁合金需求。

（二）国防军工

1. 航空航天

在大飞机、载人航天、探月工程、空间站和卫星等航空航天领域，由于工作环境特殊，产品的轻量化发展尤其重要，"斤斤计较、为减轻每一克重量而奋斗"也成为业界名言。航空航天领域对轻量化之所以要求苛刻，是因为轻量化不仅能显著提升航空航天产品的机动性能和有效载荷，还能产生可观的经济效益。轻量化是航空航天领域提升竞争力的关键之一。

研究表明，1 枚洲际导弹质量若减少 1 千克，则运载火箭的起飞质量和地面设备的结构质量就可分别减少 50 千克和 100 千克；喷气发动机每减重 1 千克，整个飞机结构可减重 4 千克，升限高度可提高 10 米；战斗机若减重 15%，就可以缩短 15% 的飞机滑跑距离、增加 20% 的航程、提高 30% 的有效载荷，极大提升战斗机的战斗力和生存能力。

减重带来的经济效益也非常可观：火箭每减重 1 千克，可减少发射费用 2 万美元；波音公司的数据表明，采用轻质合金制造的飞机，可以使质量减轻 14.6%、燃料消耗量节省 5.4%、制造成本下降 2.1%、每年飞行费用可降低 2.2%。[①] 表 4-3 为汽车和航空航天产品每减重 1 磅（约为 0.45 千克）所产生的经济效益对比，从中可见在同等的减重条件下，商用飞机、战斗机和航天器因减重所产生的经济效益分别是汽车的 100 倍、1000 倍和 10000 倍。

除了巨大的减重效益外，镁合金材料良好的减振性能可以使航空航天产品承受较大的振动载荷，良好的防辐射性和电磁屏蔽特性可抵御短波辐射和高能粒子的"轰击"，高导热性可避免电子设备在太空环境下因太阳照射过热而烧毁，等等。

表4-3　汽车和航空航天产品每减重1磅所产生的经济效益对比

汽车	商用飞机	战斗机	航天器
3美元	300美元	3000美元	30000美元

资料来源：钟皓、刘培英、周铁涛，《镁及镁合金在航空航天中的应用及前景》，《航空工程与维修》2002年第4期。

图 4-12 展示了镁合金材料在航空航天领域应用的演变历程。镁合金材料早在 20 世纪 20 年代就开始应用于航空领域，早期主要用于军用飞机的蒙皮、螺旋桨、发动机曲柄箱、变速箱外壳、飞行器龙骨、仪表盘、起落轮等重要部位上，以实现零部件的大幅减重和设备操控性能的显著提升。20 世纪 30 年代德国 Focke Wulf 军用飞机使用的镁合金材料达到 630 千克。20 世纪 40 年代美国 B-36 重型轰炸机使用了 5555 千克的镁合金板、700 千克的镁合金锻件和 300 千克的镁合金铸件，镁合金材料覆盖了 25% 的外部机身（包括发动机整流罩、机翼蒙皮、机身蒙皮等）。美国喷气式

[①]　钟皓、刘培英、周铁涛：《镁及镁合金在航空航天中的应用及前景》，《航空工程与维修》2002 年第 4 期。

歼击机"洛克希德 F-80"的机翼采用镁合金板材制造后，结构零件的数量从 47758 个降至 16050 个。可执行核轰炸和常规轰炸任务的美国第一代 B-52 远程战略轰炸机，起落架、操纵系统等非承力或次承力构件中使用了 1600 千克的镁合金。[①]

图4-12　镁合金材料在航空航天领域应用的演变历程

资料来源：根据公开资料整理。

随着加工制造技术的发展，镁合金在航空航天领域的应用范围不断扩大，目前已广泛用于飞机、导弹、火箭、飞船、卫星等重要装备的制造（见图 4-13），以减轻零部件质量，提高飞行器的机动性能，降低航天器的发射成本。

比如，美国已将综合性能优于铝基复合材料的镁合金复合材料用于海军卫星的支架、轴套、横梁等结构件。日本开发出了具有镁合金机翼的超音速飞行器的结构设计优化方法，并用镁合金材料成功制造出了质量仅为 1 千克的超小型人造卫星。德国用美国提供的 Elektron 43 镁合金开发的航空座椅，在保持强度和韧性的前提下，可比铝合金座椅减重 25%，成为变形镁合金在航空领域取代铝合金材料的巨大进展。新型航空发动机齿轮箱和直升机的变速系统也已经大量采用能适应振动、沙尘、腐蚀、高温等恶

---

① 蒋斌、刘文君、肖旅等：《航空航天用镁合金的研究进展》，《上海航天》2019 年第 36 卷第 2 期。

劣环境的新型高温镁合金材料。[1]

图4-13 镁合金材料生产的航空座椅（左）和航空发动机（右）

资料来源：作者绘制（AI生成）。

为满足导弹、火箭减重及高精度零件（如导弹控制系统）对材料尺寸稳定性的苛刻要求，发展高强度、高刚度、低膨胀系数的镁基复合材料是重要途径之一，高性能镁合金已在欧美国家的导弹系统中大量采用（见图4-14）。比如，美国猎鹰（Falcon GAR-1）空空导弹中 90% 的零部件为镁合金材料；美国雷声公司 2007 年为海军研发的 AGM-154C 导弹（弹长4.06 米），为保障有效毁伤能力，连接舱舱体、尾舱舱体、翼片骨架、设备箱箱体均采用了镁合金材料，全弹质量控制在 483 千克以内，低空投掷和高空投掷的滑翔距离分别达到 22 千米和 120 千米，能有效攻击工业设施、后勤系统等牢固的战术目标；德国金牛座系统公司和瑞典博福斯公司2010 年合作开发的动能侵彻导弹 KEPD-350 的加强框、壁板、舵面、隔板等 30 多个零部件使用了高性能镁合金后，全弹长度仅 5 米，射程高达 350千米，总质量可控制在 1400 千克以内，能够侵彻 4 层钢加固混凝土层后

---

① 吴国华、童鑫、眭怀明等：《铸造镁稀土合金研究现状及其在航空发动机领域应用展望》，《航空制造技术》2022 年第 65 卷第 3 期。

爆炸，确保战斗毁伤效能的发挥。①

图4-14 镁合金材料制造的导弹（左）和舱体（右）

资料来源：作者绘制（AI生成）。

我国航空工业几乎所有的歼击机、轰炸机、直升机、运输机、机载雷达、地空导弹、运载火箭、人造卫星和飞船上均有镁合金材料的应用，对于机匣、前舱、飞机液压装置壳体、座舱盖骨架、飞机机身、支座等构件的减重起到了很好的效果。我国研制生产的红旗–9B导弹的弹体采用高强度镁合金制造，将总质量控制在1200千克以内，体积也大为缩小，最高速度提升到6马赫，仅需100秒就可实现200千米的射程。②近年来，在大型镁合金表面的防腐处理、机械加工、焊接技术等方面产生了很多突破，实现了大型镁合金结构件在多个航天器上的应用。我国航空航天与国防工业制定了明确的轻量化目标，如航空发动机的推重比不小于10、卫星结构质量减小5%左右、歼击机的结构质量系数从32%～34%降至27%～28%、战略导弹弹头单位侧面积质量小于30千克/平方米、战术导弹结构质量减小30%以上，等等。③要实现这些目标，大力开发应用高性

---

① 康凤、闫峰、杨鄂川等：《轻合金在国外航空炸弹上的应用研究》，《材料导报》2014年第28卷第2期。

② 王目孔、孙建新、刘新超：《铸造镁合金研究与应用进展》，《有色金属工程》2012年第2期。

③ 丁文江、吴国华、李中权等：《轻质高性能镁合金开发及其在航天航空领域的应用》，《上海航天》2019年第36卷第2期。

能的镁合金材料是必然选择。

德勤咨询公司的《2020 年全球航空航天及防务行业展望》预测 "2020 年之后全球商用飞机需求将长期保持强劲增长态势，未来 20 年飞机产量将达到 40000 架"。[①] 头豹研究院的《2023 年中国航空航天零部件行业研究报告》也指出 "2015—2021 年中国商业航天产业保持着 22.4% 的年复合增长率，全球和中国的商业航天仍处于发展初期，市场缺口巨大，无论是技术还是应用领域，未来仍有巨大发展空间"。[②] 图 4-15 和图 4-16 分别为 2019—2023 年全球和中国的商业航天市场规模的增长趋势。随着科技的快速发展和航空航天活动的日益频繁，世界各国都在加快航空航天用轻质高性能镁合金材料的研发和应用，作为飞机、导弹、卫星、火箭、月球车等航空航天器装备轻量化、提高各项技术性能的理想结构材料，高性能镁合金的市场前景巨大。

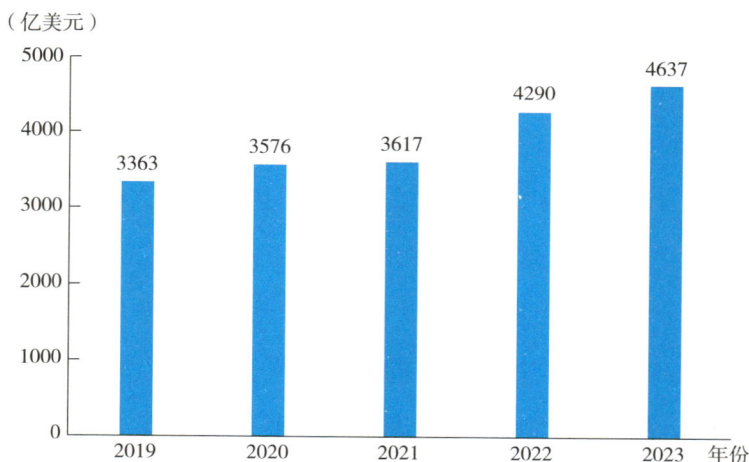

（亿美元）

2019—2023 年全球商业航天市场规模：
- 2019: 3363
- 2020: 3576
- 2021: 3617
- 2022: 4290
- 2023: 4637

（年份）

图4-15　2019—2023年全球商业航天市场规模的增长趋势

资料来源：前瞻产业研究院，《2024年全球商业航天行业市场现状及发展前景分析》，2024年。

---

① 德勤咨询公司：《2020 年全球航空航天及防务行业展望》，2020 年。
② 头豹研究院：《2023 年中国航空航天零部件行业研究报告》，2023 年。

（亿元）

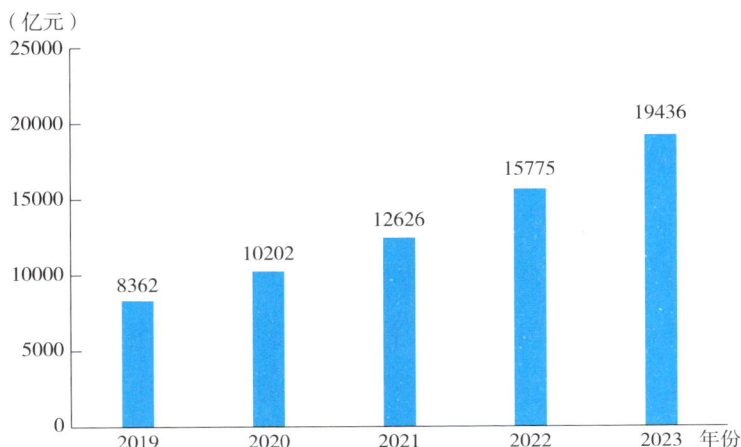

图4-16　2019—2023年中国商业航天市场规模增长趋势

资料来源：华经产业研究院，《2023—2028中国商业航天行业市场深度研究及投资前景展望报告》，2024年。

2. 常规武器

重量是影响武器装备在战场快速反应能力的关键因素之一，现代高技术战争对武器装备重量指标的要求极为苛刻，发达国家无一不投入巨资，研究轻质结构材料及与之配套的先进制造技术，以减轻武器装备的重量，提高武器装备的机动性和士兵的生存作战能力。镁合金是实现武器装备轻量化、提高其各项技术性能的理想结构材料。

镁合金在军事上的早期应用主要集中在航空领域（导弹、战斗机等），后来扩展到武器弹药领域。早在"二战"和朝鲜战争期间，镁合金就用来制造军车、坦克、大炮、飞机等军用装备的零部件，镁工业也由此获得了快速增长，"二战"期间美国的金属镁产能扩大了10倍，全球的金属镁产量也从1939年的3.2万吨迅速增加到1943年的23.5万吨。1930年，镁合金应用在大炮车轮和手雷投掷器上；1940年，镁合金应用于60毫米迫击炮炮座、6000-16型大炮炮架、航空火箭发射器、机枪托架、地面导弹发射器、空降部队用自行车框架部件、光学测距仪部件、探照灯灯壳等；1950 年，镁合金开始应用于控制系统雷达、M113 运输机机舱和齿轮箱、M274 战斗运输机机轮、M116 运输机底板、空降牵引机的车轮等；1960 年，镁合金用于坦克车轮的变速箱和坦克枪架、直升机部件等。

20 世纪 80 年代以后，为了减轻各种常规武器装备的重量以提高其机动性、便于运输，镁合金材料的应用重点是以下三个方向。[①]

一是用镁合金替代部分武器装备的铝合金部件和黑色金属零件。比如，枪械武器的机匣、弹匣、枪托体、下机匣、提把、前护手、弹托板、瞄具座等；装甲车辆的坦克座椅骨架、变速箱箱体、发动机滤座、进出水管、机油泵壳体、水泵壳体、机油热交换器、机长镜、炮长镜、呼吸器等；导弹的舱体、舵机本体、仪表舱体、舵架、飞行翼片等；火炮及弹药的供弹箱、牵引器、脚踏板、炮长镜、轮毂、引信体、风帽、药筒等；光电产品的镜头壳体、红外成像仪壳体、底座等；军用计算机及通信器材的箱体等零件。

二是用镁合金替代工程塑料来解决零部件老化、变形、变色问题。工程塑料尤其是纤维增强塑料的比强度最高，但是弹性模量小，比刚度远小于镁合金，且难以回收，环境适应性差，易磨损和老化变形变色，既影响武器的外观，又影响武器的性能。用镁合金及镁基复合材料可以从根本上克服工程塑料的缺陷，可应用的产品包括：枪械武器的弹匣、护盖体、附件筒、前护手等；光电产品的镜头塑料壳体、瞄具塑料壳体、夜视仪塑料壳体等；军用器材的各种仪表盘、通信器材箱体、头盔等。

三是以新型镁合金材料的研发应用来加速武器零部件的"镁"化。近年来，一系列具有耐热、耐磨、超轻等特殊性能的新型镁合金及镁基复合材料已被开发出来。美国利用碳化硅镁合金复合材料制造螺旋桨、导弹尾翼等，

---

① 徐河、刘静安、谢水生：《镁合金制备与加工技术》，冶金工业出版社 2007 年版。

并将镁合金复合材料用于海军卫星支架、轴承、横梁、管件以及直升机螺旋桨、航天站镜架等结构件。镁—锂超轻合金用于洲际远程导弹和航天飞行器，带来的减重效果十分显著，大大提高了飞行器的速度、航程和载重能力。

以下是镁合金材料提升常规武器装备性能的三个典型案例。[①]

一是在火炮中的应用。AMX-30坦克是法国装甲部队的主要装备之一，也是"二战"后法国生产数量最多的坦克，该坦克CN105F1型105毫米线膛炮的炮身管热护套和车轮变速箱采用镁合金制造后，重量大大减轻。英军装备的大口径120毫米无后坐力反坦克炮采用了镁合金后，加上所配的M8 0.5in步枪，总重量仅为308千克。

二是在战车中的应用。美军装备的M274 A1型军用吉普车采用了镁合金车身和机壳后，重量轻到4个士兵就可以将其抬起来，机动性和越野性能非常好，有的改型装上无后坐力炮，成为最袖珍的自行火炮。美军研制的水陆两栖突击车（AAAV）的动力传送舱、变速箱的壳体，均采用镁合金材料制造，并应用了先进的镁合金表面防护技术。

三是在轻武器中的应用。美国制造的运用了先进技术的Racegun手枪，扳机等零部件采用了镁钛合金后，重量减轻45%，击发时间减少66%。美国研制的21世纪理想单兵综合作战系统（OICW），用镁合金制作壳体等构件，使重量从8.17千克降到了6.37千克。法国MK50式反坦克枪榴弹的部分零部件采用镁合金材料后，全弹重量仅800克。

（三）3C电子

"3C电子"是计算机（Computer）、通信（Communication）和消费类电子产品（Consumer Electronic）的统称。3C电子所涵盖的产业范围非常广，

---

① 唐全波、黄少东、伍太宾：《镁合金在武器装备中的应用分析》，《兵器材料科学与工程》2007年第2期。

计算机方面包括笔记本电脑、平板电脑、各种电脑硬件及辅助设备等，通信方面包括无线通信设备、用户终端设备、交换设备、传输设备等，消费类电子产品包括数码相机、投影仪、电视机等各种数字化的商品。

3C 电子是世界性新兴科技产业，也是技术发展最迅速、产品更新迭代最频繁的一个产业。随着电子器件日趋向轻、薄、小型化的方向发展，对结构材料、部件的性能要求越来越高。比如，电子器件的壳体材料应具有密度小、强度刚度高、抗冲击、减振性好、电磁屏蔽能力强、散热性好、易成型加工、表面美观耐用、成本低、易于回收等特点，传统的工程塑料和铝合金材料越来越难以满足要求，而镁合金作为制造电子器件壳体的理想材料，在 3C 电子产业已显示出巨大发展潜力。表 4-4 为一些典型便携式电子电器产品对材料性能的要求。

表4-4　典型便携式电子电器产品对材料性能的要求

	性能						
	密度	强度	耐热	散热	电磁屏蔽	尺寸精度	回收
照相机	√	√				√	√
摄影机	√	√			√	√	√
数码相机	√	√			√	√	√
PDA	√	√		√	√	√	√
笔记本电脑	√	√		√	√	√	√
移动电话	√	√		√	√	√	√
硬盘驱动器	√	√			√	√	√
CD-ROM驱动器	√	√			√	√	√
电视机	√	√	√	√		√	√
等离子显示器	√	√		√		√	√
LCD投影仪	√	√	√			√	√
散热器	√		√	√			√

注：√表示产品对该项性能的要求较高。

资料来源：刘静安、谢水生、马志新，《简明镁合金材料手册》，冶金工业出版社2016年版。

镁合金材料在 3C 电子产业的需求量迅猛增长，得益于其性能上的四大优势。

一是结构重量轻。电子器件的壳体一般采用工程塑料制造，为减轻重量，通常会减小壳体的壁厚，但壁厚减到 1 毫米以下后，外壳的刚度、耐冲击性和抗变形能力会显著降低。表 4-5 为电子产品几种典型外壳材料的性能对比，镁合金的密度仅比工程塑料略高，但刚度、耐冲击性和抗变形能力却远胜于工程塑料。研究表明，个人电脑塑料外壳的典型壁厚为 2.2 毫米，若改为镁合金外壳，壁厚仅为 0.82 毫米，不仅减重 46%，还能将抗拉强度提高 1.4 倍。1995 年，日本索尼公司首次将笔记本电脑的外壳厚度限制在 1 毫米以内，日本制铁公司用镁合金材料成功生产出了壁厚仅为 0.6 毫米 ~ 0.7 毫米的笔记本电脑外壳。采用镁合金外壳的日本 NEC 13 英寸 Lavie Z，总重量仅为 875 克。[①] 除结构重量轻外，镁合金材料做外壳还可显著提高产品的尺寸精度和耐久性。

表4-5　电子产品几种典型外壳材料的性能对比

材料类型	密度 （克/立方厘米）	弹性模量 （吉帕）	抗拉强度 （兆帕）
ABS	1.23	2.25	35
PC/ABS	1.25	2.53	60
PC/ABS GF20	1.35	5.80	100
PC CF10	1.25	6.67	104
镁合金（AZ91D）	1.80	45	223

注：ABS塑料为丙烯腈（A）–丁二烯（B）–苯乙烯（S）的三元共聚物；PC为聚碳酸酯；GF为玻璃纤维；CF为碳纤维。

资料来源：根据公开资料整理。

二是散热性能好。计算机运行过程中会产生热量，必须迅速散热才能保证内部元器件在可靠的温度范围内工作，从而保证整个系统的稳定性。

---

① 徐河、刘静安、谢水生：《镁合金制备与加工技术》，冶金工业出版社 2007 年版。

一般金属的热导率比工程塑料高数十倍，而镁合金的热导率则是工程塑料的数百倍，远高于钢铁和钛合金，且比热容在常用合金中最低，因此成为制作笔记本电脑外壳的首选材料（见图4-17），微软公司的平板电脑外壳几乎全部采用镁合金挤压板材。与ABS塑料相比，镁合金电脑外壳在尺寸精度、刚度、韧性和散热性能上都大大改善，可显著提升笔记本电脑所允许的工作功率极限。1998年以后，日本的所有笔记本电脑厂商均推出了以镁合金材料做外壳的机型，目前镁合金已在惠普、戴尔、联想等主流品牌的笔记本电脑外壳领域得到广泛应用，且需求量呈上升趋势。

图4-17　镁合金材料制造的笔记本电脑外壳（左）和相机外壳（右）

资料来源：作者绘制（AI生成）。

三是电磁屏蔽能力强。手机、电脑在使用过程中会发出高频率的电磁波，电磁波穿过机体外壳时，既危害人体健康，又干扰无线电信号。若采用塑料制造外壳，要提高其电磁屏蔽能力，通常要采取表面喷涂电导漆、表面镀层、金属喷涂、在塑料内添加导电材料等方法，不仅生产工艺复杂、成本高（解决电磁屏蔽问题所需的费用占一部塑料壳体手机总成本的10%以上），而且电磁屏蔽效果提升有限。用镁合金材料做电子器件的壳体，无须再做表面处理就能获得很好的电磁屏蔽效果。美国IBM公司对比了ABS树脂和镁合金（AZ91D）两种笔记本电脑壳体在30兆赫兹～200

兆赫兹范围内的电磁屏蔽能力，结果显示镁合金的电磁屏蔽能力可以稳定在90分贝～100分贝，而带电镀层的ABS树脂仅为35分贝～55分贝；采用镁合金材料制造移动电话的外壳（见图4-18），电磁兼容性大大改善，通信质量显著提高。①

图4-18　镁合金材料制造的手机外壳

资料来源：作者绘制（AI生成）。

四是材料环境友好。世界各国都已出台了针对3C电子产品的环境保护法规。比如日本1998年公布的《家电回收法》规定，自2001年起电视、洗衣机、冰箱、空调必须强制回收。与无法回收的添加金属粉的塑料或者含有毒阻燃剂的阻燃性塑料相比，镁合金不仅无毒易回收，而且有很大的成本优势，只需花费相当于新材料价格的百分之几，就可以将镁合金制品及废料回收使用。

目前全球范围内，3C电子产业中仅消费类电子行业的市场规模就已高达9500亿美元（见图4-19），根据Statista Market Insights预测，未来消费类电子行业仍将快速发展，预计到2029年市场规模将达到10960亿美元（年复合增长率为2.9%）；预计2026年整个3C电子产业的总规模将

---

① 陈振华：《镁合金》，化学工业出版社2004年版。

高达 19762 亿美元，年复合增长率为 5.8%。[①] 智能语音助手、智能家居系统和人脸识别等人工智能技术的普及应用，将成为 3C 电子产业发展的重要驱动力，为产品带来更多的智能化、自动化、个性化功能，提升用户体验和使用价值。可穿戴电子设备将不仅仅局限于健康追踪和智能手表等产品，还将拓展到服装、眼镜、鞋子等更多领域和应用场景。此外，具有高速率、低时延特点的 5G 网络技术也将加速 3C 电子产业的升级换代，实现智能家居设备的互联互通，等等。

（亿美元）

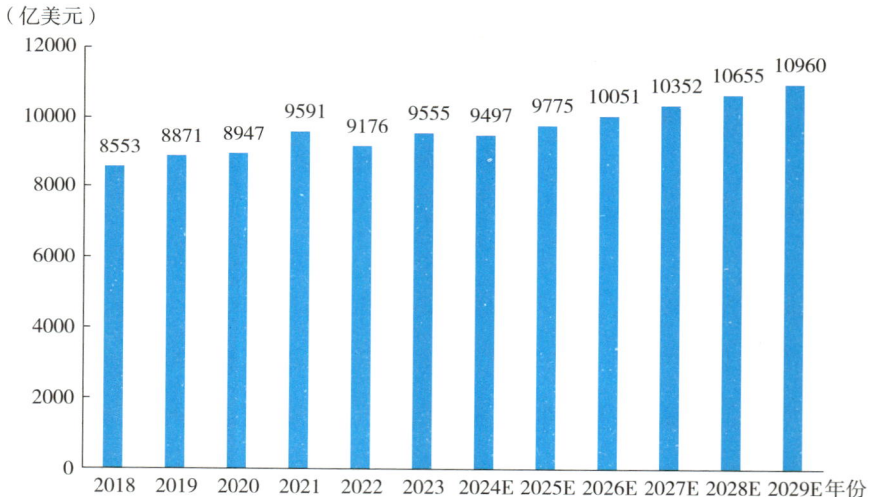

图4-19 全球消费类电子行业市场规模及发展趋势

注：2024—2029年数据为预测值。

资料来源：Statista Market Insights, "Consumer Electronics – Worldwide," 2024.

3C 电子产品采用镁合金材料，既能获得更好的力学性能、散热性能、外观质量，又可有效避免外界对内部精密电子和光学元器件的干扰，因此备受工业设计师和消费者的青睐。随着 3C 电子产业向更加智能化、个性

---

① 远大方略管理咨询：《3C 市场走向新预测，企业如何把握新机遇》，2023 年。

化和环境友好的方向发展，各类产品加速推陈出新、迭代升级，必将带动镁合金材料的市场需求大规模增长。

（四）生物医用

生物医用材料是临床应用最广泛的修复、诊断、治疗、替换人体组织器官或增进其功能的重要基础材料，主要包括运动功能人工器官材料（如骨科植入物、人工骨、人工关节、人工假肢等）、血液循环功能人工器官材料（如心脏支架、人工血管、人工心脏瓣膜等）以及整形美容和感觉功能的人工器官材料，等等。生物医用材料需具备较高的韧性和耐疲劳性，目前主要有钴基合金、钛合金、不锈钢、形状记忆合金、贵金属和纯金属（铌、锆、钛、钽等），其中大部分不可降解和吸收。开发新一代可生物降解和吸收的医用材料已成为国内外生物医用材料发展的重点和热点。

图 4-20 为镁合金可降解植入器械用于人体组织修复的部位的示意图。与传统的医用金属材料相比，生物镁合金具有四大优势，在医用材料领域发展潜力巨大。

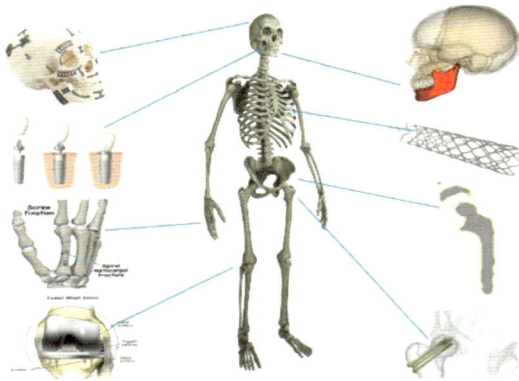

图4-20　镁合金可降解植入器械用于人体组织修复的部位

资料来源：Tsakiris V, Tardei C, Clicinschi M F, "Biodegradable Mg alloys for orthopedic implants – A review," *Journal of Magnesium and Alloys*, 9. no. 6 (2021).

一是生物相容性好。镁元素是人体中第四丰富的金属元素，是人体内多种酶的激活物，约 60% 的镁储存在人体骨骼中，30% 的镁储存在肌肉等软组织中。

二是力学性能优异。镁合金的比强度比钛合金略低，比刚度则是钛合金的近 2 倍。镁合金的弹性模量与人体骨骼接近，可大大减轻应力遮挡效应，有利于骨组织的恢复。

三是人体内可降解。镁活性较高，在人的体液环境里易降解，且降解产物可以被周围组织和机体代谢吸收，因此愈合后不必额外做手术移除。

四是物理相容性好。镁合金密度与人体骨骼密度相当，两者具有相似的 X 光穿透性；镁合金是最轻的金属结构材料，可显著减少患者的机械负载。

可降解的镁合金植入器械用于人体组织修复，目前主要发展方向是骨科植入材料和心血管介入支架材料。

镁合金骨科植入材料已在动物试验中显示出良好的性能，部分镁合金材料开始在临床中用于非承力部位的骨植入。目前国外已有几家公司获得上市准入（见表 4–6），其中德国 Syntellix AG 开发的 MAGNEZIX® CS 可降解镁合金螺钉是第一个获批产品，在 2015 年获得了欧盟 CE 认证（证明产品符合欧盟的安全、健康和环境保护要求，从而允许产品在欧盟市场上自由流通）。作为新型骨固定材料，镁合金植入器械在骨折愈合初期能够提供稳定的力学性能，显著降低应力遮挡效应，加速骨组织的愈合与塑形，防止局部骨质疏松和再骨折的发生。与传统的不锈钢、钴基合金和钛合金骨科植入器械相比，镁合金可以在受损骨组织治愈后的一定时间内，自行降解吸收掉，从而避免了二次手术给患者带来的身体痛苦和经济负担，也消除了异物长期留存体内造成的松动、移位、有害离子溶出、二次病变、排异反应等远期隐患。比如，芬兰 Bioretec 公司开发的生物镁合金产品——可降解的 RemeOs™ trauma screw 骨创伤修复镁合金螺钉（见图 4-21），可在植入后两三年内完全被人体吸收，2023 年该产品获得了美国食品药品管理局（FDA）的批准。

表4-6　镁合金骨科植入材料的进展情况

厂家/团队	产品名称	进展阶段
德国Syntellix AG	MAGNEZIX® CS可降解镁合金螺钉	CE认证
美国Magnesium Development Company	无头加压螺钉	FDA注册
美国 Bone Solutions	Mg OSTEOCRETE骨填充材料	FDA注册
韩国U&I	RESOMET/K-MET 螺钉	KFDA、CE认证
芬兰 Bioretec	RemeOs™ trauma screw 骨创伤修复镁合金螺钉	FDA批准

资料来源：奥咨达Osmunda，《"镁"力无限—解密可降解镁材料的医疗魔力》，2023年；Bioretec Ltd, "FDA approves Bioretec's RemeOs™ trauma screw as the first bioresorbable metal implant in the U.S. market," 2023.

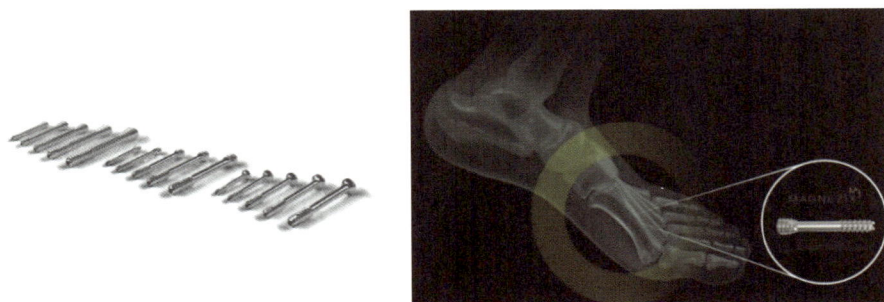

图4-21　可降解的RemeOs™ trauma screw骨创伤修复镁合金螺钉

资料来源：https://bioretec.com/。

在心血管医学领域，可降解的镁合金心脏支架已成为冠状动脉支架发展的重要方向。镁合金心脏支架在人体血液环境中的力学性能、腐蚀动力学性能均具有良好的可控性，在实现血管扩张作用的同时，能克服植入体长期存留体内造成的并发症，降低支架内急性血栓形成的风险，同时其生物可降解性为在同一病变进行多次介入干预提供了可能。与其他可降解材质相比，镁合金的力学性能与骨骼相似，可设计、制造更薄的支架，减少对血流的干扰，显著降低因异物引起的血管风险。德国 Biotronik 公司开发出的 Magmaris 支架（见图 4-22）是全球首个获得欧盟 CE 认证的镁合金心脏支架，已于 2017 年获 FDA 批准登陆美国市场。这款镁合金心脏支架的临床研究已有 3 年随访数据，靶病变失败率（target lesion failure, TLF）为 6.6%，无支架血栓形成。国内也有多个科研团队在研发可降解的镁合金冠状动脉支架，目前处于动物试验或临床试验阶段。

图4-22　德国Biotronik公司开发的Magmaris镁合金心脏支架

资料来源：https://www.biotronik.com/en-ca。

镁合金全降解心脏支架比裸金属支架、药物洗脱支架有显著优势，在全球范围内的使用量日益上升，2019 年的销量已达到 14.83 万条。据弗若斯特沙利文咨询公司预测，未来镁合金全降解心脏支架的使用量将继续以比药物洗脱支架更高的速度增长，而裸金属支架的使用量呈下降趋势，预计 2025 年、2030 年全球镁合金全降解心脏支架的市场规模将分别增至 12 亿美元、23 亿美元。[①]

---

① 华医研究院：《可降解支架行业研究报告》，2023 年。

（五）储氢合金

氢储量丰富、无污染、能量密度高，被认为是可替代化石能源的最具潜力的清洁能源载体。然而，如何在既安全又经济的前提下实现氢的存储，却是制约氢能开发利用的重大技术难题。目前氢的存储方式有气态储氢、液态储氢及固态储氢，三种技术路线的发展现状及优缺点对比如表4-7所示。

表4-7 气态、液态和固态三种储氢方式的比较

储氢类型	气态储氢	液态储氢	固态储氢
储氢原理	通过压缩、吸附等方式将氢气储存于高压容器（钢瓶）中	将氢气冷却到-253℃进行液化储存	使用固体材料，通过物理或化学吸附实现氢的储存
储氢密度（wt%）	1~5（含气瓶）	5.5（含储罐）	1.4~20
优点	1）吸/放氢速度快，且充放速率可调； 2）能在零下几十摄氏度的环境下工作	1）液态氢密度高、纯度高； 2）储氢量大	1）储氢量大； 2）不易爆炸，安全性好； 3）储存、运输方便； 4）多数材料可循环使用
缺点	1）易泄漏，危险系数高； 2）储氢量低，对容器耐压要求高	1）液化过程能耗高，约占所储存氢能能量的30%； 2）对容器绝热性能要求苛刻，成本高	1）储氢量和吸/放氢温度不能兼顾； 2）多数材料使用前需要进行循环活化
技术成熟度	发展成熟，已经应用于车用氢能领域	国外约70%的氢气使用液态运输	大多数处于研发试验阶段

资料来源：梁宸曦、王振斌、张明锦等，《镁基固态储氢材料的研究进展》，《储能科学与技术》2024年第13卷第3期。

气态储氢技术成熟、成本较低，已经应用在车用氢能领域，但是储氢密度低（实际使用中只有 1 wt% ~ 2 wt%），且压缩过程危险性大，容易泄漏，对容器耐压要求高。液态储氢技术可在一定程度上提高氢气储量，但

液化过程能耗高，约占所储存氢能能量的30%，而且液氢储存装置需满足非常苛刻的绝热要求，还要加装安全控制保护装置以抗冲击和减振，因此大大增加了液氢储运的成本和技术难度。为了解决氢的中长距离大规模运输问题，人们寄望于开发出固态储氢技术，因为固态氢的安全风险比气态和液态要小得多，储氢密度远高于气态储氢，不仅便于运输，而且不再需要氢气压缩机、高压储罐和纯化系统，每个加氢站的成本可减少200余万元。[①]

固态储氢是采用金属氢化物、碳纳米管等固体材料，通过对氢气进行物理吸附或发生化学反应的方式实现"固氢"的储存技术，储氢材料是实现氢气吸附和释放的关键。国际能源署（IEA）提出，理想的储氢材料应具有高储氢密度、快速吸/放氢性能和长周期循环稳定性，性能标准为：储氢密度大于5.5 wt%，放氢温度小于150℃，循环寿命大于1000次。与气态储氢和液态储氢系统相比，储氢合金的储氢密度高且安全性较高，具有实现IEA目标的巨大发展潜力。[②]储氢合金的工作原理是让氢气与合金发生化学反应，氢原子进入金属原子间隙中存储，生成一种名叫"氢化物"的固态物质；当需要对外供氢时，升高氢化物的环境温度即可释放氢气。

储氢合金于20世纪60年代被发现。美国布鲁克海文国家实验室（Brookhaven National Laboratory）、荷兰飞利浦物理实验室（Philips Natuurkundig Laboratorium, NatLab）的科学家先后发现了镁镍（Mg_2Ni）合金、镧镍（$LaNi_5$）合金、铁钛（FeTi）合金具有较好的吸氢功能，此后新型储氢合金成为氢能研究的重点之一。[③]

---

① 能链研究院：《固态储氢技术落地，氢能应用从1到N》，2023年。
② 童燕青、欧阳柳章：《镁基储氢合金的最新研究进展》，《金属功能材料》2009年第16卷第5期。
③ 梁宸曦、王振斌、张明锦等：《镁基固态储氢材料的研究进展》，《储能科学与技术》2024年第13卷第3期。

在各种储氢合金材料中，镁基储氢被认为是很有发展前途、潜力很大的固态储氢方式。因为镁的理论储氢密度高达 7.6 wt%，镁及镁合金（将镁与镍、铬、钴、铁、钛、稀土等金属合金化，制备出二元或更复杂的合金）可与氢形成镁或镁合金的氢化物，在储氢的可逆氢化物中能量密度最高（高达 9 兆焦 / 千克，稳定的储氢密度在 2 wt% ～ 15 wt%），且具有较好的吸 / 放氢动力学性能。镁基储氢技术优势显著，不仅储存时间长、储氢密度高、能源损耗低、安全稳定、吸 / 放氢气方便、材料来源丰富廉价、储氢过程中不释放任何有害气体，而且能实现氢气的"净化储运一体化"。也就是说，吸附进去的氢气可以不太干净（石油化工、煤化工的副产物灰氢，通常残留硫、氮等杂质，很容易造成燃料电池的催化剂中毒问题），但释放出来的氢气纯度却可以高达 99.999% 以上。与目前的车辆储罐运输相比，镁基储氢材料的"净化储运一体化"优势可使氢气的储运成本下降40%，而且不受运输距离影响。[①]

一些发达国家和地区正在积极推动镁基储氢技术的研究与开发。法国 McPhy 公司在 2010 年首次开发出了以镁合金为储氢材料的 Mc-Store 储氢系统，2014 年在意大利 Toria 地区建设了首个 750 千克级的镁合金固态储氢装置（见图 4-23），并将该装置集成于"风力发电—电解水制氢—镁基固态储 / 供氢—氢燃料电池发电"的一体化氢能源系统中，于 2016 年投入使用。[②] 澳大利亚 Hydrexia 公司在 2015 年设计出了基于镁合金的储运氢装备，单车储运氢量达 700 千克，可用于氢气的大规模安全储运。[③] 虽然镁基储氢技术目前仍处在应用研究阶段，但长远来看发展潜力巨大，对于氢能汽车、储氢产业、氢化工和氢冶金等领域均有重要意义。

---

① 镁途：《轻氢之镁　创新栽培》，2022 年。

② McPhy, "A solid-state hydrogen storage solution with a total capacity of 750 kg," 2016.

③ 云道资本：2023 Research Report on China Hydrogen Energy Industry，2023 年。

图4-23 法国McPhy公司开发的750千克级镁合金固态储氢装置

资料来源：https://mcphy.com/en/。

二、超纯超细氧化镁的重要应用及前景

高纯氧化镁是熔点为 2850℃、沸点为 3600℃的无味无毒的白色粉末，能在 2000℃高温下保持优良的热稳定性、抗侵蚀性、电绝缘性、光透过性和高导热性等。高纯氧化镁按照用途可分为五类（见图 4-24）：一是用作高级耐火材料的电熔氧化镁；二是生产硅钢时用作高温退火隔离剂的硅钢氧化镁；三是替代铁氧体作为导磁材料的电磁氧化镁；四是用作抗酸剂、pH 调节剂、化妆品原料等用途的医药氧化镁；五是制作氧化镁单晶的单晶氧化镁。作为高温耐热材料和精细化工原料，高纯氧化镁广泛用于冶金陶瓷、石油化工、电子电气、光学仪表、航空航天、食品医药、塑料橡胶、油漆造纸等众多行业的高端制造领域，是高端制造业不可或缺的重要基础材料之一。

图4-24　高纯氧化镁按用途划分的种类

资料来源：根据公开资料整理。

目前国际上纯度达到 98.5%、国内纯度达到 98% 的氧化镁即被称为"高纯氧化镁"。据统计，全球高纯氧化镁的产能约为 155 万吨 / 年，中国约为 20 万吨 / 年。[①] 目前高纯氧化镁最主要的应用是耐火材料，其次是硅钢片涂层。图 4-25 为 2023 年中国高纯氧化镁的下游应用结构，其中耐火材料和硅钢片涂层的应用占比分别为 70% 和 12.8%。

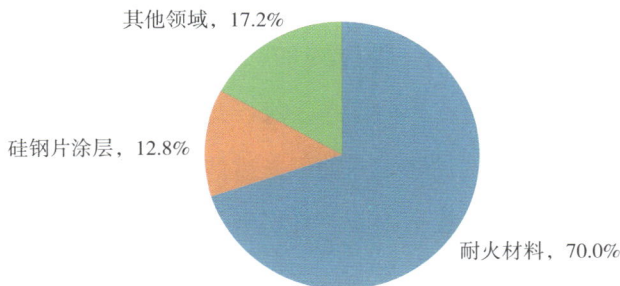

图4-25　2023年中国高纯氧化镁的下游应用结构

资料来源：华经产业研究院，《2023年中国高纯氧化镁行业深度研究报告》，2023年。

---

① 郭如新：《合成法氧化镁、氢氧化镁生产现状与前景展望》，《无机盐工业》2011 年第 43 卷第 11 期。

氧化镁、氧化铝、氧化钙、氧化硅是目前工业领域应用最多的四种耐高温氧化物，其中，超高纯度的氧化铝、氧化钙、氧化硅均已实现工业化量产（氧化铝的纯度已高达 99.99%，而氧化钙、氧化硅的纯度则可高达99.999% 以上），而超高纯度的氧化镁还无法实现，目前国际上实现量产的氧化镁最高纯度约为 99.5%。高纯氧化镁在很多高端制造领域里有着不可替代的重要地位和作用，其纯度和细度有微小不同，下游产品的性能和质量就有明显的高下之分。因此，能实现工业化量产的高纯氧化镁，纯度每提升一个百分点，都是难度很大且意义重大的技术进步。"镁经济"绿色循环体系可在世界上首次实现超纯超细氧化镁（纯度高达 99.5% 甚至99.95% 以上、细度为纳米级）的工业化生产，其重大深远影响简而言之体现在两个方面：一是使高纯氧化镁的品质再次升级，进而带动目前下游应用行业的产品性能提升；二是可打破现有认知，大大拓展高纯氧化镁的下游应用领域。

人类社会发展史上，一个关键材料的诞生往往会带来巨大改变，这样的例子不胜枚举。比如，正是纳米金属材料的出现，才大大推进了粉末冶金技术的发展和金属部件 3D 打印质量的跃升；正是纳米磁性材料的应用，人类才有了更为精准的癌症靶向诊疗手段；此外还有半导体材料的发现催生了电子信息产业、光纤的诞生开创了光通信产业；等等。对于超纯超细氧化镁而言，过去因为全球范围内产量稀少、价格昂贵而难以应用，或者未曾实践甚至未曾想到过的应用领域，现在都将因为有了工业化来源而有了得以进行实践探索甚至出现颠覆性突破的可能性。比如，超纯超细氧化镁除了具有更优异的物理化学性能，还具有更优异的吸附性能、催化性能、高灵敏性、快速响应特性、生物相容性等诸多优势，在环境监测预警、水源 / 空气净化、催化剂载体、药物载体、生物传感器、电池材料等诸多新兴产业领域都有着巨大发展潜力。如何积极拓展超纯超细氧化镁这一尖端基础材料的更广泛应用，并实现多学科之间的交叉融合、多点突破，在世界范围内都是尚未被充分关注和探索的全新领域、前沿领域，谁能成为领跑者和开拓者，谁就可能占领未来科技和产业竞争的价值高地。

由于超纯超细氧化镁在人类现有认知基础上已有众多应用领域，因篇幅所限，这里仅选取它在高温、化工、电气三个典型产业的应用作一简要介绍，超纯超细氧化镁的重要价值及带来的深刻改变，从中可见一斑。

（一）高温产业

高温产业包括冶金、陶瓷、玻璃、水泥、石化等国民经济众多领域，是指在生产过程中需要承受较高温度或处于高温环境的行业，比如钢铁冶炼需要 1600℃以上的高温（见图 4-26），陶瓷烧成需要温度在 1200℃以上，等等。

耐火材料，也称高温材料，是高温生产过程中所有热加工、热处理环节都必须使用的基础材料和关键耗材。耐火材料的使用形式有五种：结构材料（如各种工业窑炉、热工设备的内衬）、功能材料（如控流滑板、连铸"三大件"、过滤器等）、高温部件（如窑具缸套、陶瓷阀门、耐磨件、保护套管、换热元件等）、修补材料（如喷补料、涂抹料、捣打料、压入料等）和保温材料（如耐火纤维毡、轻质浇注料、隔热涂料等）。耐火材料与其他材料的最本质区别是，必须能在高温下抗住热力、化学和机械因素的冲击和破坏，发挥其针对高温环境设计的特定功能，并确保安全性和耐用性，尽可能减少热损失。可以说，耐火材料是高温产业不可替代的"铠甲"。

图4-26　温度高达1750℃的钢水冶炼

资料来源：作者绘制（AI生成）。

根据化学性质不同，耐火材料可分为酸性、碱性和中性三种，其主要成分分别以氧化硅（熔点1700℃）、氧化镁（熔点2850℃）和氧化铝（熔点2050℃）为主。其中，碱性耐火材料的消耗占比最大。根据2017年CW Research的全球耐火材料市场报告，碱性耐火材料占全球耐火材料总消费量的40%以上。[①] 根据中国耐火材料行业协会的数据，2022年中国耐火材料总产量约为2300万吨，其中含有氧化镁成分的耐火材料制品在耐火材料总量中占比高达80%。[②] 可以说，氧化镁在整个耐火材料产业中具有举足轻重的地位。

以氧化镁为主要成分的碱性耐火材料对推动高温产业的技术进步起着非常重要的作用，钢铁产业是最有代表性的案例之一，19世纪后半叶炼钢工艺由酸性炼钢转为碱性炼钢，成就了钢铁产业发展史上堪称里程碑式的一次重大飞跃。

现代意义上的炼钢始自1856年英国亨利·贝塞麦（Henry Bessemer）

[①]　CW Research：《世界耐火材料发展新趋势：质量驱动型消费市场增长》，2017年。

[②]　智研咨询：《2023年中国耐火材料行业全景速览：政策推动，市场集中度加速提升》，2023年。

发明的工艺（简称"贝塞麦法"），该工艺使钢的生产效率极大提升，并推动了欧洲的工业革命。但是，由于炼钢炉内壁采用的是以氧化硅为主的酸性耐火材料，炼出来的钢中硫、磷含量比较高，在常温下很容易断裂。1879年，英国西德尼·吉尔克里斯特·托马斯（Sidney Gilchrist Thomas）在贝塞麦法的基础上，发明了使用氧化镁、氧化钙等碱性耐火材料和造渣材料的炼钢工艺（简称"托马斯法"），成功解决了钢水的脱硫脱磷问题，而且炉壁的平均寿命也由50次提高到100次~200次。[1]自此碱性炼钢工艺取代酸性炼钢工艺，成为现代炼钢技术的不二选择。100多年来，为了提高产量和质量，钢铁行业经历了平炉炼钢、氧气炼钢、电弧炉炼钢、连续炼钢等一系列工艺创新，但都是基于碱性耐火材料和造渣材料的碱性炼钢工艺，目前全球炼钢转炉的内衬均采用的是以镁碳砖为代表的碱性耐火材料。可以说，没有氧化镁的广泛应用，就没有现代炼钢技术。

图4-27 亨利·贝塞麦（左）和西德尼·吉尔克里斯特·托马斯（右）

资料来源：作者绘制（AI生成）。

---

① 周志宏：《碱性氧气转炉炼钢的评价》，《上海交通大学学报》1963年第1期。

耐火材料的技术进步与高温产业的产品升级一直相辅相成、互为促进。耐高温性、耐侵蚀性、机械强度、热震稳定性是耐火材料的四个重要性能指标，如果性能不够好，耐火材料在严酷的高温工作环境下会发生熔融、变形、破损、侵蚀、剥落、开裂或碎裂等问题，轻者会降低高温材料和设备的使用寿命，重者会引发生产过程中的重特大安全事故。先进耐火材料的发展方向是功能独特、集多种性能优点于一身，同时制造成本和能耗更低、使用寿命更长。实践证明，作为碱性耐火材料中"挑大梁"的原材料，氧化镁的纯度和细度越高，耐火材料的品种丰富度、功能特性指标就越好。超纯超细氧化镁比一般的高纯氧化镁性能更加优异，实现工业化生产后将为耐火材料产业的升级换代——品种创新、性能突破、成本和能耗降低，提供难得的技术契机，进而会对下游众多高温产业的高端化发展产生深刻影响。图4-28为中国耐火材料下游不同应用领域的消耗占比，由于65%的耐火材料消耗在钢铁行业，所以这里仅以钢铁领域的高端制造——特钢为例，说明超纯超细氧化镁的重要价值和意义。

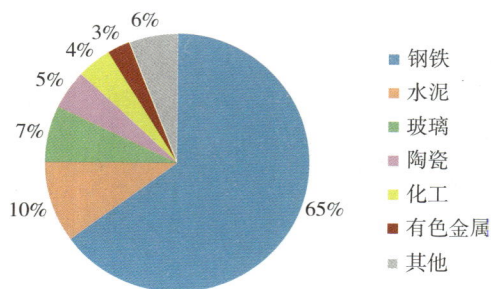

图4-28　2022年中国耐火材料下游不同应用领域的消耗占比

资料来源：东方财富，《北交所个股研究系列报告：功能耐火材料生产企业研究》，2023年。

特钢是工业现代化的基础材料，也是一个国家高端制造发展水平的重要标志。相对于普钢而言，特钢的应用量虽然不大，却是支撑众多领域高端制造的重要基础。因为在不同材料交叉融合的科技发展大趋势下，特钢的传统钢铁属性在减弱，而与其他金属或非金属材料不断融合的高科技新材料属性在日益增强。高品质特钢的发展方向是高性能、低成本、高精度、易加工、绿色化。

中国虽然是世界第一钢铁大国，但在特钢领域与发达国家还有不小差距。

一是特钢在钢铁总量中的占比远低于发达国家。2003—2020年中国粗钢产量从2.2亿吨增至10.5亿吨，但2020年特钢占比仅为3.7%，远低于全球特钢的平均占比10%。德国、日本、意大利等发达国家的特钢占比在20%以上，瑞典的特钢占比更是高达70%。图4-29和图4-30分别为日本、德国和中国近十多年来特钢在钢铁总量中的占比情况。

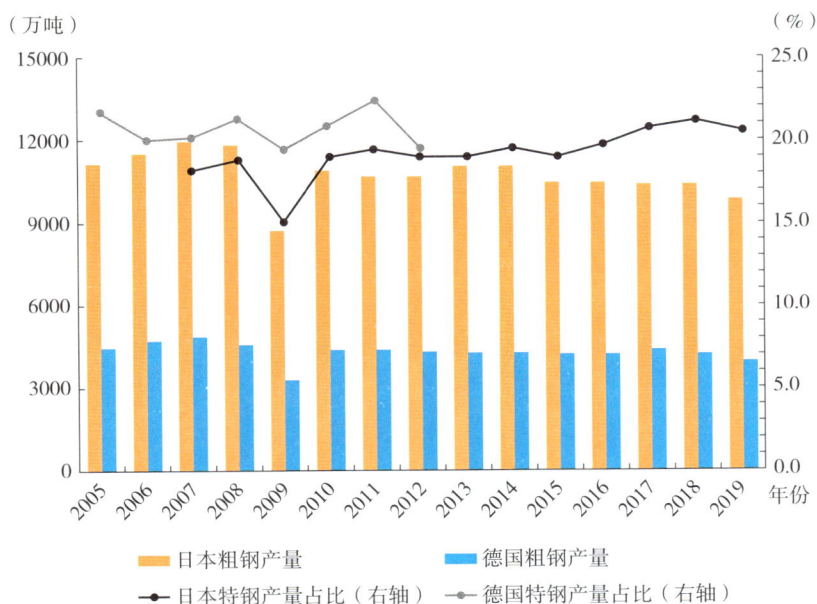

图4-29 2005—2019年日本、德国的特钢产量及占比

资料来源：华泰证券，《钢铁行业：特钢板块崛起，关注成长行业》，2021年。

图4-30　2006—2020年中国的特钢产量及占比

资料来源：华泰证券，《钢铁行业：特钢板块崛起，关注成长行业》，2021年。

二是特钢产品仍以中低端为主，高端特钢还要依赖进口。高端特钢在日本特钢产品结构中的占比高达 30%，在中国还不足 10%。[①] 近年来，《航空钢材不过硬，国产大飞机起落失据》《高端轴承钢，难以补齐的中国制造业短板》《为高铁钢轨"整容"，国产铣刀难堪重任》《去不掉的火箭发动机"锈疾"》等诸多新闻报道，均揭示了中国特钢与国际先进水平的差距。为满足需求，中国每年都需要进口高端特钢数百万吨。

高洁净度、高均质化、高表面质量、长寿命是特钢的四个基本性能指标。高洁净度指的是降低钢中杂质硫、磷、氮、氧、氢等元素的含量，高均质化指的是严格控制成分波动和各种异常组织，高表面质量指的是提高表面质量与尺寸控制精度，长寿命指的是严格控制钢中夹杂物和表面微裂纹。这四个性能指标中，高洁净度是其他三项的基础和保障，要提高特钢

---

① 华泰证券：《钢铁行业：特钢板块崛起，关注成长行业》，2021 年。

的整体性能品质,除了特定的合金组成外,最关键的就是提高钢水的洁净度、减少有害元素和非金属夹杂物的引入。

很多研究表明,耐火材料的侵蚀磨损是造成钢水被"污染"的重要祸源之一,其中40% ~ 45%的非金属夹杂物来自与钢水接触的耐火材料,如高温容器内衬、钢水控流元件等。[①]要解决这个问题,炼钢过程中与钢水接触的所有高温材料须采用以高纯氧化镁为主要组成的碱性耐火材料,是全球公认的成功之举,可有效抵抗钢水的冲刷侵蚀、提高钢水的脱硫脱磷效果、减少非金属夹杂物,并提升设备的安全性和使用寿命。[②③]

炼钢的工艺流程如图4–31所示,主要包括高炉炼铁、转炉炼钢、炉外精炼、连续铸造几大环节。为了降低钢水中的杂质含量,需要采取各种精炼工艺。其中,炉外精炼是把转炉、平炉或电炉炼出来的钢水转移到另一个容器中(主要是钢包)进行二次精炼。炉外精炼是生产特殊钢种不可缺少的环节,也是炼钢工艺流程中控制非金属夹杂物的关键点,因为整个精炼过程中与钢水实时接触的钢包内衬用耐火材料,很容易在高温环境下向钢水中引入夹杂物,导致精炼效果达不到预期;连续铸造是将装有二次精炼后钢水的钢包运至回转台,回转台转动到浇注位置后,将钢水注入中间包,之后再由滑动水口将钢水分配到各个结晶器中,经连铸机直接铸造成成型的钢铁制品(图4–32为连续铸造工艺流程和滑动水口工作原理的示意图)。[④]相比于传统的先铸造再轧制的工艺,连续铸造可大大提高生产效率,目前世界主要产钢国都实现了90%以上的连铸比。

---

① 林育炼编著:《耐火材料与洁净钢生产技术》,冶金工业出版社2012年版。

② 陶少平:《钢包内衬用MgO基和Al₂O₃基耐火材料对钢质量的影响研究》,郑州大学博士学位论文,2007年。

③ 侯新梅、刘云松、王恩会:《钢包内衬用耐火材料对钢中非金属夹杂物的影响》,《钢铁》2020年第55卷第6期。

④ Wang Q, Tan C, Huang A, et al., "Numerical Simulation on Refractory Wear and Inclusion Formation in Continuous Casting Tundish," *Metallurgical and Materials Transactions B*, 52. no. 3 (2021).

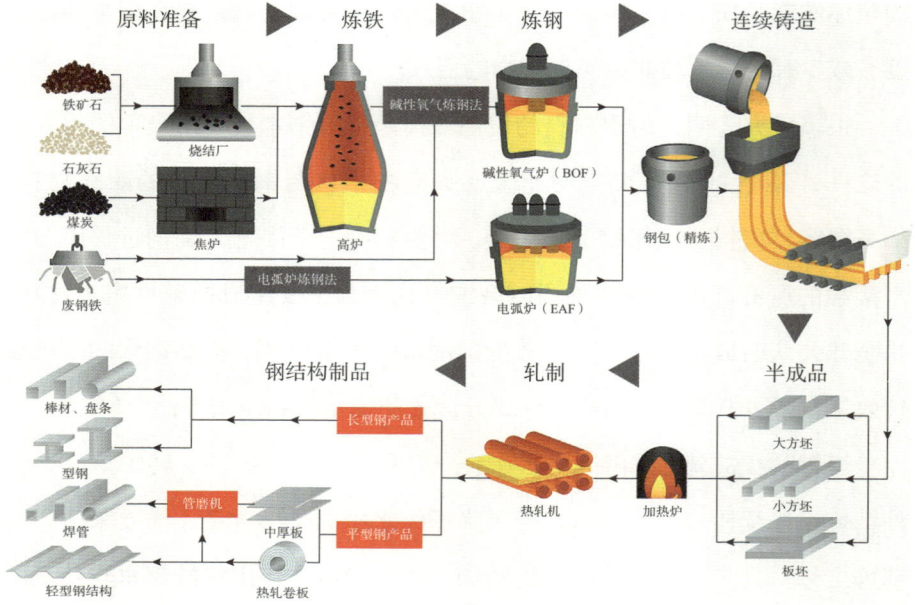

图4-31　炼钢工艺流程

资料来源：https://www.vepica.com/blog/steel-production-from-iron-ore-to-functional-industrial-products。

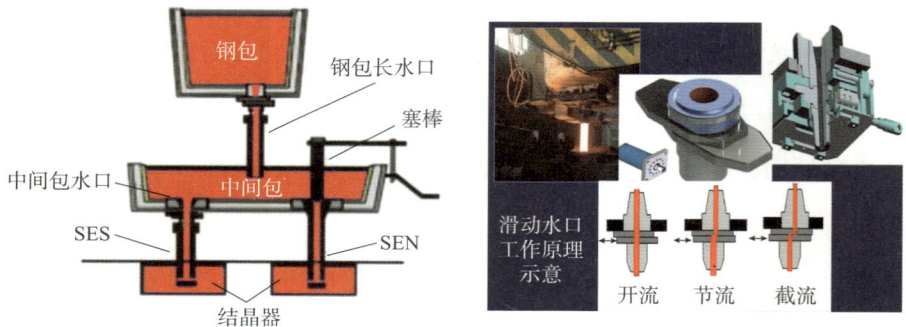

图4-32　连续铸造工艺流程（左）和滑动水口工作原理示意图（右）

资料来源：作者绘制。

炉外精炼和连铸这两个重要工艺流程对耐火材料的要求较高——必须能在高温下耐受钢水的冲击侵蚀。从表4-8和表4-9可见，实现炉外精炼工艺和连铸功能的耐火材料品类，几乎全部是以氧化镁为主要组成的碱性耐火材料。这是因为，氧化镁在常用的耐高温氧化物中熔点最高（氧化镁、氧化锆、氧化钙、氧化铝的熔点分别为 2850℃、2690℃、2572℃、2050℃），高温下化学稳定，在钢水中的溶解度及活度低，不仅可显著提高钢水的脱磷、脱硫效果，而且对氧化钙有良好的抗侵蚀性，有利于降低钢中的氧含量及非金属夹杂。[1] 氧化镁的高纯化是碱性耐火材料实现高品质高性能的重要基础和保障，进而在很大程度上影响着钢水的洁净度和终端钢材的品质。[2] 通常，洁净钢对磷、硫、氮、氧、氢和非金属夹杂物的含量要求在 100 ppm 以下，而超洁净钢则要求在 40 ppm 以下（ppm 是浓度单位，意为"百万分之一"）。[3] 基于天然矿物加工得到的高纯氧化镁纯度只有 98%，无法满足高端洁净钢的苛刻要求，所以工业化推广应用纯度在 99.5% 甚至 99.95% 以上的超纯超细氧化镁，就显得格外重要了。

表4-8 炉外精炼工艺使用的耐火材料品类

炉外精炼工艺	耐火材料品类
真空循环脱气炉外精炼法（RH）	镁铬砖、镁碳砖、镁铝尖晶石砖
真空提升脱气炉外精炼法（DH）	镁铬砖、镁砖、镁白云石砖
氩氧精炼法（AOD）	镁铬砖、镁钙砖
真空吹氧脱碳精炼法（VOD）	白云石砖、锆砖
钢包精炼炉（LF）	镁碳砖、镁白云石砖、镁铝砖、刚玉尖晶石砖
真空电弧加热脱气精炼法（VAD）	镁铬砖、镁碳砖
电弧加热、电磁搅拌和真空处理法（ASEA-SKF）	镁碳砖、镁铬砖

资料来源：于景坤，《洁净钢冶炼用耐火材料发展概况》，2015年。

---

[1] 李楠：《耐火材料与钢铁的反应及对钢质量的影响》，冶金工业出版社 2005 年版。

[2] 于景坤：《洁净钢冶炼用耐火材料发展概况》，2015 年。

[3] 李正邦：《超洁净钢的新进展》，《材料与冶金学报》2002 年第 3 期。

表4-9 连铸工艺使用的耐火材料品类

连铸用功能耐火材料		耐火材料品类
钢包		低碳镁碳砖、镁铝质无碳砖、镁铝质浇注料
中间包	涂料	镁质、镁橄榄石质、镁钙质
	挡渣堰	镁质浇注料
	钢水冲击垫	镁铝质浇注料、高铝砖
	湍流控制器	镁铝质
	钢水过滤器	铝质、铝锆质、钙质陶瓷
	透气砖	镁砖
	导电砖	镁碳砖
滑动水口		铝碳质、铝锆碳质、镁碳质、镁尖晶石碳、刚玉质、镁质、莫来石质

资料来源：于景坤，《洁净钢冶炼用耐火材料发展概况》，2015年。

无论是作为主原料、辅助原料还是合成材料的添加组分，超纯超细氧化镁对碱性耐火材料整体性能的提升都起着至关重要的作用。因为它不仅自身性能优异，还能有效弥补氧化钙、氧化锆等材料在生产和使用过程中的缺陷，使其扬长避短。比如，氧化锆是制造滑动水口（炼钢工艺流程中控制钢水流量的关键部件）的理想材料，抗侵蚀和抗冲刷性能好，能够有效提高连铸钢坯的质量、减少钢坯中的夹杂物和表面缺陷，且使用寿命长，但是氧化锆在高温下会产生相变从而导致热震稳定性变差，因此常用高纯氧化镁做氧化锆的稳定剂，使其烧结性能和高温力学性能更好。此外，氧化硅、氧化钙、氧化铁、氧化铝等是目前普通氧化镁材料中的主要杂质，在使用过程中很容易被侵蚀并渗入钢水中，在精炼过程中也难以被彻底清除，进而会降低钢水的洁净度及最终钢材的品质。用超纯超细氧化镁替代普通氧化镁将会大大减少这些杂质的渗入量，特别是对重轨钢等特钢品种来说，高纯度的氧化镁耐火材料与钢水的相互作用最小，最不易对钢水的洁净度造成影响，被钢水侵蚀的程度也较小。①

总之，氧化镁的高纯化是提升钢水洁净度的一个关键因素。目前，因我国高纯氧化镁的纯度不够高，耐火材料的性能还难以满足高品质洁净钢的苛刻要求。超纯超细氧化镁若实现工业化生产和应用，必将极大促进耐火材料的性能突破和品种创新，为我国高端洁净钢冶炼和钢铁产业的转型升级奠定重要基础。

此外，还要特别强调的是，耐火材料是工业领域广为应用的基础材料（平均来说，生产一辆小汽车约消耗10千克耐火材料，生产一架飞机约消耗1.1吨耐火材料，每吨钢、铝、铜、玻璃、水泥所消耗的耐火材料大约分别为15千克、6千克、3千克、4千克、1千克），也是典型的高耗能高排放产品。鉴于含有氧化镁的耐火材料在整个行业中占有最大的消耗比重，超纯超细氧化镁的工业化生产和应用还将为耐火材料产业的节能减排、降低成本带来巨大机遇，进而对整个高温产业的节能减排发挥重要作用。

因为，烧结是耐火材料生产过程的一个重要环节，同时也是能耗占比最高的环节。烧结是在高温下（熔点以下）把粉状物料转变为致密体（通过粉状物料固体颗粒的表面张力使物质迁移、相互键联、晶粒生长并最后成为致密多晶烧结体），烧结过程直接影响着显微结构中的晶粒尺寸、气孔尺寸以及晶界形状和分布，进而会影响耐火材料的性能和寿命。粉状物料固体颗粒的粒径越小，表面能和反应活性就越高，烧结就越容易实现——烧结温度和所需能耗大为降低。

超纯超细氧化镁具有纳米级片层结构，比一般的高纯氧化镁有更大的比表面积和扩散系数、更高的反应活性、更低的粘度，以结合剂或添加剂的形式加入耐火材料的粉状物料中，可大大改善烧结性能和显微结构，在

---

① 刘京龙、罗艳、刘南等：《重轨钢液与镁质耐火材料的润湿行为》，《炼钢》2023年第39卷第2期。

较低的温度下就能达到预期的烧结效果，并使烧结体的力学性能和使用寿命显著提升。这种"超细效应"的优势已经在高档铝制耐火制品——高纯刚玉砖的烧结过程中体现出来。[①] 高纯刚玉砖的主要成分是氧化铝（Al_2O_3），烧结温度高达 1800℃。实践证明，通过加入适量纳米级和微米级的氧化铝粉末，可使高纯刚玉砖的烧结温度降低 200℃ ~ 400℃，而且高温抗折强度明显提高，抗热震性也有一定改善。[②] 此外，一般氧化锆材料的烧结温度为 1600℃ ~ 1700℃，而以超纯超细氧化镁做稳定剂的氧化锆材料可使烧结温度降至 1200℃ ~ 1500℃。[③]

上述仅以钢铁行业的高端制造——特钢生产及耐火材料产业的提质升级为例，对超纯超细氧化镁带来的深刻影响进行了剖析。事实上，不仅仅是钢铁，耐火材料产业下游如玻璃、陶瓷、水泥、化工等所有高温产业的转型升级，都将受益于超纯超细氧化镁的工业化推广应用。比如，玻璃产业的高端产品——超白玻璃是太阳能光热发电的重要材料，透光率每提升 1 个百分点，就将增加非常可观的发电效益。[④] 镁铝尖晶石是超白玻璃生产过程中非常重要的耐火材料，有了超纯超细氧化镁，就可以合成目前世界上还无法实现的高纯度镁铝尖晶石，从而能更好地抵抗玻璃液的冲刷磨损并降低玻璃中铁杂质的含量，使超白玻璃的透光率、透明度和安全性更高。正如复杂大系统中的"蝴蝶效应"一样，关键原材料在超高纯度上的一点点微小进步，将会驱动整个下游产业链产生长期且巨大的"链式反应"。

---

① 贾晓林、钟香崇：《α – Al_2O_3 纳米粉对高纯刚玉砖烧结性能的影响》，《耐火材料》2005年第 5 期。

② 贾晓林、钟香崇：《α – Al_2O_3 纳米粉对高纯刚玉制品高温力学性能的影响》，《耐火材料》2006 年第 1 期。

③ 薛宗伟、李心慰、栾旭等：《纳米氧化锆对氧化镁陶瓷抗热震性的影响》，《材料导报》2019 年第 33 卷第 10 期。

④ 刘江波：《全氧燃烧玻璃窑用镁铝尖晶石耐火材料的制备及性能研究》，武汉科技大学博士学位论文，2019 年。

（二）化工产业

化工产业是国民经济发展的重要基础之一，催化剂通常被称为化学世界的"魔术师"。据统计，90% 的化工产品在生产制造过程中（比如煤炭、石油、天然气等原料在转化为汽油、塑料、化肥、酒精、合成纤维等工业品时），都要使用催化剂。催化剂不仅已经广泛渗透到石油炼制、聚合物合成、精细化工等化工产业的各个领域，而且是产品能否实现大规模工业化生产、生产工艺能否优化并降低成本的一个关键影响因素。催化剂产业在发达国家对经济的贡献已经占国民生产总值的 20% 以上，在我国也被确定为国民经济发展的关键技术领域之一。[①] 纵观整个化工产业的发展史，每一次催化剂产业的更新换代都会引发化工产业的巨大变革。超纯超细氧化镁的出现并实现工业化生产，将为催化剂产业再次升级提供难得的技术契机。

根据国际纯粹与应用化学联合会（IUPAC）的定义，催化剂是一种在不改变反应总标准吉布斯自由能变化的情况下提高反应速率、降低反应壁垒的物质。催化剂只参与中间产物的形成，并不进入最终产物，也不改变热力学平衡，只是影响反应过程达到平衡的速度；反应速度越快，最终产物的理论成本越低，越有利于大规模生产。绝大多数催化剂是由多种成分组合而成的复合体，基本组成可分为主催化剂、助催化剂和载体，在实际应用中统称为催化剂。主

图4-33 石油炼化厂

资料来源：作者绘制（AI生成）。

---

① 科技部：《催化研究的温床》，2000 年。

催化剂是活性组分，也是起催化作用的最根本物质，通常由金属、金属氧化物、硫化物等构成，有时需要两种活性组分共存时才能有很好的催化效果，也被称为共催化剂；助催化剂本身并不具有催化活性，而是用来提高主催化剂的活性、选择性，改善催化剂的耐热性、抗毒性、机械强度和寿命等性能指标，在催化剂中只需加入少量（通常低于催化剂量的10%）即可明显达到改善催化性能的效果；载体是催化剂中使用量最大的部分，主要作用是承载主催化剂并改变主催化剂的形态结构——使活性组分尽量分散，有时还兼任共催化剂或助催化剂的角色。

对于需要使用贵金属做活性物质的很多催化剂来说，载体是直接影响催化剂性能、成本和寿命的一个关键因素，进而决定着一个新生产工艺能否大规模推广应用。要确保催化剂的活性和寿命，载体需要具备优异的物理性能（如比表面积大、合适的孔径和细度分布、机械强度高等）和化学性能（如合适的酸碱性、杂质含量低等），还要有良好的热稳定性和抗毒性。载体可以是天然的，也可以是人工合成的；低比表面积的载体主要有碳化硅、浮石、硅藻土、石棉、耐火砖等，高比表面积的载体有氧化铝、二氧化硅—氧化铝复合物、铁矾土、白土、氧化镁、硅胶、活性炭等。

图4-34　现代农业

资料来源：作者绘制（AI生成）。

超纯超细氧化镁是一种性能优异的催化剂载体，它对催化剂产业乃至整个化工产业产生的重大深远影响，仅以目前世界上产量第二、对经济社会可持续发展至关重要的化工产品——合成氨为例简要说明，因为合成氨技术被认为是催化技术对人类最伟大的贡献。

氨既是农业中生产化肥的重要原料，也是工业中制备精细化学品的关键氮源。合成氨在人类试图消除饥饿的漫长历史中，留下了浓墨重彩的一笔。在 20 世纪以前，固氮只能依靠自然状态下的雷电作用或豆科植物根瘤菌来完成，自从 20 世纪初合成氨技术诞生后，世界人口增长了 4.2 倍，而粮食产量却增长了 7.8 倍。目前人体中 50% 以上的氮来自合成氨，如果没有这项技术，地球上 50% 的人将不能生存。合成氨不仅是现代农业的重要基础，工业生产、能源开发、医学进步也都离不开合成氨。比如，合成氨是塑料、染料、纤维等众多行业的原材料，合成氨在制取过程中会产生大量的甲醇、乙醇等副产品，抗生素、止痛药等很多药物的生产都需要用到合成氨（美国 FDA 批准的药物中有 80% 含有氮元素）等。近年来全球合成氨工业的产能变化趋势如图 4-35 所示，2023 年全球合成氨的产能为 2.33 亿吨，随着全球人口的增长和工农业的发展，预计未来合成氨产能将持续稳步增长，2028 年将高达 2.51 亿吨。2023 年全球合成氨工业的产能分布情况如图 4-36 所示。

（亿吨）

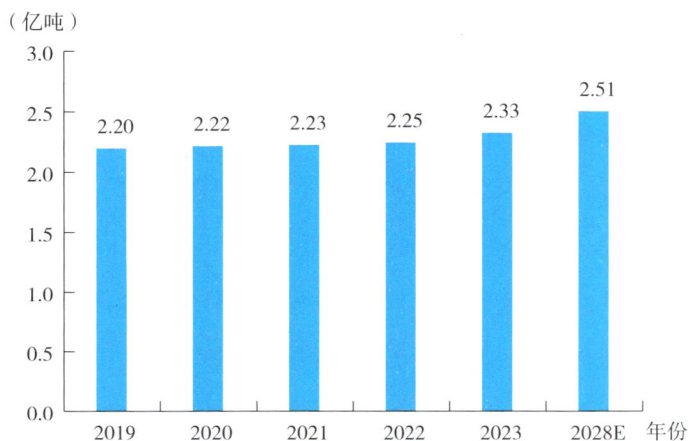

图4-35 2019—2028年全球合成氨工业的产能变化趋势

注：2028年数据为预测值。
资料来源：国际肥料工业协会，《中期肥料展望2024—2028》，2024年。

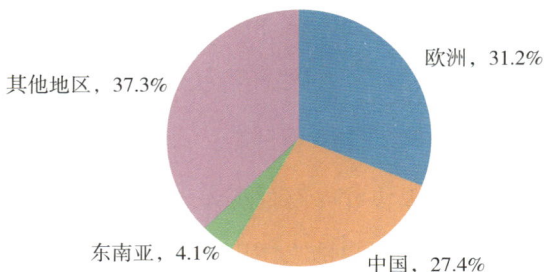

图4-36　2023年全球合成氨工业的产能分布情况

资料来源：瞭原调研报告网，《最新全球合成氨行业发展现状及前景趋势投资研究》，2023年。

合成氨生产工艺在100多年的发展过程中，两次重大技术突破均与催化剂的变革有关。

第一次重大技术突破发生在1908—1913年。德国化学家弗里茨·哈伯（Fritz Haber）发现，在高温高压条件下利用金属催化剂可直接将氮气和氢气转化为氨，之后德国巴斯夫公司进行了数千次的反复试验，确定了采用少量金属钾和氧化铝作为助剂的铁催化剂（以下简称"铁催化剂"），同时德国化学家卡尔·博施（Carl Bosch）设计出了能循环反应的工业装置，世界上第一个合成氨工厂也在德国路德维希港建成。利用铁催化剂合成氨的生产工艺被称为哈伯—博施法，一直沿用至今，哈伯和博施也因此分别于1918年和1931年获得诺贝尔化学奖（见图4-37）。

第二次重大技术突破出现在20世纪70年代。日本科学家Atsumu Ozaki、Ken-Ichi Aika等人发现，以活性炭为载体、以金属钾为助剂的钌系催化剂（以下简称"钌催化剂"），在常压和250℃条件下比铁催化剂的活性提高了一个数量级，由此可使氨的合成在低温低压下就能获得更高的转化率。1992年，世界上首个采用钌催化剂的新型合成氨工艺（KAAP）在加拿大投产。实践证明，与采用铁催化剂的工艺相比，KAAP工艺的氨合

图4-37　德国化学家弗里茨·哈伯（左）和卡尔·博施（右）

资料来源：作者绘制（AI生成）。

成效率更高（日产量提高了 40%），且反应条件更温和（反应温度和压力分别从原来的 400℃～500℃、150 兆帕～300 兆帕降至 250℃～300℃、50 兆帕～100 兆帕）、设备投资和操作费用也更低，因此可使吨氨成本降低 2 美元～6 美元、吨氨能耗降低 4.1%。同年，英国石油公司和美国凯洛格公司（Kellogg）采用 KAAP 工艺在 9 兆帕的更低反应压力的运行条件下，氨的生产效率提高了 18% 以上，吨氨能耗降低了 11% 左右。[①] 2004年，中国福州大学化肥催化剂国家工程研究中心开发建设的钌催化剂合成氨生产线，比铁催化剂的氨合成能力提高了 43%～51%，生产能耗降低了 25% 以上。[②] 因此，KAAP 工艺被认为是合成氨工业的重大技术革命，钌催化剂也被誉为第二代氨合成催化剂。

虽然钌催化剂的出现给合成氨工业带来了重大技术进步，但高效率、低能耗的 KAAP 工艺并未在全球大规模推广，目前在全球合成氨工业的总产能中仅占 5%，绝大多数产能仍然是采用铁催化剂、需在高温高压条件

[①]　郑晓玲、魏可镁：《第二代氨合成催化体系——钌系氨合成催化剂及其工业应用》，《化学进展》2001 年第 6 期。

[②]　福州大学：《钌系氨合成催化剂研制及其新工艺流程的开发》，2008 年。

下生产的传统工艺，合成氨也因此一直是典型的高耗能高排放产业，其能源消耗量和二氧化碳排放量分别占全球总量的 2% 和 1.8%。[1] 中国是合成氨产能的世界第一大国，受能源结构和技术因素影响，合成氨工业的能耗和排放高居化工行业之首，能源消耗量和二氧化碳排放量分别占全国石油化工行业总量的 25% 和 19.9%。[2][3]

图4-38　用于合成氨行业的液氨储存球罐

资料来源：作者制作（AI生成）。

新型合成氨工艺之所以未能大规模替代传统工艺，主要原因是以活性炭为载体的钌催化剂存在一个致命缺陷：尽管钌本身是很好的催化剂，但在合成氨的工艺环境下，活性炭会发生"甲烷化"副反应，导致载体流失，进而导致催化剂结构坍塌、降低寿命。这一致命缺陷大大限制了钌催化剂的应用，为进一步优化生产工艺、降低合成氨工业的能耗和成本，科学界一直在努力寻找性能更好的钌催化剂载体，以提高钌催化剂的寿命。

比如，1974 年英国石油公司开发了一种含石墨的碳材料，其稳定性和活性均好于普通活性炭，但由于机械强度差，且需采用复杂的高热、氧化处理的制备方法，所以能耗与生产成本较高，生产操作与控制也比较复杂，并未得到广泛应用。[4] 此外，比活性炭化学性能更稳定的富勒烯、

① 徐也茗、郑传明、张锟宏：《氨能源作为清洁能源的应用前景》，《化学通报》2019 年第 82 卷第 3 期。

② 头豹研究院：《2019 年中国合成氨行业概览》，2021 年。

③ 观研天下：《我国合成氨行业现状分析》，2024 年。

④ BP PLC, "Catalyst support: GB1468441A," 1974.

碳纤维、碳纳米管和碳分子筛等一系列新型碳材料，也被用于钌催化剂的载体研究中，虽然这些新型碳材料的"甲烷化"副反应比活性炭要改善很多，但由于材料本身非常昂贵且未能实现工业化量产，也无法成功应用于合成氨工业。

国内外的科学家对各种载体材料进行了反复研究比选后，认为金属氧化物是比较合适的选择，其中氧化镁的优势在各种金属氧化物中最为突出。早在1992年，日本东京工业大学的科研团队就分别以氧化镁、氧化钙、氧化铝、氧化铌、氧化钛等不同碱性的金属氧化物作为载体，在相同条件下比较它们对钌催化剂活性的影响；研究结果表明：载体的碱性越大，催化剂的活性越高，活性从高到低的排序是：氧化镁＞氧化钙＞氧化铝＞氧化铌＞氧化钛。[①] 后来，中国的厦门大学、南开大学和中国科学院兰州化学物理研究所等科研机构也相继发表了研究成果，均认为氧化镁是钌催化剂实现氨合成的优良非碳载体。

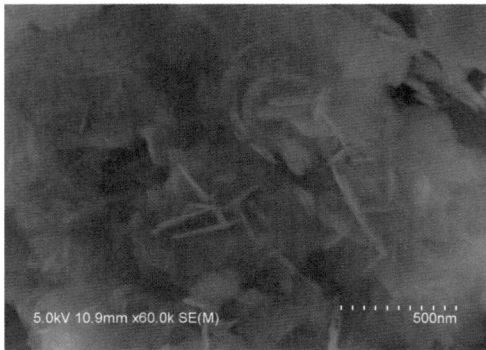

图4-39 超纯超细氧化镁的扫描电子显微镜照片

资料来源：董明明、梁靓、陈泽森等，《原电池法超高纯氧化镁生产（电力联产）》，河北省唐山海港经济开发区北京理工大学机械与车辆学院转化研究中心，2020年。

---

① Aika K I, Kawahara T, Murata S, et al., "Promoter effect of alkali metal oxides and alkaline earth metal oxides on active carbon-supported ruthenium catalyst for ammonia synthesis," *Bull. Chem. Soc. Jpn.*, 63. no. 4 (1990).

　　超纯超细氧化镁的厚度仅为 10 纳米～50 纳米，长度和宽度分别为微米级（见图 4-39）。这种独特的二维片层结构，使氧化镁作为催化剂载体具有三大性能优势：一是有极高的比表面积，可负载更多的活性组分，活性组分的含量越高，催化效率就越高；二是氧化镁能在合成氨反应温度下保持稳定的化学性能，且机械强度高，特别是在氨合成的碱性环境中，不会与主反应物氮气或氢气发生反应，完全避免了活性炭载体因"甲烷化"副反应而失去催化活性、出现结构坍塌的问题；三是超高纯度本身意味着杂质含量低，可有效避免催化剂活性衰减的问题（天然物质如活性炭之类的催化剂载体通常杂质含量高、种类多，会影响催化效能）。

　　由于合成氨工业体量大、能耗和排放占比高，国家发展和改革委员会发布的《高耗能产业重点领域节能减排降碳改造升级实施指南（2022 年版）》和中国氮肥工业协会发布的《合成氨行业节能降碳改造升级实施指南》均明确指出，"降低氨合成反应压力，减少生产能耗"是合成氨工业实现节能减排的重要发展方向。但是，要真正优化生产工艺、将氨合成反应过程的压力和温度降下来，取决于钌催化剂能否取得重大突破。超纯超细氧化镁实现工业化生产，为钌催化剂实现长寿命、高活性、低成本的升级换代提供了技术手段，为高效率、低能耗的 KAAP 合成氨新工艺的大规模推广应用扫除了障碍，无论对中国还是全球合成氨工业的节能降碳，都具有举足轻重的作用。

　　上述仅以合成氨工业为例，简要说明了超纯超细氧化镁作为催化剂载体对于产业转型升级、节能减排的重要意义。事实上，超纯超细氧化镁优异的吸附和催化性能，可以在化工、环保等很多领域发挥重要作用。比如，机动车尾气中的一氧化碳、碳氢化合物、氮氧化合物已成为空气污染物的主要来源，为减少尾气污染，推广稀燃发动机已成为重要发展方向；稀燃发动机比普通发动机动力性能强、燃料利用率高、环保性能好，但缺点是目前以氧化铝为载体的铂钡催化剂会因为发生硫中毒而导致氮氧化合物无法脱除，而以超纯超细氧化镁为载体的铂钡催化剂则可以成功解决这个问题（在稀燃工况下可将尾气中的氮氧化合物吸附在催化剂上，在富燃工况下将储存的氮氧化合物释放出来并被催化还原）。[①] 再如，甲醇是全球基础化工原料中消费量仅次于乙烯、丙烯和苯的一个重要能源化工产品，生产原料主要是甲烷，甲烷部分氧化（POM）是甲醇生产过程中的一个重要环节，所用的铑催化剂若以具有更大比表面积和更强碱性的超纯超细氧化镁为载体，将会比目前所用的氧化铝载体有更高的活性，可降低 POM催化反应温度，减少能耗和排放。[②]

总之，超纯超细氧化镁工业化生产来源的出现，犹如久旱后的甘霖，解决了催化领域对"镁"甘之如饴却又无"镁"可用的尴尬局面。除了为众多化工行业开发新型高效催化剂材料提供了难得技术契机之外，超纯超细氧化镁特有的强离子特性、大比表面积、独特晶体结构，以及优异的生物相容性、无毒性和恶劣工作条件下的稳定性，在精细化工领域特别是制药行业也将大有作为。目前，纳米氧化镁材料已经在抗菌、抗病毒、抗癌、糖尿病治疗药物或药物输送载体等生物医学方向取得了很多突破，有望在疾病治疗方面发挥更加重要的作用。[③]

（三）电气产业

硅钢也称电工钢，是含硅量为 0.5% ~ 4.5%、含碳量小于 0.08% 的硅

---

① 程昊、陈光文、吴迪镛等：《Pt/MgO 催化剂上 NOx 存储—还原反应性能》，《环境污染治理技术与设备》2005 年第 4 期。

② Mateos-Pedrero C, Cellier C, Eloy P, et al., "Partial oxidation of methane towards hydrogen production over a promising class of catalysts: Rh supported on Ti-modified MgO," *Catalysis Today*, 128. no. 3-4 (2007).

③ Gatou M A, Skylla E, Dourou P, et al., "Magnesium Oxide (MgO) Nanoparticles: Synthetic Strategies and Biomedical Applications," *Crystals*, 14. no.3 (2024).

合金钢，广泛用于各种发电机、电动机、变压器、互感器等电气设备的制造，是现代电气产业的核心材料，也是电气设备提高效率、降低能耗的关键材料。硅钢产品质量是衡量一个国家特殊钢制造水平的重要标志，因制造工艺复杂、成分控制严格、核心技术保密，硅钢被誉为钢材中的"艺术品"，特别是技术壁垒极高的取向硅钢。目前世界上硅钢产量约占钢材总产量的 1.5%。[①]

图4-40　冷轧硅钢卷

资料来源：作者绘制（AI生成）。

硅钢的生产工艺以冷轧为主，按内部晶粒朝向不同，分为取向硅钢和无取向硅钢。取向硅钢的晶粒基本朝一个方向、含硅量较高，主要用于各种类型的变压器、互感器的铁芯制造；无取向硅钢的晶粒朝向杂乱无章、含硅量较低，主要用于各种发电机、电动机的铁芯制造。

铁芯的磁滞损耗、涡流损耗（简称"铁损"）对电气设备的能效水平和运行成本影响很大。比如，铁损占变压器总损耗的比重高达 50% 左右，占整个输配电系统总损耗的比重超过 20%。[②] 作为新能源汽车的"心脏"，

---

① SMM：《美国无取向硅钢产量》，2024 年。
② 沈侃毅、马长松、穆怀晨：《宝钢薄规格取向硅钢系列产品及其在电力变压器的应用》，《电工钢》2021 年第 3 卷第 4 期。

电动机的铁损越低，汽车的加速性能越好。随着我国"双碳"战略目标的实施，对变压器、电机、家用电器等电气设备能效标准的要求将越来越高（耗电少、噪声低、体积小等），但要实现高能效，前提是必须生产出高品质的硅钢（硅钢的磁感越高、单位损耗值越低，电气设备的铁损就越低，铁芯体积就可以减小，从而节省材料用量、降低总成本），而要生产出高品质的硅钢，前提是必须有高品质的氧化镁，因为氧化镁是硅钢生产过程中不可或缺的关键原材料，对硅钢的性能有着至关重要的影响。

图 4-41 为高磁感取向硅钢的制造工艺流程的示意图。常见的取向硅钢轧制工艺包含冶炼、连铸、热连轧、常化和酸洗、冷轧、脱碳退火、涂氧化镁隔离剂、高温退火等过程。为了使取向硅钢片制造的铁芯性能达到电学指标的要求，硅钢在生产过程中须经历温度高达 1000℃ ~ 1250℃、时间长达 5 天 ~ 7 天的高温退火程序。整个钢卷被装入炉中退火之前，必须在硅钢片表面覆盖一个涂层，既做耐高温的隔离剂（防止硅钢片之间互相粘连变成铁坨），又做绝缘层的生成剂（防止铁芯的硅钢叠片之间发生短路）。实践证明，具有优异热稳定性、化学稳定性、耐腐蚀性和绝缘性能的高纯氧化镁是取向硅钢片涂层的首选材料。在高温退火过程中，氧化镁与硅钢表面反应生成的硅酸镁底层，可使钢卷叠片之间形成绝缘隔带，既

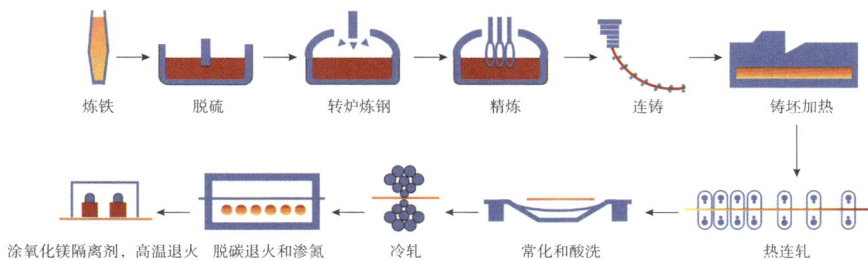

图4-41 高磁感取向硅钢的制造工艺流程

资料来源：宁旭、王艳丽、梁永锋等，《取向硅钢制备工艺及其发展趋势》，《精密成形工程》2022年第14卷第1期。

保证了硅钢片的绝缘性能和磁性，又减少了涡流损耗。氧化镁涂层除了优异的高温隔离功能和绝缘功能外，还可以在高温反应中去除钢中的硫、磷等有害杂质，防止硅钢的磁性降低。生产硅钢所用的高纯氧化镁也被称为硅钢级氧化镁，其三大重要作用如图 4–42 所示。

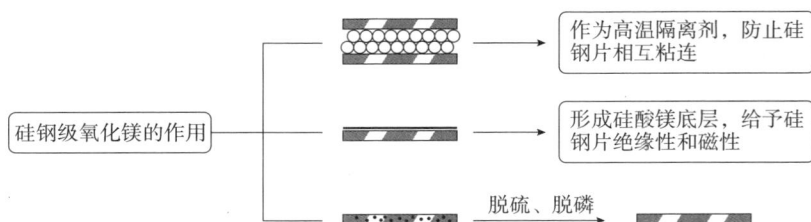

图4-42　硅钢级氧化镁在取向硅钢生产过程中的作用

资料来源：衣思敏、马亚丽、李雪，《硅钢级氧化镁制备的研究进展》，《辽宁化工》2024年第53卷第1期。

正因为氧化镁涂层质量对硅钢的性能保障至关重要，硅钢级氧化镁对纯度有着近乎苛刻的要求，一般要在 98% 以上。因为常见的氧化钙、氯化物等有害杂质，即使含量很少，也会对硅钢性能造成致命影响。氧化钙在涂层浆体中会吸水变成氢氧化钙，进而吸收空气中的二氧化碳变成碳酸钙，在高温退火时会降低钢片的磁导率；氯化物与水作用会变成盐酸，易对硅钢片造成严重腐蚀（常见杂质对取向硅钢的不利影响如图 4–43 所示）。因此，在氧化镁纯度为 98% 的基础上，如何再提高纯度、减少杂质一直是业界努力研究的重点和难点。目前，纯度达 99% 的高纯氧化镁是世界上生产取向硅钢片最好的涂层原料，其导热性能比高纯氧化铝高得多，而介电损失却仅为氧化铝的 1/10。日本取向硅钢片的生产已经用 99% 纯度的氧化镁取代 98% 纯度的氧化镁，因为仅仅一个百分点的提升，就能显著增强硅钢片的绝缘性能、降低铁芯损耗，使电机、变压器等电气设备更加可靠和节能。

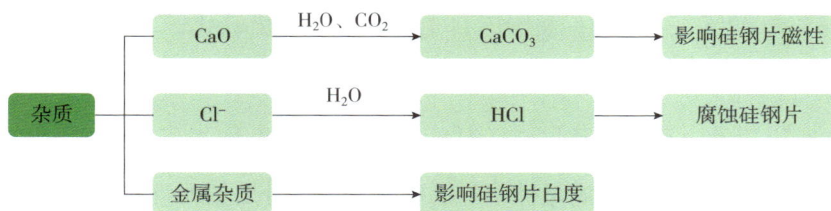

图4-43 常见杂质对取向硅钢的不利影响

资料来源：衣思敏、马亚丽、李雪，《硅钢级氧化镁制备的研究进展》，《辽宁化工》2024年第53卷第1期。

随着全球碳中和战略行动的实施，风电、光伏、电动汽车等新能源产业及电网建设将迎来更快发展，进而大大带动高效电机、节能变压器等电气设备的市场需求增长。业界预测，未来5年~15年全球取向硅钢和无取向硅钢的需求量将分别以10%~20%和30%~40%的年均速度增长，2030年硅钢需求总量将达到3440万吨，其中取向硅钢和无取向硅钢分别为837万吨和2603万吨；[1] 2024—2032年全球硅钢市场规模将保持6.5%的年复合增长率（见图4-44），预计2032年高达666亿美元。全球电动汽车产量的快速增长将大大推动硅钢行业的发展，到2050年仅欧洲汽车产业对先进硅钢的需求就将增加260万吨。[2]

中国已经是全球第一大硅钢生产国和消费国，2023年硅钢总产量达1469.1万吨，其中取向硅钢产量为265.0万吨（见图4-45和图4-46）。经过几十年的发展，中国取向硅钢的生产虽然取得了很大进步，但产品质量、品种丰富度及高端产品占比，与发达国家还有较大差距。特别是硅钢生产的核心原材料——硅钢级氧化镁，中国的生产技术、质量水平还明显落后于日本、美国、韩国等发达国家。目前，硅钢级氧化镁纯度的国际先

---

[1]　SMM :《全球硅钢供需格局现状》，2023 年。

[2]　Straits Research, "Electrical Steel Market," 2023.

进水平是 99% ～ 99.5%，而国内自主研发的硅钢级氧化镁纯度为 98.22%，主流生产工艺如碳铵法、碳化法大多采用白云石、菱镁石等原料，均存在纯度难以提升、钙镁分离困难、耗能大、污染环境等问题，导致国产的硅钢级氧化镁还不能完全满足硅钢片的要求，大部分要依赖进口。[①]

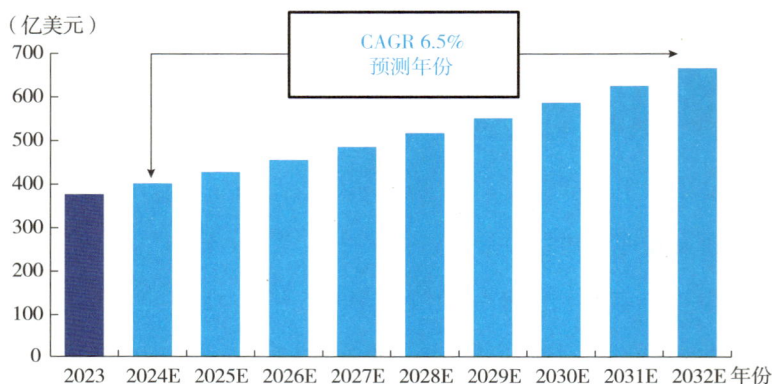

图4-44　2023—2032年全球硅钢市场规模的发展趋势预测

资料来源：Straits Research, "Electrical Steel Market," 2023.

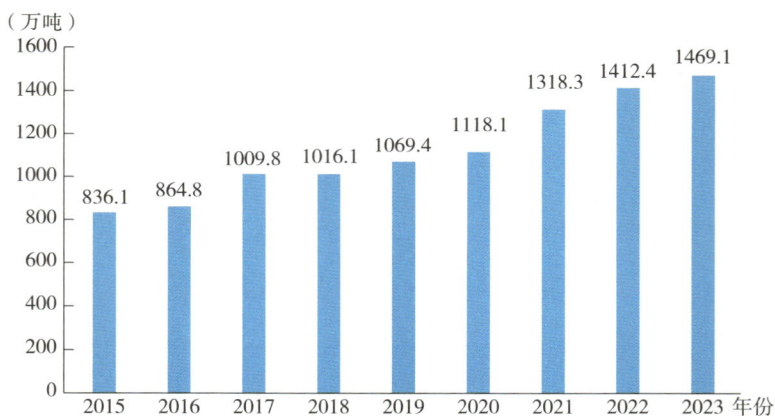

图4-45　2015—2023年中国硅钢产量的增长情况

资料来源：中国钢铁新闻网，《实现高端化飞跃——陈卓谈中国硅钢发展》，2024年。

① 衣思敏、马亚丽、李雪：《硅钢级氧化镁制备的研究进展》，《辽宁化工》2024 年第 53 卷第 1 期。

（万吨）

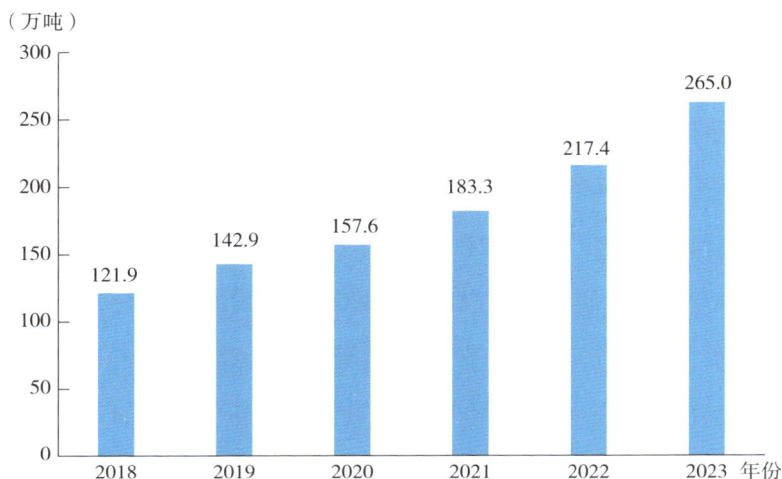

图4-46 2018—2023年中国取向硅钢产量的增长情况

资料来源：中国钢铁新闻网，《实现高端化飞跃——陈卓谈中国硅钢发展》，2024年。

业界预测，在"双碳"战略目标的影响下，2030年中国的硅钢需求量将突破2000万吨。[①]自2021年6月1日实施新的国家能效标准后，节能变压器必须要达到一级、二级能效标准，而低铁损、高磁感的取向硅钢正是制造节能变压器、高效大容量电机的首选材料，必将迎来市场需求的快速增长。巨大的市场需求将使中国硅钢级氧化镁生产的品质和数量都面临着严峻挑战，迫切需要开创纯度更高、绿色环保的新工艺。"镁经济"绿色循环体系实现超纯超细氧化镁（纯度 $\geqslant$ 99.5%）的工业化生产，为硅钢产业提供了可以比肩甚至超越世界先进水平的核心原材料，可使我国从根本上摆脱硅钢级氧化镁长期依赖进口的局面，为电气产业的升级换代、绿色发展提供强大助力。

---

① SMM：《全球硅钢供需格局现状》，2023年。

三、镁燃料电池的重要应用及前景

在电池技术的"大家族"里，与其他所有电池相比，镁燃料电池的独特之处是它能同时具备以下六大优势。

（1）资源储量大。镁元素在地壳中的资源丰度为2.1%，全球镁资源储量约1800万亿吨。假设地球上的镁资源全部开发为储能材料，蕴含的电量可供人类使用20万年（基于2023年全球发电量30万亿千瓦时计算）。而全球目前已探明的锂资源量仅为9800万吨，即使全部加工成锂离子电池，所存储的电量也仅为全球几天的用电量。

（2）燃料易获取。镁燃料电池的"燃料"是金属镁，金属镁的冶炼在国际上有两种成熟工艺：一是电解法，即以镁矿石、海水或盐湖卤水为原料，将其制成以氯化镁为主要成分的熔体，再进行电解；二是热还原法，即以白云石为原料，用硅铁对白云石煅烧后产物中的氧化镁进行热还原。目前全球金属镁82%的产量、90%的产能在中国。

（3）能量密度高。镁作为储能材料，其理论能量密度高达6800瓦时/千克，目前实际能量密度为2000瓦时/千克～2300瓦时/千克，分别是锂离子电池的15倍和7倍左右。随着正负极材料性能的改善、电解液的优化、新型电池结构设计及工程装备水平的提高，实际能量密度可以提高到3200瓦时/千克以上。

（4）全过程安全。除镁粉、镁箔这两种特殊形态外，金属镁及镁合金制品从生产、使用到储运的全过程及长期储存都是安全的，没有锂离子电池、氢燃料电池的易燃易爆风险，而且电池的电解液为中性的水溶液，即使泄漏也没有化学腐蚀风险。镁燃料电池可靠性高，可承受高海拔、高低温、水淹、针刺、冲击、挤压等多种极端苛刻的工作条件。

（5）寿命长、免维护。镁燃料电池没有自放电问题，可长期（10～20

年以上）储存而容量不会衰减，无需专人维护、定期巡检，使用时也无需充电，只需灌注电解液即可。金属镁随着燃料电池的发电而逐渐消耗，在其耗尽后只需更换新的镁金属板，就实现了能量的重新补充。

（6）易回收、无污染。镁燃料电池在发电过程中消耗的是金属镁、氧气和水，产出物只有氢氧化镁。氢氧化镁是有广泛用途的工业原材料，回收后既可以用于工业制造，也可以再电解制备成金属镁，通过镁燃料电池发电，实现镁资源的循环利用，整个过程没有污染物产生。而锂离子电池、铅酸电池退役后均存在回收利用难和环境污染大的问题。

由于上述优异性能，镁燃料电池作为可循环利用的绿色能源技术，在军用和民用领域的巨大发展潜力一直被能源业界高度看好，甚至被认为"镁燃料电池的突破将会是电池工业的颠覆性革命"。镁燃料电池的重要应用前景除了前面已经介绍的国内外水下军事装备、海洋油气探测、电动汽车应用等实践之外，当前实现产业化应用的突破口主要在四个方向，即：电动汽车离网充电站、经济可靠的应急电源、海岛等无电区的发电站、安全便携的单兵电源。其中，前三个应用场景计入镁燃料电池发电的材料收益（超纯超细氧化镁）后，镁燃料电池发电比其他能源技术有显著的技术经济优势。

特别要指出的是，表3-3"镁燃料电池发电系统的成本构成及发展趋势预测"和表3-7"功率为1千瓦的镁燃料电池发电装置的全生命周期效益分析"已分析过，进入产业化成熟期后，镁燃料电池发电系统的成本将会降至200元/千瓦，计入超纯超细氧化镁材料收益后的发电电价可低至0.3元/千瓦时以下，因此，本节对镁燃料电池在上述应用场景下进行技术经济优势分析时，发电系统的成本和电价分别按200元/千瓦和0.3元/千瓦时计算。

（一）电动汽车离网充电站

离网充电站，顾名思义就是不依赖电网而独立运行的充电站，可使电动汽车在没有电网供电的情况下完成充电。离网充电站既适用于电网难以覆盖的偏远地区和经常停电的地区，也适用于大型、超大型城市的核心区域，可以在不打破能源发电端与用电端平衡、对当地电网不进行基础改造的前提下大量快速地布置。随着全球电动汽车产业的迅猛发展，能否建立高效便捷的充电基础设施已是整个行业面临的一个巨大挑战，而离网充电站被认为是解决电动汽车充电难并合理调配电力资源、减轻电网压力、降低全社会用电成本的一个重要技术手段。

随着电动汽车保有量的快速增长，电力系统的发电侧、输配电侧面临的压力与日俱增。比如在德国，根据 2018 年麦肯锡的定量分析，2050 年电动汽车充电将增加 1% ~ 5% 的全网日高峰负荷，虽然这个增幅处于发电和输电系统的可承受波动范围内，但对高密度住宅区和电动汽车充电集中地点的数据分析结果显示，通常 150 户规模的住宅区供电线路的峰值负荷将增加大约 30%（按当地电动汽车的占比达到 25% 计）；在印度，根据布鲁金斯学会的预测（Ali 和 Tongia，2018），2030 年电动汽车充电负荷可能占全网日高峰负荷的 28% ~ 50%，给发电、输电和配电系统均带来极大压力；[①] 在中国，根据汽车工业协会公布的数据，新能源汽车的占比自 2015 年以来快速增长（见图 4-47），2023 年已升至 31.6%，预计 2050 年中国乘用车市场中纯电动汽车的保有量将高达 2.3 亿辆（占比 50.1%），年用电量将达到 4922 亿千瓦时，相当于 2023 年全社会用电量的 5.3%。2022 年国家电网有限公司负责人公开表示，到 2030 年新能源汽车充电造成的最高电力负荷有望达到 1 亿千瓦，大约占全社会最大用电负荷的 5%。在这

---

① 世界资源研究所：《中国新能源汽车规模化推广对电网的影响分析：新能源汽车如何更友好地接入电网系列一》，2020 年。

种情况下，如果充电需求比较分散，电力系统的峰值负荷就不会太高，但如果充电需求在某些时段高度集中，就会给电网带来很大的过载压力。[①]

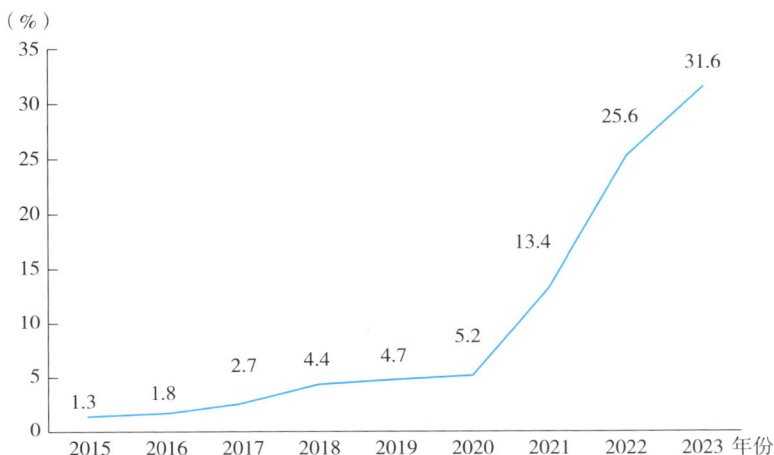

图4-47 2015—2023年中国新能源汽车占比的增长情况

资料来源：中国汽车工业协会。

建立高效的充电基础设施是电动汽车产业可持续发展的重要前提，利用燃料电池等清洁发电技术建设不依赖于电网的离网充电站，已成为很多国家和企业重点关注和实践的方向。

1. 案例一：英国 L-Charge 公司在欧洲多国推出可移动、超快速的离网充电车

总部位于英国的 L-Charge 公司是全球首个推出可移动、超快速、离网的电动汽车充电服务运营商。L-Charge 离网充电车（见图 4-48）内置了一个小型发电站，由液化天然气、氢气或二者的混合物提供动力。离网充电车可以在城市中自由移动，客户需要时可通过应用程序呼叫（像呼叫出租

---

① 财经汽车：《电动汽车保有量的增加给电网负荷带来了新挑战》，2022 年。

车一样），也可以将离网充电车预订到一个方便的固定位置使用。L-Charge 离网充电车从 0 充电到 80% 只需 15 分钟 ~ 25 分钟。公司副总裁 Justin Tarr 说："移动充电方案可以同时解决两个问题：扩大电动汽车充电基础设施，同时减轻电网和电动汽车车主的负担。我们希望让电动汽车车主的生活更加便捷。"[1]

L-Charge 公司提供三种形式的离网充电站，即固定站、移动站和浮动站。固定站可以安装在任何位置，包括高速公路服务区、传统加油站、商场超市、体育场馆和公共充电枢纽等地；移动站是一辆在城市中行驶的配备车载发电机的卡车，可根据需要为电动汽车充电；浮动站是一艘配备车载发电机的全自动船，可为沿途或在港口码头的海上船只充电。离网充电方案既解决了电动汽车推广的主要障碍——缺乏超级充电基础设施，还为酒店休闲、超市零售、汽车制造、汽车租赁管理等行业的公司加入新兴的超快速充电市场提供了便利，从而提高它们的成本效益和可持续性。自 2021 年以来，L-Charge 公司已在西班牙、捷克、德国、荷兰、英国等多个欧洲国家进行了服务测试。

图4-48 英国L-Charge公司开发的可移动、超快速的离网充电车

资料来源：https://l-charge.net/。

---

[1] Carrie Hampel, "L-Charge tests mobile, off-grid fast charging stations," 2022.

2. 案例二：瑞士 WattAnyWhere 公司开发可再生乙醇移动发电机以实现离网充电

2016—2020 年欧洲电动汽车销量的年复合增长率高达 60%，是全球汽车电动化发展最快的地区之一，但欧洲电力紧缺导致电动汽车的充电成本逼近燃油车加油成本，同时电网及充电网络不健全，抑制了电动汽车市场的发展。在希腊、立陶宛、波兰等国家，车主需要行驶上百千米才能找到一个充电桩，部分欧盟国家的主干道上甚至一台充电桩都没有。不依赖电网扩展和充电桩铺设，而是利用生物燃料发电为电动汽车提供充电服务，已成为欧洲的解决方案之一。目前，这一细分市场的规模已经达到 18 亿瑞士法郎，整个电动汽车充电服务的市场规模高达 1400 亿瑞士法郎。①

2021 年成立的瑞士清洁科技公司 WattAnyWhere 是该领域的先锋之一，以可再生乙醇为燃料，通过固体氧化物燃料电池实现离网发电，让电动汽车能够"随时随地"进行充电（见图 4-49）。即使在最偏远的地区，WattAnyWhere 燃料电池系统也能迅速启动，高效满足电动汽车的充电需求。WattAnyWhere 燃料电池系统的占地面积非常小，仅相当于一个停车位，功率可达 300 千瓦，配套 30 立方米的标准化乙醇储罐后，其总发电量能为 3000 辆汽车充电。当不需要为电动汽车供电时，燃料电池系统可用于调节电力峰谷或者电价波动，或者连接到当地电网为当地供电或供热。

① THE ARCH, "The clean electricity generator, 100% renewable and CO_2 neutra," 2024.

图4-49 瑞士WattAnyWhere公司开发的可再生乙醇移动发电机

资料来源：https://wattanywhere.com/。

3. 案例三：美国 Plug Power 公司依托氢燃料电池技术开始布局离网充电站

总部位于美国纽约的 Plug Power 公司是氢燃料电池在叉车市场的绝对龙头企业，也是当今世界最大的液氢用户，已经建造了 80 多座加氢站（见图 4-50）。Plug Power 公司开发了一种可为电动卡车和商用车充电的新型离网充电站，并在纽约 Latham 举行的先进清洁卡车展览会（美国最大的纯电动汽车和氢燃料电池汽车贸易展）上首次亮相。

美国预计 2030 年将有 4800 万辆电动汽车上路，对电网容量将产生很大影响。电动汽车运营商必须在升级电力基础设施方面进行投资，以支持大量卡车和货车同时充电。Plug Power 公司开发的新型离网充电站，搭载了一个 1.8 万加仑的液氢罐和一个固定的燃料电池系统，每小时可产生超过 60 兆瓦时的电力，足以为 600 多辆电动汽车同时充电。Plug Power 公司认为，当电网无法快速提供足够的电力让电动汽车启动和运行时，分布式储能和发电是解决问题的可靠办法；零排放的氢气驱动的充电站运输方便，可以通过卡车运到相对偏远的地方，成为固定式加氢站的有效替代方案。公司全球客户总经理 Jose Luis Crespo 表示："新型离网充电解决方案将为那些不想拥有加氢站的客户提供燃料电池和氢气，既可以为燃料电池卡车加

图4-50 美国Plug Power公司的加氢站

资料来源：https://www.plugpower.com/applications/stationary-power/ev-charging/。

氢，又可以为纯电动汽车充电。"[1]

4. 案例四：英国 AFC 能源公司利用氢燃料电池构建电动汽车的离网充电模式

英国 AFC 能源公司认为使用氢燃料电池技术的最佳方式是，将氢燃料电池固定在充电桩上，为来往的电动汽车充电（见图 4-51）。采用氢燃料电池的充电桩无排放、零污染，更重要的是不影响当地电网负荷，是在没有充电网络的情况下克服纯电动汽车里程焦虑的有效方法。氢燃料电池充电桩安装速度快，既能满足用户在超市、购物中心或体育场等地方的充电需求，也能够应对灾区应急供能等临时用电高峰。在 AFC 以氢为燃料的纯电动汽车充电桩的英国巡回展中，一辆特斯拉 Model S 75D 从 Dunsfold 到 Dundee Dash 行驶 500 英里的电能（72.5 千瓦时）全部来自英国 AFC 能源公司的氢能充电装置。

2020 年英国 AFC 能源公司与瑞士 ABB 建立战略合作，开发新一代大功率电动汽车的充电解决方案，并在英国、美国等 100 多个国家和地区展开业务。AFC 和 ABB 认为："这将为电动汽车市场提供独特的零排放解决

---

① H2 VIEW, "Plug Power unveils hydrogen-powered EV charger," 2023.

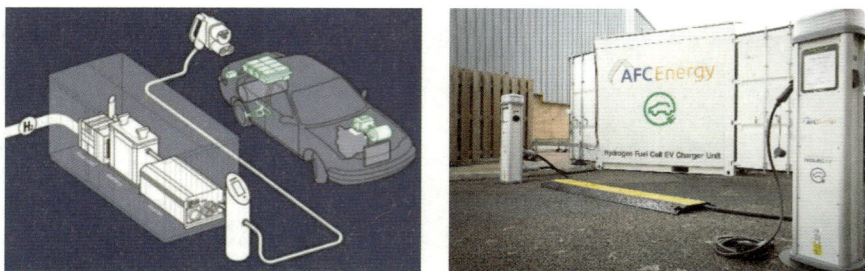

图4-51　英国AFC能源公司的氢燃料电池离网充电桩

资料来源：https://www.afcenergy.com/。

方案，以实现未来大功率的电动汽车充电基础设施的部署。这是交通运输业在全球范围内实现全面脱碳的关键一步，随着全球市场机遇不断出现，我们将持续降低成本并进一步扩大制造规模。"[1]

综上所述，发展不依赖于电网的离网充电站，已经成为未来电动汽车充电基础设施建设的重要方向，业界预测2030年全球电动汽车充电市场的规模将超过1400亿美元。[2] 镁燃料电池与氢燃料电池的工作机理相同，但全过程既没有氢的燃爆风险，也没有氢燃料的储运难题，是发展离网充电站更具技术经济优势的选择；即使与目前普遍应用的电网高压快充电站相比，利用镁燃料电池建设离网充电站也显示出较强的经济竞争力。

以国内常规高压快充电站的规模（提供10台120千瓦直流双枪充电桩）为例，将镁燃料电池离网充电站与目前电网充电站的投资成本进行详细测算对比（见表4–10），可发现：电网充电站的投资成本总计约为662万元，而离网充电站的投资总成本为144万元，仅为电网充电站的22%；离网充电站可省去三项投资成本：一是无须安装大容量变压器（可节省50万元）；二是无须为大容量变压器支付基本电费（按10年期计算，可节省

---

[1]　Electrive, "ABB to use AFC Energy's off-grid DC charging solution," 2020.

[2]　PR Newswire, "AFC Energy and ABB Partner to Power-Up the Future of Clean EV Charging," 2020.

费用483.84万元，基本电费在电网充电站固定投资中的占比高达73%）；三是无须使用直流充电模块（按每个直流充电模块成本为4万元计，10台充电桩总共节省40万元）。

表4-10 电网充电站和离网充电站的投资成本对比

项目	单位	单价/元	电网充电站①		离网充电站②	
			用量	成本/元	用量	成本/元
土地	平方米	300	1000	300000	1800	540000
地面硬化	平方米	100	1000	100000	1800	180000
安装施工	台	8000	10	80000	10	80000
直流充电桩	台	80000	10	800000		
离网充电桩	台	40000			10	400000
630千瓦变压器	台	250000	2	500000		
基本电费③（按10年计）	千瓦·年	384	12600	4838400		
镁燃料电池系统	千瓦	200			1200	240000
投资成本合计				6618400		1440000

注：①电网充电站各分项的用量和单价，均按照网上公开报道取平均值进行计算和整理。②离网充电站的占地面积比电网充电站大，是因为额外增加了镁燃料电池发电系统。③基本电费单价参考的是国家发展和改革委员会价格司《关于第三监管周期省级电网输配电价及有关事项的通知》（2023年）。

资料来源：根据公开资料整理。

利用镁燃料电池建设离网充电站，还可以使充电电价也低于电网充电站。目前，高压直流充电桩所使用的大工业用电或一般工商业用电，除低谷时段外电价均高于居民生活用电，充电电价约为1.1元/千瓦时~2.3元/千瓦时（其中电费为0.3元/千瓦时~1.5元/千瓦时，服务费为0.2元/千瓦时~0.8元/千瓦时）。离网充电站的充电电价可以降至0.5元/千瓦时~1.1元/千瓦时（其中电费为0.3元/千瓦时，服务费与电网充电站相同），比电网充电站的电费大约低50%。

除投资成本低、充电电价低的经济优势外，镁燃料电池离网充电站无需扩建或升级电网即可为电动汽车供电，充电规模可根据需求量灵活快速调整（需求量大的情况下，只需增加模块化的镁燃料电池发电系统即可），可部署在任何有需要的地区，在充电密集区域大量投放，不需要时可以移走，非常便捷。利用镁燃料电池建设零排放的安全、高效、灵活、可靠的离网充电基础设施，将使电动汽车的应用范围更加广泛，对世界交通运输产业的节能减排产生重大深远影响。

（二）经济可靠的应急电源

电力已经是经济社会发展的基础性能源，但是受地理环境、自然气候和人为因素的影响，电力供应中断会偶尔发生。对于数据中心、航空铁路、城市交通、医院、供水及一些重要工业设施（如核电站、石化工厂等）来说，一旦突然断电将会造成很大经济损失甚至人员伤亡。因此，为避免突发性电力故障造成严重后果，应急电源应运而生。

比如，我国《高层民用建筑设计防火规范》和《民用建筑电气设计规范》严格规定，一级负荷应有两个电源供电，当一个电源发生故障时，另一个电源应不致同时受到损伤；一级负荷中，除上述两个重要电源外，还必须增设应急电源。我国《医疗建筑电气设计规范》规定，正常市电供电电源停电或故障时，应急电源的供电容量应保证一级负荷用电。中国移动有限公司《通信枢纽楼电源系统总体技术要求》（QB-W-017-2008）和中国联通集团《中国联通通信机房安全标准》（QB/CU 034-2006）均强制要求，电源系统中必须配置应急/备用电源。

随着国民经济的发展和安全保障认知水平的提升，应急电源的市场需求和产业规模呈现出快速增长态势。图4-52所示为2017—2029年中国应急电源行业市场规模的增长情况及发展趋势预测。数据显示，近年来中国应急电源行业市场规模的年复合增长率为 4.9%，预计未来五年仍将保持 3.8% 的年复合增长率，2029 年市场规模将高达 3426 亿元。

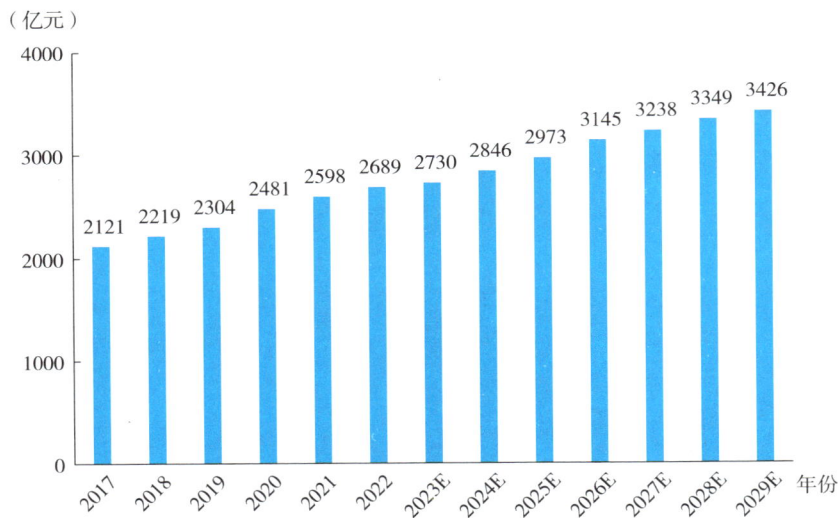

（亿元）

图4-52 中国应急电源行业市场规模的增长情况及发展趋势预测

注：2023—2029年数据为预测值。
资料来源：智研瞻产业研究院，《中国应急电源行业发展前景预测与投资战略规划分析报告》，2023年。

应急电源是一种独立于市电之外的电源设备，在市电发生故障和异常时，能够继续向负载供电以确保其正常运转，及时满足非正常情况下的用电需求。应急电源通常要满足三个条件：一是高可靠性，在紧急状态下能持续稳定运行；二是响应速度快，能够迅速启动并提供电力；三是容量大，能够为负载提供足够的电力供应。常用的应急电源包括燃油发电机组和蓄电池组两大类（见图 4-53），以蓄电池组为基础的应急电源又可分为 EPS（Emergency Power Supply）应急电源和 UPS（Uninterruptible Power Supply）不间断电源。

三种应急电源的性能对比如表 4-11 所示。EPS 和 UPS 的优点是启动速度快，可以在毫秒内自动切换到电池供电、为关键负载提供不间断的电力，而且供电电压稳定、噪声低，适合在室内使用，但缺点是电力容量有限，只能提供短时间的电力供应，且成本较高。燃油发电机组可以提供长时间的电力供应，适用于需要长时间供电的场景，但缺点是噪声大、产生空气污染、启动速度较慢，且供电电压存在波动，需要配备稳压器，必须在干燥通风的环境下工作。此外，燃油发电机对燃料要求高，需要定期进行带载测试，一般6个月～12个月要更换一次燃油。

图4-53　应急发电系统：燃油发电机组（左）和蓄电池组（右）

资料来源：作者绘制（AI生成）。

表4-11　三种应急电源的性能对比

	EPS电源	UPS电源	燃油发电机组
使用目的	较短时间应急供电	改善供电质量	长时间连续供电
切换时间	45毫秒之内	10毫秒之内	5分钟甚至更长
供电时间	30分钟～120分钟	几分钟至几小时不等，供电时长由蓄电池组的容量决定	可长时间连续供电
节能环保	电网正常时处于休眠离线状态。废旧电池回收难、有污染	电网正常时也工作，耗电。废旧电池回收难、有污染	不耗电，工作时振动噪声大、空气污染大

资料来源：樊鹏涛，《矿用应急电源系统研究与设计》，西安科技大学硕士学位论文，2021年。

目前 EPS 和 UPS 应急电源使用的蓄电池主要是铅酸电池和锂离子电池。铅酸电池的优点是价格较低，但性能上有诸多缺陷：一是电解液为稀硫酸，常常出现漏液问题，对设备造成严重腐蚀并影响周围环境；二是能量密度低，能实现 3 小时～4 小时供电的铅酸电池组占地面积较大，并带来承重问题；三是使用寿命短，理论上使用寿命是 6 年～8 年，但实际一般在 3 年以下；[①] 四是耐温性能差，低温和高温都会导致电池的电量亏损和寿命缩短；五是充电时间长；六是维护成本高，无电池管理系统，需要人工巡检和维护；七是回收成本高，铅是重金属，易造成污染；八是故障率高，投运时间越久，出故障的可能性就越大。[②]

与铅酸电池相比，锂离子电池的优点是能量密度高（是铅酸电池的 3 倍～4 倍），节省了机房占地面积，也避免了承重问题；寿命较长；高温性能较好，在铅酸电池无法工作的高温下仍能正常工作，减少了机房空调制冷成本；具有电池管理系统，降低了人工维护的成本；故障率较低。锂离子电池的缺点是会起火爆炸，近年来国内外锂离子电池引发的安全事故频频发生，而且废旧锂离子电池也同样存在回收困难、造成环境污染的问题。

与铅酸电池、锂离子电池和燃油发电机相比，镁燃料电池固有的安全、清洁、高效和高可靠性，为应急电源产业的升级提供了技术手段，发展潜力巨大。早在 2013 年中国四川雅安地震的救援过程中，就大量使用了镁燃料电池，对震后电力中断期间照明通信设备的电力保障发挥了重要作用。当时所用的镁燃料电池能量密度达到 800 瓦时/千克，相当于铅酸电池的 30 倍，一个 1 千克左右的镁燃料电池（体积约为 1.2 升）能保障一个 10 瓦

---

① 曹斌、代文良、陈瑞珍：《站用直流系统锂电化改造应用研究》，《湖南电力》2021 年第 41 卷第 6 期。

② 郭苏、陈为召、龙登明：《基于磷酸铁锂电池的便携式 48 V 通信直流应急电源研究》，《电力信息与通信技术》2021 年第 19 卷第 1 期。

的 LED 照明灯工作 30 天，或者为 200 部智能手机充电；电池能量耗尽时，只需补充新的镁金属板即可继续工作。[①] 2014 年，总部位于日本福岛县磐城市（该市在 2011 年日本大地震和海啸中遭到严重破坏）的古河电池公司，在市场上推出了名为 Mg BOX 的镁燃料电池应急电源（见图 4–54）。Mg BOX 根据灾害经验而开发，在紧急情况下向其内部注入 2 升水（淡水、海水甚至脏水都可以）即可激活，提供可靠的电源供应（可输出直流 5.0 伏 /1.2 安，300 瓦时电量），一个 2 千克左右的镁燃料电池即可满足三口之家的应急用电，并且结构简单、便于操作，不会产生噪声和有害物质。[②]

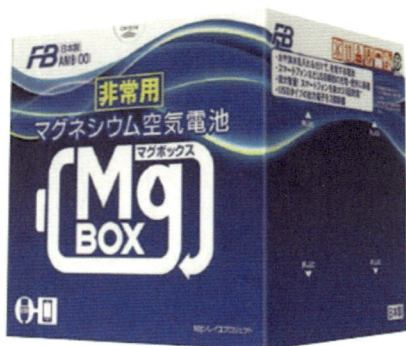

图4-54　日本古河电池公司开发的镁燃料电池应急电源

资料来源：FURUKAWA BATTERY, "World's first! Large capacity! Magnesium air battery for emergency use," 2015.

镁燃料电池在应急电源领域的应用，有两个重点发展方向。

一是以显著的技术经济优势替代柴油发电机组。作为应急电源，镁燃料电池与柴油发电机组都可以实现长时间的供电，其性能和成本对比分别如表 4–12 和表 4–13 所示。在性能上，柴油发电机组具有噪声大、运维成本高、碳排放和空气污染大等弊端，而镁燃料电池是以金属镁为负极、以

---

① 科学网：《芦山抗震：高科技含量在增加》，2013 年。

② 客观日本：《日本古河电池公司将发售新款注水发电的家用应急电池》，2016 年。

空气为正极的绿色能源技术，无碳排放、无噪声、无污染，能量密度高、放电平稳，可长期放置、免维护，需要使用时灌注电解液（水）即可，不需要像柴油发电机那样定期进行带载测试，也没有柴油发电机的易燃易爆、高温灼伤等安全风险。

在经济性上，镁燃料电池作为应急电源可大大节省运行维护成本，设备成本和发电成本也明显低于柴油发电机组。以功率为1200千瓦的某型柴油发电机为例，市场价格大约为120万元，而同样1200千瓦镁燃料电池系统的设备成本仅为24万元，比柴油发电机组节省80%。按照每度电的柴油消耗量为200克～240克、柴油价格为7.5元/升、柴油密度为0.8千克/升来计算，柴油发电的发电成本为1.87元/千瓦时～2.25元/千瓦时，而镁燃料电池在考虑超纯超细氧化镁的材料收益后，发电成本可以低至0.3元/千瓦时以下，比柴油发电节省80%以上。

表4-12 镁燃料电池与柴油发电机组的性能对比

项 目	镁燃料电池	柴油发电机组
噪声	无噪声	发电机组噪声标准
排放	无碳排放	国Ⅲ排放
工作消耗	金属镁、电解液	柴油等
安全性	中性电解液，安全	柴油易燃易爆、废气危害、高温灼伤
维修保养内容	更换镁金属板、补充电解液	更换机油、三滤等
维修保养周期	可长时间放置，不使用时免维护	需定期进行带载测试

资料来源：根据公开资料整理。

表4-13 镁燃料电池发电系统与柴油发电机组的成本对比

项 目	1200千瓦镁燃料电池系统	1200千瓦柴油发电机组
设备成本	24万元	120万元左右
发电成本	≤0.30元/千瓦时	1.87元/千瓦时～2.25元/千瓦时

资料来源：根据公开资料整理。

二是与常规蓄电池应急相结合、实现优势互补。镁燃料电池与常规蓄电池如铅酸电池、磷酸铁锂电池的性能对比如表4-14所示。铅酸电池和磷酸铁锂电池作为应急电源，可以做到毫秒级的快速响应，但持续供电的时间有限，要取决于电池的容量大小；镁燃料电池的响应速度较慢（与柴油发电机类似），但持续供电的能力不受电池容量限制，只要"燃料"即镁金属板能源源不断地供应，就可以持续稳定地发电。所以，在现有的UPS和EPS应急电源系统中，适当配置一定数量的镁燃料电池，可以和常规蓄电池实现优势互补，当后者电量不足时由镁燃料电池直接供电。这一优势互补方案可以使UPS和EPS在供电时长不变的情况下减少铅酸电池和锂离子电池的数量，不仅提升了安全性（锂离子电池组的规模越大，安全风险也越大），而且减少了维护成本和回收负担。

表4-14 镁燃料电池与铅酸电池、磷酸铁锂电池的性能对比

项目	铅酸电池	磷酸铁锂电池	镁燃料电池
环境温度要求	−10℃～35℃	−5℃～50℃	−42℃～71℃
制冷成本	高	较高	低
能量密度（瓦时/千克）	35～45	130～150	800～1500*
充放电性能	充电慢、放电性能差、能源转化效率低	充电快、放电性能较好、能源转化效率高	更换镁金属板即相当于充电、放电性能好、能源转化效率高
使用寿命	3年	10年	可长期放置
维护成本	无电池管理系统，人工维护费用高	较低	低
回收成本	有重金属污染，铅回收成本高	有污染，回收成本高	无污染，副产物可循环利用

注：*镁燃料电池负极材料的理论能量密度为6800瓦时/千克，目前实际能量密度已达到2300瓦时/千克，封装后镁燃料电池电堆的能量密度已达800瓦时/千克～1500瓦时/千克。

资料来源：根据公开资料整理。

特别要指出的是，可靠性对于应急电源来说至关重要，而高可靠性正是镁燃料电池相对于其他电池的突出优势。比如，镁燃料电池可以承受锂离子电池无法适应的高海拔、高温、低温、水淹、针刺、冲击、挤压等多种极端苛刻的工作条件，可以长期放置而不会发生容量衰减。镁燃料电池在极端苛刻的工作环境下，也不会有锂离子电池的爆炸、起火风险，最严重的后果只是电解液泄漏（由于电解液是中性水溶液，即使泄漏也没有腐蚀问题），在电解液未完全漏尽的情况下，镁燃料电池依然可以保留部分电池性能。此外，镁燃料电池可以稳定工作在 $-42℃ \sim 71℃$ 的环境温度范围内，远超过《电力储能用锂离子电池》（GB/T36276-2023）提出的工作环境温度要求 $5℃ \sim 45℃$，可满足对应急电源的全天候供电需求。

（三）海岛等无电区的发电站

根据联合国、世界银行、国际能源署、世界卫生组织 2023 年联合发布的《跟踪可持续发展目标 7：能源进展报告》，当前在全球范围内，还有7.33 亿人用不上电，近 24 亿人依赖有害健康和环境的燃料做饭；按照目前的能源建设速度，到 2030 年仍将有 6.7 亿人用不上电、19 亿人无法享受清洁烹饪。要确保 2030 年人人获得负担得起、可靠和可持续的现代能源，还须加大行动力度，消除能源贫困，依赖有效的政策和技术创新走向清洁能源的未来。

镁燃料电池本质上是一种可采用分布式模块化部署的、清洁稳定且安全可靠的发电站，发电规模可根据电力需求的变化灵活调整。要解决电网难以覆盖地区的电力供应问题，镁燃料电池发电是比目前的柴油发电系统更清洁、更可靠、更经济的技术手段。仅以海岛、牧区、边防哨所或前线作战基地三个应用场景为例作简要说明。

图4-55 海岛上的光伏电站

资料来源：作者绘制（AI生成）。

1. 场景一：为海岛供电

海岛作为人类开发海洋的远涉基地和前进支点，在国土划界和国防安全上有着特别重要的地位。中国拥有长达1.8万千米的大陆海岸线和1.4万千米的岛屿海岸线，有1万多个大大小小的海岛和岛礁。其中，面积在500平方米以上的海岛（除港、澳、台地区）有6900个以上，总面积超过6600平方千米，其中有居民的为489个，人口470多万人。[①]

开发海岛对建设海洋经济强国有重大意义，但能源供给一直是制约海岛发展的关键问题。目前海岛供电有联网和离网两种模式。对于距离大陆较近且对电力需求总量有较高要求的大中型群岛来说，往往通过铺设海底电缆或架设海上输电线与大陆联网；但对于很多偏远海岛来说，因最大负荷有限、输送距离较远、岛屿面积较小，海底电缆或海上输电线的建设和维护费用太大，开发清洁可靠的独立电网才是解决海岛用电的最有效

[①] 吴亚楠、吴国伟、武贺等：《海岛海洋能应用需求和发展建议探讨》，《海洋开发与管理》2017年第34卷第9期。

途径。

目前，海岛独立供电普遍依靠柴油发电机组。虽然柴油发电技术成熟可靠，但缺点也非常明显：一是海上运输柴油的成本很高，导致度电成本高，需政府投入大量补贴后用户才能承受；二是柴油发电排放二氧化碳，并产生大量空气污染和海水污染，不利于海洋生态环境保护；三是需在各海岛建设大量存放燃油的油库，既占用岛上宝贵的陆地资源，又存在很大安全隐患。虽然近年来风电、太阳能发电、潮汐能发电与柴油发电多能互补的电力模式已经广泛应用，但由于可再生能源的不稳定性，还不能摆脱对柴油发电的严重依赖。特别是在海岛雷电、台风等特殊气候环境下，光伏组件、风力发电机容易受损老化，经常出现发电机击穿、控制设备和电气设备损毁等电力事故，甚至危及人身安全。目前，绝大多数海岛都面临着不同程度的电力短缺问题，导致生产及生活受限，制约着海岛经济的可持续发展。

用镁燃料电池技术替代当前的柴油发电机，不仅可以实现安全可靠、清洁稳定的供电，而且能显著降低投资成本和发电成本、节省占地面积。以驻扎在海岛的100人～200人规模的用电需求为例（满足日常的通信、照明、办公、生活等，大约需要200千瓦级的电力供应），将柴油发电系统和镁燃料电池发电系统作一简单对比。

如果采用200千瓦级的柴油发电机供电系统，除了柴油发电机外，需要的配套设施包括：机组冷却液加热、机油加热、进气加热、燃油加热、控制器加热、发电机除湿加热、蓄电池加热等各种加热器以及启动蓄电池组的充电器，此外还要有燃油自动供油控制系统、日用油箱、室外地埋油罐及油路监测设备等。柴油发电系统还要考虑机组安装尺寸、搬运方式、搬运路由通道、进风排风面积、喷淋消防架、环保降噪消音等因素，因此占地面积和空间需求也较大。目前，一台200千瓦柴油发电机组的设备成本约为 20 万元，加上基础设施、电气设施、配套设施后，柴油发电系统的总成本约为 30 万元 ~ 32 万元，发电成本约为 2 元 / 千瓦时。按照 15 日的燃料储备量计算（10 立方米 ~ 20 立方米），柴油发电系统的总占地面积约为 40 平方米 ~ 60 平方米。

如果采用 200 千瓦的镁燃料电池提供电力，除了镁燃料电池电堆外，需要的配套设施包括：燃料供应系统（包括镁金属板储存、镁燃料加注系统等）、氧化镁回收系统（包括电堆循环系统、氢氧化镁存储设备等）、空气供应系统（包括空气压缩机、空气过滤器等）、电气系统（包括配电柜、变压器等）、控制系统（包括控制柜、监控系统等），以及消防设施、通风设施、照明设施等。一套 200 千瓦的镁燃料发电系统的设备成本约为 4 万元，加上基础设施、电气设施、配套设施后，总成本约为 14 万元 ~ 16 万元；考虑超纯超细氧化镁的材料收益后，镁燃料电池的发电成本可控制在 0.3 元 / 千瓦时以下。与柴油发电系统相比，镁燃料电池发电站的投资成本和发电成本可分别降低 47% ~ 56% 和 85%；按照 15 日的燃料储备量计算（15 吨 ~ 30 吨），镁燃料电池发电站的总占地面积约为 30 平方米 ~ 40 平方米，比柴油发电系统大约节省 30%，而且没有柴油发电的环境污染、燃料补给困难、维护成本高、安全隐患大等问题。

因此，用镁燃料电池技术替代目前的柴油发电技术，因地制宜建立"风电 + 太阳能 + 镁燃料电池 + 储能"的清洁能源微电网（镁燃料电池既可以作为海岛的应急发电设备，也可作为海岛风电、太阳能发电的调峰电站），是提高海岛能源保障水平、优化海岛能源结构、促进海岛可持续发展的重要途径。

图4-56 中国西南边陲的哨所

资料来源：作者绘制（AI生成）。

2. 场景二：为边防哨所和作战基地供电

随着军队的现代化发展，新型武器装备、通信设备日益广泛应用，边防哨所和前线作战基地的电力需求越来越大。然而很多情况下，军队所驻扎的雪域高原、戈壁荒漠、瀚海孤岛都是没有电网可用且后勤补给困难的地区。比如，装备高度现代化、电力消耗也巨大的美军，现役供电装备以各类柴油发电机（电站）为主，美国国防部每年大约需要12万台发电机，总发电能力约为200万千瓦。据美国军方统计，要将1加仑柴油送到阿富汗，需要消耗7加仑的柴油；以柴油售价2美元/加仑～3美元/加仑计，将1加仑柴油送到阿富汗大型前线作战基地大约需要15美元，而用直升机补给送到前线哨卡则需要400美元，所以在阿富汗每天100万加仑的燃料消耗量，费用开支高得惊人。此外，传统汽柴油发电机普遍存在体积大、重量大、噪声大、红外辐射强的弊端，供电质量、可靠性和易维修性均有待提升。[1]

---

[1] 杨敏、裴向前、郑建龙：《美军移动供电现状及发展趋势》，《电源技术》2015年第39卷第7期。

为减少石油消耗并减轻燃料物资后勤保障的压力，美国国防部一直高度重视移动供电装备的研发，在以重量更轻、体积更小、噪声更低、可靠性更高、可维修性更强、全生命周期费用更低为目标的替代能源解决方案中，燃料电池是一个重要选项。与传统电池相比，燃料电池的最大优势是只要连续供给燃料，就能源源不断地输出电能，就像柴油发电机可以持续供电一样，但燃料电池的供电质量、隐蔽性能、维护性能却远远优于柴油发电机。美军重点研发的燃料电池包括氢燃料电池和甲醇燃料电池，目前已经应用于美军装备中的移动电站、军用动力驱动电源，美国陆军也因此成为燃料电池技术的最大用户群。

镁燃料电池与氢燃料电池、甲醇燃料电池的发电机理相同，只是燃料由氢、甲醇换成了金属镁，其突出优势是系统简单并可以实现全过程安全——金属镁（除了镁粉、镁箔两种特殊形态外）作为燃料从生产、储运到使用的全过程及长期储存都没有易燃易爆风险和腐蚀问题。用镁燃料电池替代目前广泛应用的柴油发电机，对边防哨所和前线作战基地的电力保障可以发挥重要作用。

图4-57 没有固定电网接入的牧区

资料来源：作者绘制（AI生成）。

3. 场景三：为分散的牧区供电

随着现代农牧业的发展，对电力的需求越来越大，特别是在畜牧业中，牧场需要大量的电力来支持现代化的设备/设施运作。然而由于一些牧场处于偏远地区，电网建设不完善，线路老化、配电设备不足等问题导致牧区用电还面临很多困难：一是部分牧区的位置离电源点太远，长距离输电的损耗较大；二是电压不足，难以使用机井、饲料搅拌机等畜牧业生产设备；三是虽然使用风光互补的发电设备满足了牧民的基本生活用电需求，但是后期维护成本较高，需要经常更换或维修电瓶，增加了牧民的经济负担。

要满足分散牧场和流动牧民的电力需求，还须寻求易部署、易转场且相对稳定的电力供应方式。虽然近年来牧区正在积极利用风能、太阳能等可再生能源来增加电力供应，但是季节变化导致的牧场转场，又会与风能、太阳能的固定式发电产生无法调和的矛盾。用清洁环保、可移动、易维护的镁燃料电池发电站替代自备的柴油发电机组，为妥善解决牧场电力不足问题，提供了可快速实施且具经济优势的新方案。特别是在我国西部和西北部偏远地区，有大量无电区域的牧区、牧场，可根据电力需求灵活调整发电规模的镁燃料电池发电站将大有所为。此外，"一带一路"倡议的首倡之地中亚五国——哈萨克斯坦、吉尔吉斯斯坦、塔吉克斯坦、土库曼斯坦和乌兹别克斯坦也有大量无电的牧区、牧场，同我国西部地区极为相似。若推广应用镁燃料电池发电站，将为高质量共建"一带一路"示范区、点亮中亚五国的无电区域作出重大贡献。

（四）安全便携的单兵电源

人类战争在经过冷兵器战争、热兵器战争、机械化战争几个阶段之后，正在进入信息化战争阶段。信息化、数字化、网络化将贯穿于未来战争的每个环节，军队将由诸多小型的、多兵种高度协同的作战群体构成，并由先进的指挥控制网络联结成一个有机的整体，对敌实施全纵深打击。单兵作战系统是未来战场上最基本的武器平台，也是构成数字化特种部队的重要支柱之一。得益于高科技装备的应用，特种作战士兵可以极大提升信息收集与处理水平，增强战场态势感知能力，操控无人机等装备对作战目标实行侦察、引导与打击，同时将战场态势信息和画面实时共享至作战网络平台，以便后方指挥机构统一指挥部署诸军兵种，实施精准决策，发挥最大作战效能，大幅降低作战风险。

单兵作战系统包括单兵防护系统、单兵通信系统、单兵武器系统，是利用高科技增强步兵战斗力、机动性和防护性的整体系统，是未来战争中保护单兵生命、提高部队作战能力的关键装备。单兵作战系统通常包括多功能头盔、复合瞄准具、夜视装备、导航设备、防弹服、单兵枪械、计算机、电台等，图 4–58 和图 4–59 分别为配备了先进夜视系统的头盔、单兵电台 / 战术终端示意图。早在 1991 年美国就提出了建设未来单兵作战系统的计划，所研制的最典型的单兵作战系统"陆地勇士"（Land Warrior）（由五个子系统组成，包括武器、综合头盔、计算机 / 无线电子、软件、防护服与单兵设备），在 2003 年的伊拉克战争中展示出了令人惊叹的作战能力。英国、法国、德国、以色列等很多国家也都相应制定了单兵作战系统计划，并在单兵作战系统建设上取得了很大成就。表 4–15 为目前国外一些典型的单兵作战系统。中国在 2011 年也开始列装了单兵综合作战系统，包括装有先进光学设备的武器、新型头盔、通信子系统、便携式电子平台、独立电池组、制服与防护设备等。

图4-58　配备了先进夜视系统的头盔

资料来源：作者绘制（AI生成）。

图4-59　单兵电台/战术终端示意图

资料来源：作者绘制（AI生成）。

表4-15 目前国外一些典型的单兵作战系统

美国"陆地勇士" Land Warrior	俄罗斯的狼/士兵2000系统 Project Wolf / Soldier 2000	以色列的"阿诺格"计划 Project Anog
英国"重拳"未来步兵技术 Future Integrated Soldier Technology	比利时士兵转型系统 Belgian Soldier Transformation	法国未来步兵 Infantryman with Networked Equipment
葡萄牙未来士兵 Future Soldier	意大利未来士兵 Future Soldier	西班牙未来战士 Future Combatant
捷克21世纪士兵系统 21st Century Soldier System	挪威北极模块化网络化士兵 Norwegian Modular Arctic Networked Soldier	瑞典地面战斗士兵 Ground Combat Equipped Soldier
斯洛伐克的先进综合作战系统 Advanced Integrated Fighting System	奥地利新战斗服 New Combat Dress	丹麦未来士兵计划 Future Soldier Program
德国未来步兵 Future Infantryman	荷兰"下车士兵系统" Dutch Dismounted Soldier System	南非"非洲勇士" African Warrior
21世纪斯洛文尼亚武士 Slovenian Warrior of the 21st Century		

资料来源：程龙、孙权，《单兵电源系统研究进展与挑战》，《国防科技》2014年第35卷第3期。

单兵电源是单兵作战系统的重要组成部分，对提升单兵作战能力和生存能力起着至关重要的作用。因为在信息化、智能化的战场上，供电不足与弹尽粮绝同样危险。随着单兵作战系统的发展，高科技装备越来越多，对电能的依赖也越来越大。开发安全便携、稳定高效的单兵电源，已成为世界各国军事研究关注的热点。

相关统计显示，虽然过去20多年技术进步使电池容量扩大了3倍，但是电子设备对电能的需求则飞速增长了20倍。表4-16为2006年美国"陆地勇士"单兵作战系统在阿富汗战争期间执行一次典型的72小时作战任务的耗电情况，当时单兵装备的耗电已高达 618 瓦时，每名士兵要携带 70 块电池才能维持自身电子设备的运转，电池累计重量 7.027 千克，占士兵全部负重的 20%。同年在阿富汗"美杜莎"行动中，加拿大一个步兵连在两个星期内共消耗了 17500 节 AA 型电池。驻阿富汗的英军单兵通常会携带 35 千克～70 千克的作战负载，电池在其中占很大比重。还有资料显示，某些情况下步枪手的电池负载会多达 11 千克，一个步兵连承担一项两小时的城市地区巡逻任务，平均每人的电池负载就达到 9.5 千克。[①]

表4-16　2006年美国"陆地勇士"单兵作战系统在阿富汗作战72小时的耗电情况

装备类型	型号	电池型号	消耗量	质量（千克）	平均功耗（瓦）
夜视仪	AN/PVS 14	AA 电池	2 节	0.048	0.04000
目标定位系统	MK VII	3.9V 锂电池	1 块	0.116	0.16700
电台	PRC 148	BB 521 镉镍电池	8 块	2.903	5.33000
电台	LMR	3600 mAh氢镍电池	8 块	2.903	1.15000
战术手电	Sure Fire Light	CR–123A锂电池	6 块	0.101	0.21900
战术手电	Mag Lite	AA 电池	2 节	0.048	0.01900
全球定位系统	DAGR	AA 电池	25 节	0.590	0.72900
耳机	Head Set	AA 电池	2 节	0.048	0.19000
激光指示仪	PEQ–2A	AA 电池	2 节	0.048	0.01100
枪瞄	M68 CCO	DL 1/3N锂电池	1 块	0.003	0.00006
枪瞄	HTWS	AA 电池	12 节	0.174	0.68000
敌我识别器	P–Beacon	9 V 电池	1 块	0.045	0.04900
总计	–	7种	70块	7.027	8.58406

资料来源：程龙、孙权，《单兵电源系统研究进展与挑战》，《国防科技》2014 年第 35 卷第 3 期。

根据当前各国单兵作战系统的主要用电装备类型，可以估算出，一套典型单兵作战系统的峰值功率大约为 39.1 瓦（见图 4–60）。随着单兵装备

---

① 程龙、孙权：《单兵电源系统研究进展与挑战》，《国防科技》2014 年第 35 卷 第 3 期。

要实现的功能越来越多，单兵作战系统的电能消耗也越来越大，未来单兵装备对电能的依赖将比早期的"陆地勇士"更强，主要源于三个方面的变化：一是现代战争前线与后方的边界越来越模糊，战斗随时可能打响，人员必须长期保持警戒状态，必然导致系统持续工作时间延长、总能耗增加；二是现代战争高度依赖信息交互共享，导致通信装备长期处于满负荷运行状态，美军2014年组织的9人步兵班组72小时的能耗试验显示，电台已占到单兵装备全部耗电量的74%；三是战斗任务更加艰巨，士兵要使用无人机、热像仪等大能耗设备。根据美军作战能力发展司令部士兵中心测算，执行72小时持续作战任务时，一个步兵的基本耗电量为586瓦时，而班组长因为要携带背负式电台、全球定位系统等装备，综合能耗则高达1346瓦时；如果携带核生化探测仪、地雷探测仪、路边炸弹干扰仪等设备的话，还要再增加3900多瓦时。①

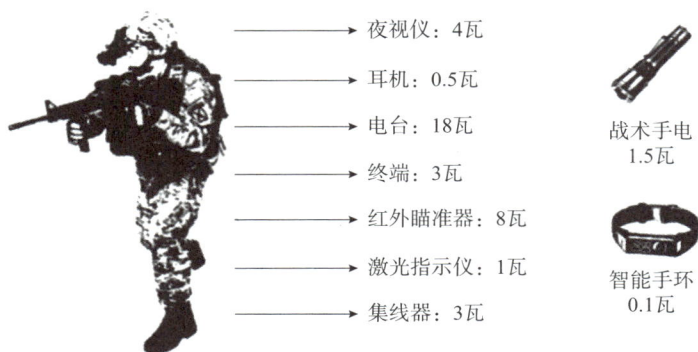

夜视仪：4瓦

耳机：0.5瓦

电台：18瓦

终端：3瓦

红外瞄准器：8瓦

激光指示仪：1瓦

集线器：3瓦

战术手电 1.5瓦

智能手环 0.1瓦

图4-60 单兵作战系统典型装备的峰值功耗

资料来源：龙知洲、李伟萍、刘凯峰等，《士兵系统电源保障技术发展进程》，《电源技术》2022年第46卷第2期。

目前，单兵电源系统所用的电池除了碱性电池、碳锌电池等一次电池

---

① 龙知洲、李伟萍、刘凯峰等：《士兵系统电源保障技术发展进程》，《电源技术》2022年第46卷第2期。

外，还包括铅酸电池、锂离子电池、燃料电池、超级电容、太阳能电池、人力发电装置、微型发电机等。比如，美国"陆地勇士"主要采用的是锂离子电池，英国 ABSL 公司开发出便携式可折叠太阳能电池，德国 Smart fuel cell 公司开发出甲醇燃料电池，美国 Arotech 公司研发的是可穿戴式的锌空气电池。虽然电池技术在不断进步，但仍然赶不上单兵作战系统对电能保障需求的日益增长，目前单兵电源面临的挑战主要有以下四个方面。①

一是单兵电源提供的电能容量应尽可能大。随着单兵作战系统的逐步推广应用，特别是单兵电台、头盔显示器、激光探测仪、导航定位仪、微型计算机等电子装备的大量使用，必然增加能耗，再加上未来战争中士兵的作战环境会更加恶劣，长时间脱离后勤基地的任务会越来越多，后勤保障的难度极大。大容量的电源能够延长装备的工作时间，也就大大提高了士兵在恶劣环境下的综合作战能力。美军规划未来单兵系统储能电池的能量密度应达到 600 瓦时 / 千克 ~ 800 瓦时 / 千克，而当前广泛应用的锂离子电池难以满足要求。

二是单兵电源应尽可能重量轻、体积小。受士兵负重能力和体型的影响，单个士兵能携带装备的体积和重量是有限的，装备体积或重量过大都会直接影响士兵的行动能力，进而降低其战场生存能力。在现有电池能量密度实现大突破前，增加电池数量是提高电源容量的最直接办法，但会加重士兵的负荷，对单兵的灵活机动能力带来很大的负面影响。所以，在保证容量的情况下，减小电源装备的重量与体积是未来战争对单兵电源提出的最基本要求。

三是单兵电源需安全可靠且有较强隐蔽性。电是单兵电子装备的动力之源，高度安全可靠的电源装备是单兵作战能力正常发挥的根本保障。安

---

① 程龙、孙权：《单兵电源系统研究进展与挑战》，《国防科技》2014 年第 35 卷第 3 期。

全可靠是一切装备的共性要求，但在信息化战争中，对安全性、可靠性的要求会更加苛刻，否则就难以保证单兵装备在任何时候都能以战斗状态投入使用。此外，目前的单兵电池仍以化学电池为主，在充放电过程中不可避免会发热，而随着侦测技术的进步，热辐射性较强的装备很容易被探测到，从而暴露单兵甚至大部队的行踪和位置，带来安全风险。

四是单兵电源应做到容易使用和维护。随着科技的进步，士兵使用的电子装备越来越多，各类装备的用电功率、电压要求各有不同，不停转换电池或切换接头，无疑会增加电子装备的使用难度和操作时间，电池电量也无法共享。此外，在实际使用中因电池实际电量和寿命不可监测，导致电池浪费、滥用问题出现（如一次电池尚有 20% 或 30% 剩余电量时就会被士兵扔掉）。因此，单兵电源要尽可能实现标准化，保证接口通用、电池易拆换、剩余电量可利用，并且容量和寿命便于实时监测。

因此，要满足未来战争单兵装备日益增强的智能化、电子化、信息化、可视化要求，亟须开发新的电池体系。能量密度远远高于锂离子电池的金属燃料电池被认为是单兵电源重点发展的方向之一。比如，在英国国防部的单兵电源开发计划（PPS）中，方案之一是采用两个不同的燃料电池系统即 A1 和 A2：A1 用于便携式电子产品和通信装备，系统质量大约为 1 千克，工作时长为 48 小时，平均输出功率为 7.2 瓦，峰值输出功率为 30 瓦；A2 目标是保证工作时长达到 12 个小时，平均输出功率为 100 瓦，峰值输出功率为 150 瓦，系统质量是 3.6 千克。①

在金属燃料电池中，镁燃料电池的最新突破性进展为人们一直寻找的既安全便携、又稳定持久的单兵电源带来了希望。镁燃料电池作为单兵电源能同时具备两大优势，可使上述四大挑战迎刃而解。

---

① 程龙、孙权：《单兵电源系统研究进展与挑战》，《国防科技》2014 年第 35 卷第 3 期。

一是镁燃料电池容量大且重量轻。目前镁燃料电池基于负极材料的实际能量密度已达到 2300 瓦时 / 千克（未来随着制造工艺和装备水平的提升，实际能量密度会增加到 3200 瓦时 / 千克以上），按照前述单兵电源能提供电量 1300 瓦时、峰值输出功率 150 瓦这一较高水平来要求的话，采用镁燃料电池可以很容易地将单兵电源的重量降至 2 千克以内，远低于目前锂离子电池动辄十几千克的负重。若在非工作状态下，士兵还可以通过排空电解液（水）使重量再减轻 15% ~ 20%，需要使用时直接注水即可。

二是安全可靠、便于维护。甲醇燃料电池、锂离子电池在遇到挤压、穿刺、高温等常见情况时极易发生燃爆，而镁燃料电池在任何情况下都不会发生燃爆，最多是电解液泄漏，而电解液是中性水溶液，即使泄漏也没有腐蚀问题。镁燃料电池对高海拔、高低温环境（-42℃ ~ 71℃）均有良好的适应性。镁燃料电池寿命长，无须定期巡检，使用时也无须充电，只需添加镁金属板和水即可。其良好的隐蔽性早已在水面及水下军用设备的应用实践中得到证明。

第五章

中国具有引领"镁经济"的显著优势

前文已述，镁既有重要的工业价值，又可实现能源循环利用，被誉为"21世纪最具开发应用潜力的绿色工程材料"。在地球上资源丰度大于1%、能单独作为金属材料应用的元素只有铝、铁、镁三种，但与铁和铝相比，镁资源的重要工业价值和巨大市场潜力还远未释放出来，以镁资源充分开发与利用为核心的"镁经济"绿色循环体系，对世界各国来说都是前景广阔的新领域新赛道。而在这一新领域新赛道上，中国有着显著的引领优势，主要体现在资源、技术和产业三个方面。

一、资源优势

（一）中国镁资源的储量、产量均居世界第一

中国是全球镁资源储量的第一大国，已探明的白云石矿、菱镁石矿、蛇纹石矿的资源总量分别高达40亿吨、36.4亿吨、120亿吨，青海柴达木盆地33个盐湖的镁盐储量约为48亿吨（其中青海察尔汗盐湖的氯化镁保有储量高达40.6亿吨，可供生产金属镁10亿吨）。[①] 中国镁资源不仅已探明的储量最大，而且种类多、分布广、品位高、易开采。比如，镁资源中

---

① 　吴晓阳：《我国镁资源开发利用现状及发展对策》，《现代矿业》2023年第39卷第9期。

的两个重要矿种——菱镁石和白云石（分别是目前生产氧化镁和金属镁的主要原料），中国的已探明储量和开采量均居世界第一，且储量高度集中，多为容易开采的大中型矿床。菱镁石可露天开采的储量占全国总储量的比重高达 97%，菱镁石的产量占全球的 60% ~ 70%，在国际市场上有很强的竞争力。图 5-1 所示为 2018—2023 年全球和中国的菱镁石产量变化情况。根据中国有色金属工业协会镁业分会的数据，自 20 世纪末起中国一直是世界上最大的原镁生产国与出口国，全球市场占有率已连续多年保持在 80% 以上，2023 年全球镁锭产量约为 100 万吨，中国产量高达 82.24 万吨（见图 5-2）。[①]

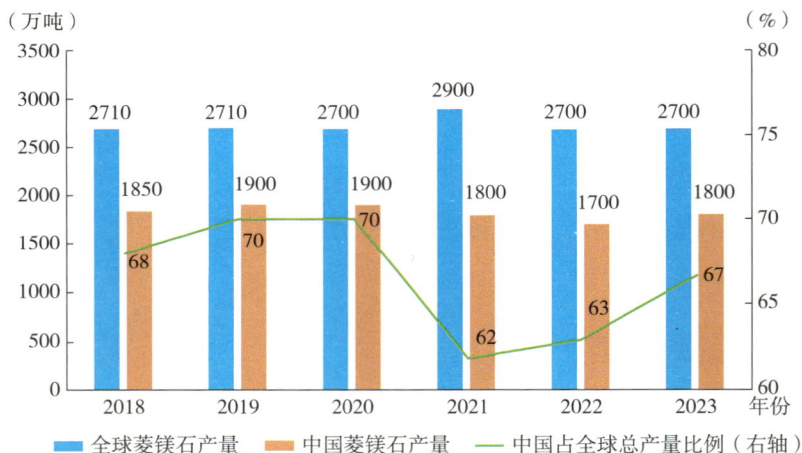

图5-1　2018—2023年全球和中国的菱镁石产量变化情况

资料来源：东方财富证券，《北交所个股研究系列报告:镁制耐火材料生产企业研究》，2023年；华经产业研究院，《2023年中国菱镁矿行业产量分布、储量、地区分布及菱镁矿进出口分析》，2024年；U.S. Geological Survey, "Magnesium Compounds – Mineral Commodity Summaries 2024," 2024.

[①] 中国有色金属工业协会镁业分会：《镁业分会：关于发布 2023 年全球原镁、中国原镁、镁合金镁粉产量的通报》，2024 年。

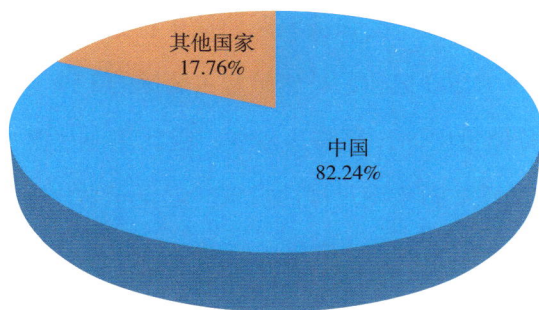

图5-2　2023年中国镁锭产量的全球占比

资料来源：中国有色金属工业协会镁业分会，《镁业分会：关于发布2023年全球原镁、中国原镁、镁合金镁粉产量的通报》，2024年。

特别要指出的是，我国2/3以上的战略性矿产资源如铁、铝、铜、锂、钴、镍、锆、铂等的储量在全球均处于劣势，目前已成为世界上最大的矿产资源进口国，且未来15年~20年对关键矿产的依赖程度将不断加大。相比之下，我国镁的资源禀赋全球第一，可谓最具有国际话语权的金属矿产品种，利用资源优势发展"镁经济"，将极大助力我国的能源安全和矿产资源安全。比如，力学特性和功能特性优异的镁合金是世界公认的最理想、最有潜力的轻量化金属材料，大规模推广应用会显著降低我国对铁矿石和铝矿石的进口依赖；能量密度高、安全可靠、寿命长、易回收的镁燃料电池若大规模推广应用，会显著降低我国对锂资源、铂资源、镍资源、钴资源等电池核心材料的进口依赖。目前，我国铁、铝、锂、铂四种重要矿产资源的对外依存度已分别高达80%、58%、57.5%、98%，减少进口依赖、提升资源安全保障水平，在复杂多变的国际形势下尤其有重要战略意义。

1. 铁矿

根据华宝证券发布的《铁矿是国内"短缺"的战略性矿产》，目前全球可用铁矿石的储量约为1800亿吨（主要分布情况见图5-3），澳大利亚、巴西、俄罗斯的储量位居前三，合计占比高达63%；全球铁矿石的平均品位为 46.7%，其中印度和俄罗斯的铁矿石品位均超过 50%。[①] 中国可用铁矿石储量约为 200 亿吨，虽然储量占全球的 11%，但平均品位仅为 34.5%，贫矿在总储量中的比重高达 80%，因此需要从澳大利亚、巴西等国家进口高品位的铁矿石来满足国内需求。近十年来，中国铁矿石的对外依存度一直高达 80% 以上（2017 年曾高达 94.1%），2022 年和 2023 年虽然略有下降，但仍处于 79.3% 和 79.7% 的高位。[②]

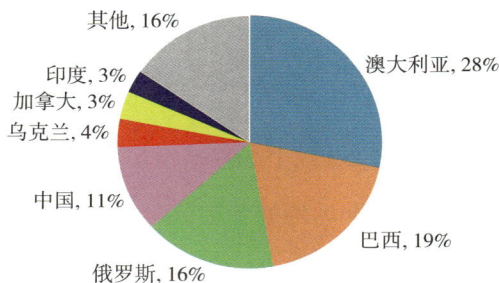

图5-3　全球主要国家的铁矿石储量占比情况

资料来源：华宝证券，《铁矿是国内"短缺"的战略性矿产》，2024年。

2. 铝矿

根据美国地质调查局（USGS）的数据，2023 年全球铝土矿的资源总储量约为 550 亿吨 ~ 750 亿吨（主要分布情况见图 5-4），几内亚、越南、澳大利亚的资源储量位居世界前三，中国铝土矿的储量仅占全球的 2.3%。中国不仅资源储量低，且 99% 以上的铝土矿资源属于难以冶炼、需要在高温高压条件下才能溶出的沉积型硬铝石，铝硅比在 5 以下的低品位矿石占资源总量的 70% 以上，铝硅比在 8 以上的高品位铝土矿已濒临枯竭。由于高品质的铝土矿存量极少、可利用资源的质量逐年下降，目前中国铝土矿

---

① 华宝证券：《铁矿是国内"短缺"的战略性矿产》，2024 年。
② 郭娟、崔荣国、周起忠等：《2023 年中国矿产资源形势回顾与展望》，《中国矿业》2024 年第 33 卷第 1 期。

的供应主要依赖进口，2023 年对外依存度已达 57.7%。图 5–5 为 2001—2023 年中国铝土矿进口量及对外依存度的变化情况。

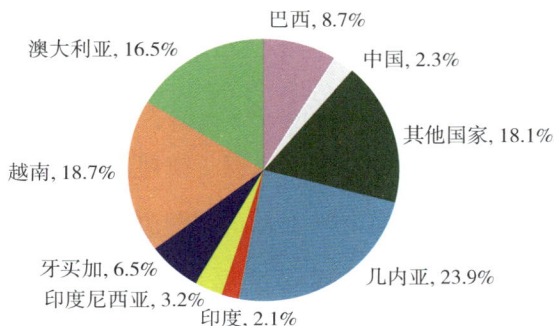

图5-4　2023年全球主要国家的铝土矿储量占比情况

资料来源：东兴证券，《铝行业深度报告：全球铝土矿市场供需结构性优化或推升行业高景气延续》，2024年。

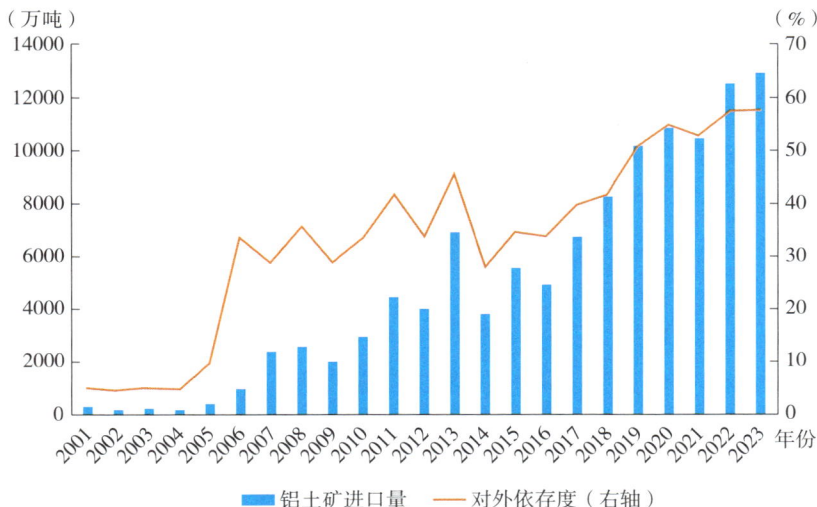

图5-5　2001—2023年中国铝土矿进口量及对外依存度的变化情况

资料来源：魏力，《提高铝资源保障能力的战略思考》，《矿产勘查》2023年第14卷第10期。

3. 锂矿

锂在地壳中的丰度仅为0.0065%。根据美国地质调查局（USGS）的数据，2023年全球已探明的锂资源量（以锂金属计）约为9800万吨（主要分布情况见图5-6），优质锂资源主要集中在智利、阿根廷、玻利维亚、美国和澳大利亚。中国锂资源量约为680万吨（占全球的6.9%），大多数是提取难度大、开采条件差的盐湖卤水锂（镁锂比值高），2023年锂资源的对外依存度为57.5%。[①] 目前全球80%的锂资源用于电池领域，随着"双碳"目标的实施，近年来锂资源需求迅猛增长，导致碳酸锂的价格飙升（2022年一度涨到50万元/吨以上），锂电池的生产成本也大幅上涨。锂资源的低储量、高成本问题正严重制约我国新能源汽车和电池储能产业的发展。

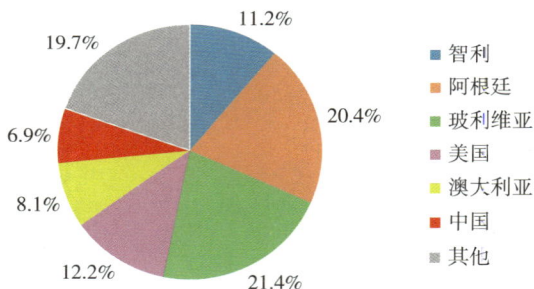

11.2%
20.4%
21.4%
12.2%
8.1%
6.9%
19.7%

- 智利
- 阿根廷
- 玻利维亚
- 美国
- 澳大利亚
- 中国
- 其他

图5-6　2023年全球主要国家的锂资源量占比情况

资料来源：上海金属网，《2023年中国锂工业发展报告》，2024年。

4. 铂矿

铂金在地壳中的含量非常低，根据世界铂金投资协会的数据，截至2022年底全球已知的铂金地表存量仅为8500吨（其中70%的铂金矿山在南非），目前年均产量为180余吨。也就是说，在氢能源尚未大规模推广

---

① 上海金属网：《2023年中国锂工业发展报告》，2024年。

的情况下，全球的铂金资源量也仅够使用 47 年。中国铂族金属矿产资源量仅为 126.7 吨，资源匮乏而且品位差，目前仅汽车、首饰、玻璃几大行业的铂金年需求量就已高达 60 吨，对外依存度高达 98%。铂金在全球已是供不应求的局面，预测未来市场短缺还将进一步加剧。[①] 特别值得注意的是，按照 2021 年美国能源部的统计，若按现有技术实现氢能源产业化，车用氢燃料电池对铂金的年需求量将高达 1160 吨，是目前全球铂金年均产量的 6 倍多。即使地球上已探明的铂金资源量全部用于制造氢燃料电池，也只够支撑 7 年左右。[②] 因此，如果氢燃料电池技术的发展离不开铂金作为催化剂，全球铂金资源的短缺将无法支撑氢能源的产业化。

（二）难以处理的苦卤等废弃物将"变废为宝"

在"镁经济"绿色循环体系中，原材料的源头是取之不尽的海水／盐湖卤水，但实际上镁资源的获取可先从消纳盐化工产业的废弃物苦卤和海水淡化产业的废弃物浓盐水开始，因为苦卤和浓海水均是电解法冶炼金属镁的理想原料，废弃不仅是对镁资源的巨大浪费，同时还造成很大的环境风险。

苦卤的主要成分是氯化镁，是我国东部盐场和西部盐湖盐化工行业的主要副产物，因找不到用武之地，只能当废弃物堆放，已经成为令人头疼的"镁害"。比如，我国最大的钾肥生产基地——青海察尔汗盐湖，据上市公司盐湖股份披露，目前钾肥生产规模为 500 万吨／年（占全国钾肥总产量的 65%），年排放老卤 2 亿立方米，每生产 1 吨氯化钾就会副产 8 吨～10 吨氯化镁，因此仅盐湖股份公司每年就副产出氯化镁约 4000 万吨～5000 万吨，如果全部用来电解镁，每年可生产金属镁约 600 万吨（4

---

① 上海证券报：《全球短缺 31 吨！铂金供不应求》，2023 年。
② 西部证券：《燃料电池发展加速，站在万亿蓝海起点》，2020 年。

吨无水氯化镁可生产 1 吨金属镁）。[1][2] 盐湖生产钾盐和锂盐后产生的废液老卤是非常易于开采的高纯度氯化镁（氯化镁含量为 33% 左右），品位高、储量大，本是非常宝贵的资源，但因镁资源的开发利用严重滞后，大量富镁老卤被重新排放到盐湖中，致使湖中镁盐不断富集，破坏了盐区原始卤水的组成结构和矿物生态，也严重制约着盐湖钾、锂、钠、硼、溴、碘等资源的可持续开发，已经成为整个盐湖资源综合开发利用的"瓶颈"。

在东部盐场，每生产 1 吨氯化钠，就会产生约 1 吨（0.8 立方米 ~ 1.0 立方米）的苦卤，按我国目前海盐年产量 2300 万吨计，每年就有副产物苦卤约 2000 万立方米（见图 5–7）。大量堆放的苦卤严重影响着沿海滩涂水产养殖业的发展，虽然国家生态环境保护部门尚无苦卤总量的权威统计数字，但根据盐化工产业的年产量可保守估计，东部沿海地区累积的苦卤总量已高达数亿吨，且还在以每年数千万吨的速度增加。

图5-7　青海察尔汗盐湖的苦卤

资料来源：作者绘制（AI生成）。

---

① 徐徽：《从世界纯碱发展历史谈青海盐湖镁资源开发技术路线与镁产业发展前景》，《2018年镁化合物行业年会暨行业发展论坛论文集》，2018 年。

② 盐湖股份：《公司钾肥装置生产中每年排放老卤量约 2 亿立方米》，2021 年。

　　"镁资源的开发利用"已成为长期困扰东部盐场和西部盐湖的难题，采取有效的方法处理废弃的苦卤迫在眉睫，而发展"镁经济"可使这一难题迎刃而解。用风电、光电、水电等可再生能源将苦卤中的氯化镁电解，则会"变废为宝"——转化成镁质先进材料（金属镁 / 镁合金和超纯超细氧化镁 / 氢氧化镁等），既实现了苦卤的资源化、高值化再利用，又可把矿石镁资源留给子孙后代。根据中国盐业协会、美国地质调查局（USGS）和联合国《第二次世界海洋评估》的数据，2023 年中国海盐产量为 2399 万吨（占全球海盐产量的 61%），以此产量为基准，根据表 5-1 地球海水的元素构成分析，可计算出我国东部盐场每年产生的苦卤中的镁元素含量不低于 121 万吨，再加上青海盐湖工业股份有限公司每年苦卤中的镁元素含量约 600 万吨，我国每年仅盐化工产业新增的苦卤总量，就可电解出 720 万吨以上的金属镁。

表5-1　地球海水的主要元素构成

元素	氧	氢	氯	钠	镁	硫	钙	钾	溴	碳
含量（%）	85.7	10.8	1.9	1.05	0.135	0.0885	0.04	0.038	0.0065	0.0026

资料来源：维基百科。

　　此外，海水淡化产生的废弃物浓盐水也是"镁经济"可利用的重要材料来源。截至 2023 年底，中国有海水淡化工程 156 个，日产淡水约为 252 万立方米。[①] 研究表明，海水淡化厂每生产 1 升淡水，平均要产出 1.5 升浓盐水（即产出 1 升淡水需要 2.5 升海水），[②] 因此按全国海水淡化厂目前的生产规模，每天会产出 378 万立方米的浓盐水。目前，大多数实施海水淡化工程的国家都是将产生的浓盐水直接排入海洋——近 50% 的浓盐水排入距海岸线 1 千米海域、近 80% 的浓盐水排入距海岸线 10 千米海域，导

---

　　① 　自然资源部：《2023 年全国海水利用报告》，2024 年。
　　② 　寇希元、张晓青、任华峰等：《海水淡化浓海水排海对海洋生态环境影响研究》，《海洋科学前沿》2023 年第 3 期。

致流入海域的局部海水盐度大幅增加，给海洋生物和海洋生态系统带来较大风险。如果对浓盐水中的镁资源加以利用，按照海水中的镁元素含量0.135% 计，可计算出，目前我国海水淡化行业每年排海的浓盐水中的镁元素含量约为 311 万吨。

综上所述，仅以中国目前盐化工产业和海水淡化产业每年新增的苦卤和浓盐水为原料，通过"镁经济"绿色循环体系将其"变废为宝"、变成镁质先进材料，即可实现每年高达 1000 多万吨的金属镁清洁产能（大约是目前全球金属镁产量的 10 倍），或者是 1600 多万吨具有高附加值的超纯超细氧化镁（1 吨金属镁通过镁燃料电池发电可产生 1.66 吨氧化镁）。从目前中国氧化镁的年需求量看，"镁经济"至少可以把盐化工产业和海水淡化产业每年新增的废弃物消纳掉，使总量不再增加。

二、技术优势

（一）镁燃料电池产业有不可多得的技术先发优势

"镁经济"绿色循环体系得以构建的重要基础是镁燃料电池关键技术已经取得突破，从而可使新能源和新材料两大产业实现交叉融合、优势互补。目前在全世界范围内，镁燃料电池技术尚处于产业化之前的产品化阶段，与产业化已经非常成熟的锂离子电池产业和正处于产业化早期的氢燃料电池产业相比，中国在镁燃料电池的关键技术领域有着不可多得的先发优势，可以成为引领全球"镁经济"发展的强大支撑。

关键技术自主可控、具备技术先发优势，对于高科技产业的可持续发展至关重要，锂离子电池和氢燃料电池的发展历程均证明了这一点。

锂离子电池技术最早出现于 20 世纪 70 年代，第一个锂离子电池商品于 20 世纪 90 年代由日本索尼公司推向市场，此后十年日本几乎垄断了全球的锂离子电池市场。中国锂离子电池技术起步较晚，1998 年才首次引入锂离子电池技术，尽管目前已成为全球锂离子电池的第一生产大国（2023年的全球产量占比高达 73.8%）和第一大技术来源国（截至 2021 年 8 月，中国锂离子电池的专利申请量占全球 40.70%，日本和美国分别以 21.82%和 18.72% 位居第二和第三），但是中国锂离子电池产业的发展依然面临着发达国家利用核心技术先发优势筑起的高墙壁垒。[①] 比如，美国 3M 公司和加拿大魁北克水电公司（Hydro-Québec）长期垄断着三元锂电池和磷酸铁锂电池正极材料的专利，日本企业早就注册了电解液、隔膜等材料的专利，而这些专利正是中国锂离子电池企业自主研发生产所难以绕开的基础专利。所以，目前中国出口到欧美日澳等国家和地区的所有磷酸铁锂电池相关产品，都必须缴纳高昂的专利费。[②]

　　氢燃料电池领域的基础专利和核心技术更是牢牢把控在国外企业手中。加拿大巴拉德公司（Ballard Power Systems Inc.）在公交、卡车、火车、海运等中型和重型动力的氢燃料电池应用领域一直占据领先地位，为推动氢燃料电池技术的产业化，巴拉德公司通过技术转让、技术授权等方式与包括我国在内的多家外国企业展开了合作，但最核心的膜电极技术一直掌控在自己手里，从不对外开放。而在乘用车等小型动力的氢燃料电池应用领域，技术全球领先的日本丰田公司为推动并主导氢燃料电池汽车产业的发展，曾在 2015 年宣布将氢燃料电池组、高压氢气罐、燃料电池系统软件控制、氢气生产供应等方面的 5680 件专利技术免费开放给同行使用（免费开放至 2020 年），但是，更为关键的氢燃料电池汽车整车技术、氢燃料电池生产工艺等核心专利并不在免费开放之列。[③] 与欧、美、日相

---

① 前瞻产业研究院：《2021 年全球锂电池行业技术竞争格局》，2021 年。
② 《中国电池杀入欧美后花园》，《未来汽车日报》2022 年 5 月 10 日。
③ 《丰田免费开放氢燃料电池专利》，新华网，2015 年 1 月 6 日。

比，中国在氢燃料电池技术方面起步较晚，虽然近年来也在努力推进产业化，但在氢燃料电池的催化剂、膜电极等核心技术领域一直受制于人，因为发达国家在氢燃料电池产业的原始创新层面早已完成了基础专利的战略布局。事实上，即使对于技术领先的发达国家，目前在储氢、运氢等关键环节上，也依然面临着重大技术瓶颈，导致氢能产业链的成本居高不下，产业化之路困难重重。那么，对于核心技术也受制于人的中国来说，氢燃料电池产业化的难度将会更大。

与锂离子电池、氢燃料电池不同，镁燃料电池在全球范围内尚未实现规模化生产和应用，中国在镁燃料电池技术的原始创新、基础创新领域正处于"跑马圈地、先占先得"的黄金战略机遇期。通过 GOOGLE PATENT 工具的布尔模型检索 2004 年 1 月—2024 年 3 月全球镁燃料电池技术专利的申请量和授权量情况，可以发现两个要点。

一是全球镁燃料电池领域的专利申请数量远远低于锂离子电池和氢燃料电池，而专利授权比例却高达 53%，说明镁燃料电池技术还处于应用探索阶段、整体市场相对较小，其商业价值在全球范围内还未被广泛关注和发掘，因此符合新颖性、创造性等专利授权必要条件的创新点较多，专利申请质量较高。

二是中国在镁燃料电池技术领域的研究成果数量领先于日本和美国（在全球已受理的镁燃料电池专利申请数量前 15 名的排序中，有 12 个来自中国，3 个来自日本），并且在正负极材料、电解液、封装工艺、测试技术等关键技术领域，中国均已布局了大量的基础专利。

纵观历史，诸多制造产业的发展实践证明，当一个产业进入成熟期后，"强者愈强、强者通吃"的"马太效应"会愈加明显，新入局者很难或几乎不可能实现革命性的创新。与氢燃料电池核心技术几乎全被发达国家垄断相比，镁燃料电池的核心技术全部为中国自主研发，且处于世界领先水平。在"镁经济"这一世界范围内的新领域新赛道上，中国具有十分难得的、关键技术的先发优势，应抓住宝贵的战略机遇。

（二）超纯超细氧化镁的工业化生产已经得到实践验证

在镁燃料电池技术的工业应用层面，中国同样具有领先优势。目前科学家团队已成功开发出可完全替代贵金属铂的硼氮共掺杂的碳基电催化剂（与铂电催化剂相比，碳基电催化剂在碱性和中性电解液中不仅表现出更优的催化性能，还能显著提升电池的最大功率密度和放电电压，成本也能降低 90% 以上），并以此研制出了功率为 100 千瓦的镁燃料电池发电系统（图 5-8 为功率为 1 千瓦的镁燃料电池模块），"通过镁燃料电池生产超纯超细氧化镁"的工艺创新已于 2023 年 8 月在河北唐山建成规模为 300 吨 / 年的生产线（见图 5-9），在利用镁燃料电池生产清洁电力的同时回收副产物——超纯超细氢氧化镁，再进一步脱水制成超纯超细氧化镁（见图 5-10 和图 5-11）。这是全球范围内首次将镁的能源价值与材料价值实现交叉融合的工业验证，中国科学院文献情报中心对"镁燃料电池发电联产超纯超细氧化镁材料"这一成果进行了新颖性、创造性的科技查新，查新报告结论是"在国内外公开资料中，未有与之相同报道"。

图5-8　功率为1千瓦的镁燃料电池模块

资料来源：作者摄制。

图5-9　镁燃料电池生产超纯超细氧化镁的生产线（左）和镁燃料电池的电堆（右）

资料来源：作者摄制。

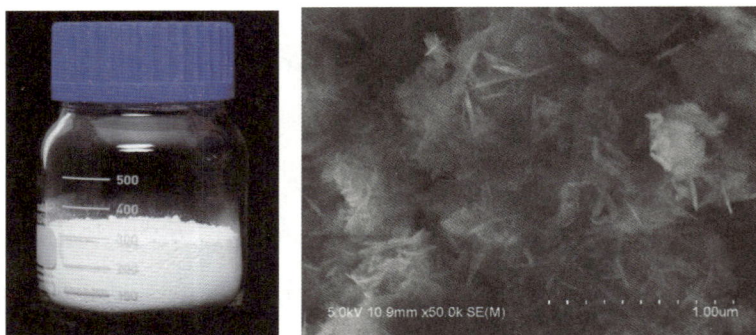

图5-10　超纯超细氧化镁粉末（左）和扫描电子显微镜照片（右）

资料来源：作者摄制。

图5-11　超纯超细氧化镁（左）、97%纯度氧化镁（中）和95%纯度氧化镁（右）

资料来源：作者摄制。

特别要强调的是,"镁燃料电池生产超纯超细氧化镁"是"镁经济"核心产业链上关联领域众多、带动效应巨大的技术创新,目前用于工业验证的 300 吨级超纯超细氧化镁生产线采用的是模块化设计,通过简单复制、增加模块的数量即可将产能扩大到千吨级、万吨级以上。镁燃料电池生产工艺的先进性、可靠性已初步得到实践检验,标志着"镁经济"绿色循环体系的构建从技术上和经济上都是可行的。

三、产业优势

(一)产业链上下游有完整配套

第三、第四章所展示的"镁经济"核心产业链及其下游关联的众多产业体系中,除了镁燃料电池制造及其应用对于世界各国都是新兴产业外,其他产业在中国都已有产业基础,且在大部分领域中国的产业规模都是全球第一。

比如,中国的可再生能源装备制造、累计装机和年均新增装机均为世界第一,盐化工产业(包含制盐、制碱、PVC、盐酸等)的产能产量世界第一,原镁的产能、产量、使用量、出口量世界第一,汽车和新能源汽车的产能、产量世界第一,耐火材料、钢铁、有色、水泥、玻璃、陶瓷、化工、电气行业的产能产量世界第一,等等(图 5-12 至图 5-18 分别为中国汽车、新能源汽车、耐火材料、钢铁、水泥、化工和电气设备产业在全球市场的占比情况)。这种上下游产业链的完整配套优势和庞大规模优势,是发达国家难以具备的。

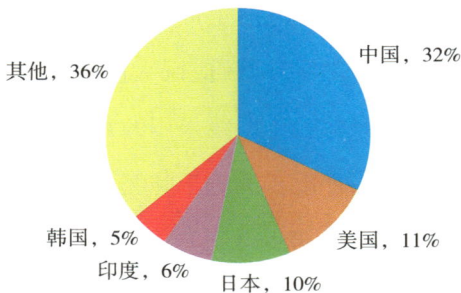

图5-12 2023年中国在全球汽车产量中的占比

资料来源：International Organization of Motor Vehicle Manufacturers, "2023 production statistics," 2024.

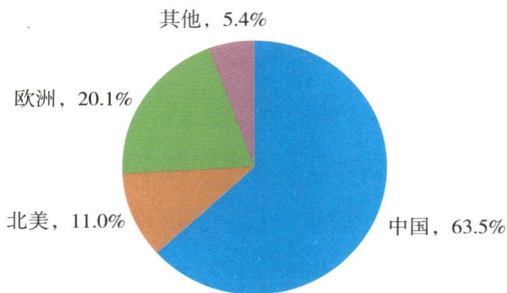

图5-13 2023年全球新能源汽车产业的市场分布

资料来源：中国能源网，《2023年世界新能源汽车销量1428万台，中国独占63.5%》，2024年。

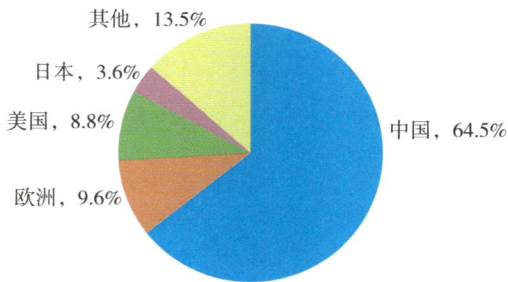

图5-14 2023年全球耐火材料产业的市场分布

资料来源：中国报告大厅，《2024年耐火材料行业前景分析：耐火材料被广泛应用于冶金行业》，2024年。

（亿吨）

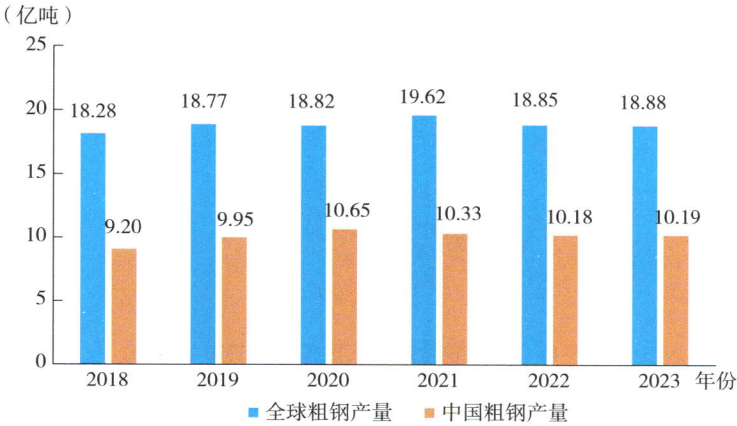

图5-15　2018—2023年全球和中国的粗钢产量

资料来源：World Steel Association, "World Steel in Figures," 2024.

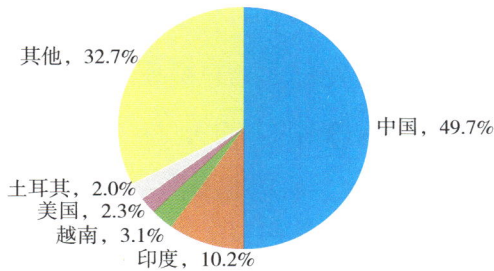

图5-16　2023年全球水泥产业的市场分布

资料来源：水泥大数据研究院，《2023年全球及主要国家水泥产量排行榜》，2024年。

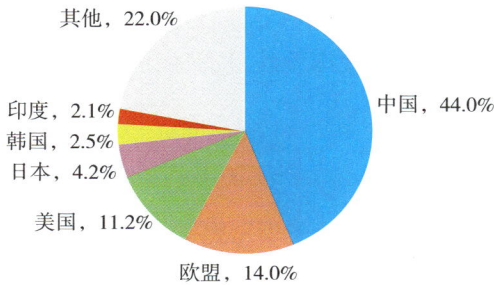

图5-17　2023年全球化工产业的市场分布

资料来源：European Chemical Industry Council, "2023 Facts and Figures of the European Chemical Industry," 2024.

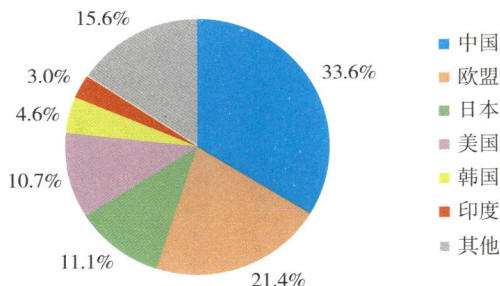

图5-18 2018年全球电气设备产业的市场分布

资料来源：Atkinson R, "The Hamilton Index: Assessing National Performance in the Competition for Advanced Industries," 2022.

特别是对于"超纯超细氧化镁—耐火材料产业—钢铁、有色、水泥、玻璃、陶瓷等高温产业"这一事关国计民生众多领域的产业链来说，超纯超细氧化镁的下游产业在发达国家或者已经规模很小，或者已经彻底关闭（比如英国就已经关闭了所有炼钢厂和耐火材料生产厂），而中国的情形正相反，已经形成了规模世界第一的超级产业链（比如世界 1/2 的钢铁、2/3 的耐火材料都在中国生产），而且国情决定了在未来很长一段时间内，耐火材料产业和众多高温产业仍然是新型工业化进程中的刚性需要。所以纵观全世界，只有中国具备大规模生产超纯超细氧化镁并与耐火材料产业和高温产业形成配套、组合、升级的有利条件，以需求牵引供给、供给创造需求的高水平动态平衡，实现国民经济的良性循环。除此之外，还有两大产业优势值得重视。

一是中国已开发的风能、太阳能还不到技术可开发量的 2%。2021 年10 月印发的《中共中央 国务院关于完整准确全面贯彻新发展理念做好碳达峰碳中和工作的意见》明确提出"2025、2030、2060 年非化石能源的比重将分别达到 20% 左右、25% 左右和 80% 以上"的战略目标。根据国内多家研究机构的测算，2060 年要实现碳中和，风电和光伏的装机容量合计将超过 60 亿千瓦。中国有丰富的风电和太阳能资源，最新的资源评估研究报告显示，在当前技术水平下，中国风电和光伏的技术可开发的总装机容量为 565.5 亿千瓦，约是碳中和情景下所需风电和光伏总装机容量的 9 倍；技术可开发的风电和光伏总发电量为 95.84 万亿千瓦时，是 2020 年中国电力需求总量的 12.78 倍。[1] 截至 2023 年底，中国风电和光伏的累计装机容量还不到技术可开发量的 2%（其中风电和光伏的装机容量分别为 4.4 亿千瓦和 6.09 亿千瓦）。[2]

当前国际上很多基于实证的研究显示：在欧美和中国，大规模或全部使用可再生电力可以保障可靠性；2014 年欧盟四个水力资源并不丰富的国家，在未增加任何储能设施或降低用电需求的情况下，已实现高达 50% 的电力来自可再生能源，打破了"只有核电才能大规模替代火电"的假说（事实上，核电因不具备调节能力，在电力系统中的占比越大，电网调峰调频、削峰填谷的压力也越大，并不利于风电和太阳能的大规模发展）。[3] 近十年来，总部位于德国的能源观察组织（EWG）、芬兰拉彭兰塔理工大学（LUT）和美国斯坦福大学等国际权威研究机构都开展了"2050 年实现 100% 可再生能源化"的可行性研究，基于全球 100 多个国家（温室气体总排放量占全球 99% 以上）的能源应用和资源禀赋状况，全面模拟了电力、热力、运输、海水淡化到 2050 年的能源需求情况，研究结果均显示，与目前基于化石燃料和核能的能源系统相比，实现 100% 可再生能源化不仅技术可行，而且更具经济竞争力，2050 年的世界完全可以摒弃化石燃料和核能，将能源系统的温室气体排放降为零。[4]

① Wang Y, Chao Q, Zhao L, et al., "Assessment of wind and photovoltaic power potential in China," *Carbon Neutrality*, 1. no.1 (2022).

② 国家能源局：《2023 年全国电力工业统计数据》，2024 年。

③ 王亦楠：《实现碳中和，为何很多国家抛弃了核电？》，《中国改革》2022 年第 2 期。

④ Ram M, Bogdanov D, Aghahosseini A, et al., "Global Energy System based on 100% Renewable Energy – Power, Heat, Transport and Desalination Sectors," 2019.

因此，只要解决好储能消纳的问题，风电和太阳能对中国能源安全保障和绿色低碳转型的贡献完全可以在目前设定目标的基础上大大提升。而大力发展"镁经济"，将为中国可再生能源的储能消纳、构建灵活高效的新型电力系统，增加一个新的解决方案和技术支撑。

二是中国有庞大的化工产业来支撑电解法炼镁的"氯平衡"。在"镁经济"绿色循环体系中，电解法炼镁工艺的副产物是氯气，冶炼100万吨金属镁大约会产出300万吨氯气。氯气是一种有广泛用途的化工原料，主要用于聚氯乙烯（PVC）生产、精细化工、盐酸制取、药物合成、溴素制取、消毒杀菌、水净化等行业（图5-19为2023年中国液氯下游应用的需求结构）。但是，氯气是有毒的高危化学品、不宜大量贮存和运输，氯气的产出和消纳必须维持平衡状态（也称"氯平衡"），也就是说，电解法炼镁工厂附近必须有能够消耗这些氯气的配套化工厂。"镁经济"要大规模发展，必须解决好氯气的消纳问题。

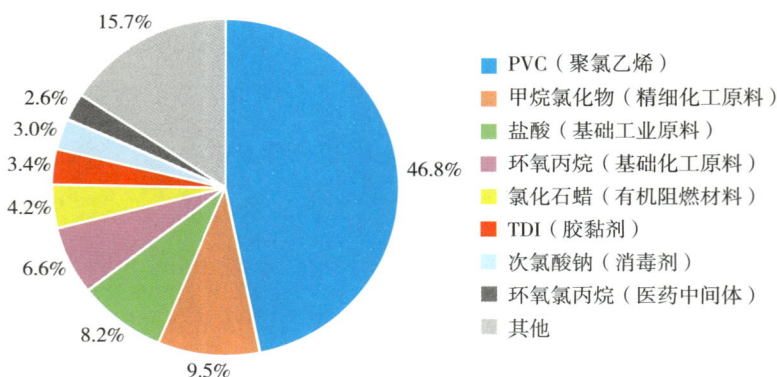

- PVC（聚氯乙烯） 46.8%
- 甲烷氯化物（精细化工原料） 9.5%
- 盐酸（基础工业原料） 8.2%
- 环氧丙烷（基础化工原料） 6.6%
- 氯化石蜡（有机阻燃材料） 4.2%
- TDI（胶黏剂） 3.4%
- 次氯酸钠（消毒剂） 3.0%
- 环氧氯丙烷（医药中间体） 2.6%
- 其他 15.7%

图5-19　2023年中国液氯下游应用的需求结构

资料来源：开源证券，《氯碱行业景气底部向上，节能降碳政策细则落地有望进一步抬升行业景气》，2024年。

近年来，中国和全球的液氯需求量都呈稳步上升趋势，2023年的液氯年产量分别为 3543 万吨和 7778 万吨，其中 PVC 生产是液氯消耗占比最大的产业，在全球范围内还存在较大的供需缺口。[①②] 图 5-20 为 2023—2031 年全球 PVC 市场规模的走势预测，预计未来将保持 3.8% 的年复合增长率，2031 年 PVC 产量将超过 7500 万吨、市场规模将达到 609 亿美元。目前中国 PVC 的产量和消费量均居世界之首（见图 5-21），可以想见，未来随着 PVC 产能和需求量的持续上升，必将带动氯气的需求量持续增长。"镁经济"不仅可以使金属镁的成本大幅降低，还可以为 PVC 等众多化工产业提供零成本的氯气来源。按目前中国化工产业每年的液氯需求规模（3543 万吨）计，保守估计可以解决 1000 万吨级电解法炼镁所产生的"氯平衡"问题。

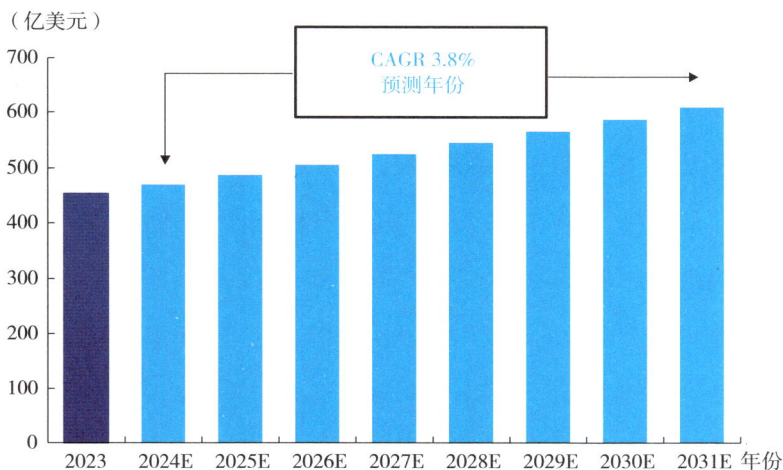

图5-20　2023—2031年全球PVC市场规模的走势预测

资料来源：Global Information, "Global Polyvinyl Chloride (PVC) Market 2024—2031," 2024.

---

① 卓创资讯：《烧碱：供应端 2024 年增量明显，2025 年预计持续放量》，2024 年。
② 中经百汇研究中心：《2019—2023 年全球氯碱产业生产及消费规模分析》，2024 年。

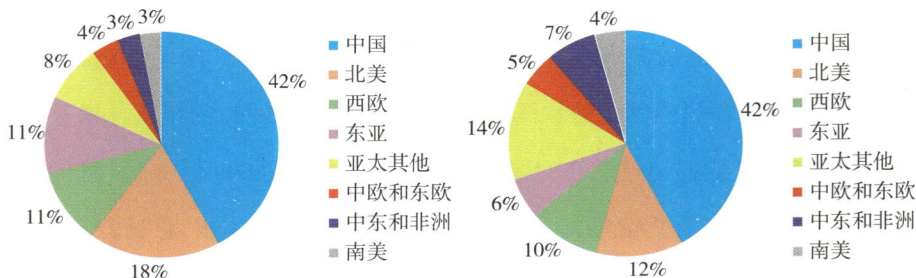

图5-21 2020年全球PVC产量（左）和消费量（右）的分布情况

资料来源：中泰证券，《化工周期巡礼之PVC：成本端电石价格支撑，供给端乙烯法扩张》，2020年。

（二）高端制造有庞大市场需求

制造业是立国之本、强国之基。中国已经是世界第一制造大国，但大多数产业还处于全球价值链的中低端，产业大而不强，自主创新能力弱，附加值远低于发达国家，且关键技术和设备受制于人。在日趋复杂激烈的国际竞争形势下，要实现高质量发展，亟须加快产业转型升级，依靠高端制造实现"从制造大国向制造强国、从中国制造向中国创造"的转变。

对于高端制造业来说，关键矿产资源和尖端原材料是"粮食"和基础。中国已经是世界上最大的原材料消费国，但关键矿产和高精尖材料的产业链和供应链，总体上仍面临着较大风险。比如，关键矿产的对外依存度高且缺口仍在不断增大，高精尖材料及制备技术与欧美有较大差距，优势矿产资源的开发利用水平低且关键原材料也要依赖进口等，亟须提升矿产和原材料产业链和供应链的稳定性、竞争力和自主可控能力。

在这种背景下，以中国优势矿产资源即镁资源和镁质先进材料的生产应用为基础的"镁经济"，可为产业转型升级、发展高端制造提供强大助力。因为，中国要大力发展的汽车、航天、能源、冶金、化工、电子、光学、仪表、生物等众多战略产业和新兴产业，几乎都是金属镁/镁合金、超纯超细氧化镁/氢氧化镁（包括以它们为重要组分的众多功能材料）的大有用武之地，特别是尖端原材料超纯超细氧化镁在世界上首次实现工业化生产和应用，为中国发展全球领先的、前沿的高端制造业创造了难得机遇。因此，中国对高端制造的庞大市场需求和"镁经济"绿色循环体系将形成相辅相成、互为促进的关系：前者是后者的内生动力，后者是前者的材料基础和产业基础。高效开发利用镁资源、大力发展"镁经济"，将为"短板产业补链、优势产业延链、传统产业升链、新兴产业建链"提供有力支撑。

下面仅以汽车制造、钢铁和耐火材料三个产业领域为例简要说明，中国发展高端制造的庞大且迫切的市场需求，是发展、引领"镁经济"必不可少的市场驱动力。

1. 汽车制造领域

2023 年，中国汽车产销量已超过 3000 万辆，汽车总保有量达到 3.36 亿辆。[1][2] 根据相关预测，未来汽车产业还将保持稳步增长态势（见图 5–22）。[3] 虽然中国已是汽车第一产销大国，但目前汽车制造业的轻量化水平与发达国家还有很大差距，汽车平均百千米油耗远高于发达国家，汽车消耗的石油在中国石油消费总量中的占比高达 57.5%。[4] 汽车产业要节能减排，轻量化发展是最有效最现实的途径。镁合金作为最理想的轻量化金属材料，在中国汽车制造领域发展潜力巨大。

---

[1] 《2023 年我国汽车产销量首次突破 3000 万辆》，新华社，2024 年 1 月 11 日。
[2] 《2023 年机动车保有量 4.35 亿辆》，《人民日报》2024 年 2 月 13 日。
[3] 华西证券：《汽车轻量化行业深度研究与投资策略》，2020 年。
[4] 中汽研（天津）汽车信息咨询有限公司：《"十四五"公路交通领域石油消费达峰研究》，2020 年。

（万辆）

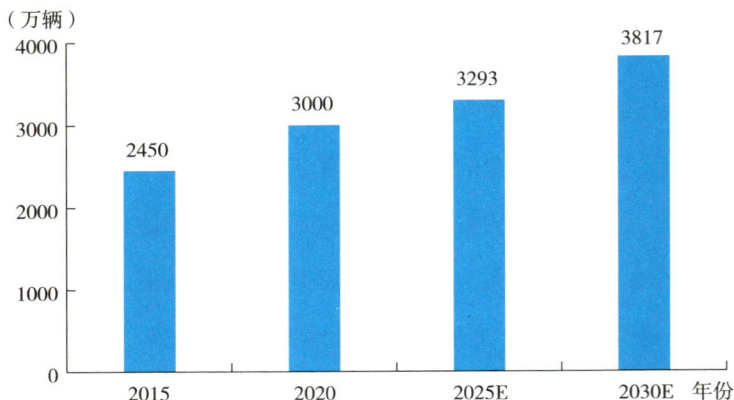

图5-22 中国汽车销量的增速预期

注：2025年和2030年数据为预测。
资料来源：华西证券，《汽车轻量化行业深度研究与投资策略》，2020年。

2022年中国汽车的单车镁合金用量仅为3千克～5千克，无论是与欧美国家汽车的单车镁合金用量15千克～20千克相比，还是与单车铝合金用量190千克相比，都有很大的增长空间。近年来，中国政府高度重视镁合金在汽车上的应用，2019年10月30日国家发展和改革委员会发布的《产业结构调整指导目录（2019年版）》中，鼓励类有色金属项目首次将"高性能镁合金及其制品"列入新材料产业，鼓励类汽车项目也将"镁合金"列入轻量化材料应用领域。同年，工业和信息化部发布的新版《重点新材料首批次应用示范指导目录（2019年版）》中，也首次纳入了"镁合金轮毂"和"非稀土高性能镁合金挤压材（应用于汽车、轨道交通、航空航天）"。

与传统燃油车相比，中国新能源汽车对轻量化的需求更为迫切。2022年全球新能源汽车销量首次突破千万大关、高达1065万辆（同比增长63.6%），中国是新能源汽车的第一市场大国，在全球总销量中的占

比高达 63%。^① 但是，与国外先进水平相比，中国电动乘用车普遍偏重
10% ～ 30%，电动商用车普遍偏重 10% ～ 15%。研究显示，新能源汽车
每减重 100 千克，续驶里程可增加约 10%，汽车制造材料的轻量化已成
为未来新能源汽车提升续航里程等核心性能的关键。^② 根据 2020 年中国
汽车工程学会《节能与新能源汽车技术路线图 2.0》制定的未来汽车轻量
化发展的阶段性目标（见表 5–2），2025 年和 2030 年新能源汽车在汽车
总销量中的占比将分别达到 15% 以上和 40% 以上，届时单车铝合金用量
将分别达到 250 千克和 350 千克，单车镁合金用量将分别达到 25 千克和
45 千克，镁合金在整车重量中的占比将分别达到 2% 和 4%。按照这一技
术路线图和中国汽车销量的增速预期，可计算出 2025 年和 2030 年，我国
仅新能源汽车产业的镁合金需求量将分别为 82.3 万吨和 171.8 万吨（见图
5–23）。

表5-2　中国《节能与新能源汽车技术路线图 2.0》的部分内容

项目	2020年	2025年	2030年
铝合金的单车使用量	190千克	250千克	350千克
镁合金的单车使用量	15千克	25千克	45千克
新能源汽车在汽车总销量中的占比	7%以上	15%以上	40%以上
镁合金在整车重量中的占比	1.2%	2%	4%
整车重量比2015年的减重比例	10%	20%	35%

资料来源：中国汽车工程学会。

---

① 中国汽车工业协会：《我国新能源汽车产销连续 8 年全球第一》，2023 年。

② 宋江凤、潘复生：《加快推进我国镁产业发展的若干思考》，《现代交通与冶金材料》2022
年第 2 卷第 6 期。

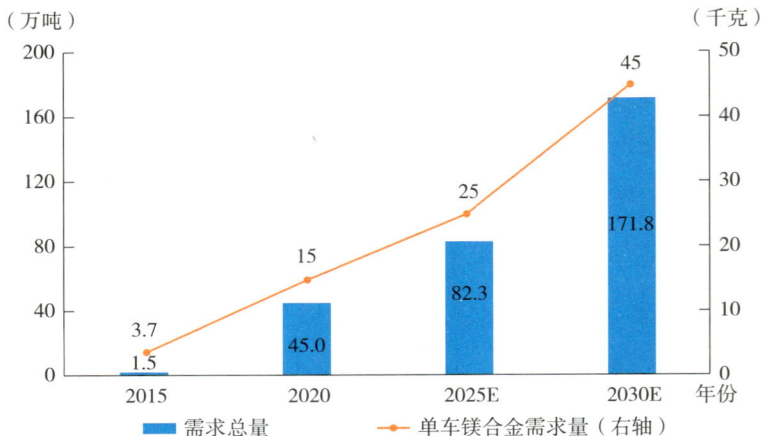

图5-23　2025年和2030年中国汽车制造业镁合金的需求量

注：2025年和2030年数据为预测。
资料来源：根据公开资料整理。

目前铝合金材料大多应用在车身结构等主要零部件上，而镁合金材料主要应用在汽车壳体类与仪表盘支架、显示屏支架等次要零部件上。第四章已经介绍过，镁合金与铝合金在汽车零部件的应用上有着高度重合的适用范围，若使用镁合金替代铝合金，车身整体重量还能再降低30%～40%。按照目前中国汽车产业每年3000万辆的产销量，如果每辆车的镁合金用量能达到铝合金190千克的单车用量水平，未来仅汽车用镁合金的市场需求量就将高达每年570万吨。目前一汽、上汽等汽车制造企业均已经开始批量使用镁合金，可以预见，随着镁铝价格比的不断降低和镁合金加工技术的不断提升，中国汽车用镁合金的需求量必将迎来爆发式增长。此外，高铁轻轨、航空航天、国防军工等制造行业也都将受益于镁合金的大规模应用而实现"减重腾飞"。

2. 钢铁领域

钢铁产业是国民经济的重要基础产业，也是实现绿色低碳发展的重点领域之一。2023年全球粗钢产量为18.88亿吨，中国为10.19亿吨（全球占比为54.0%）。[①]虽然自1996年起中国就是世界第一产钢大国，但钢铁产品的质量稳定性、可靠性与国外先进水平还有一定差距，特别是面向国家重大工程、重大装备、国防军工等关键领域的高端产品，几乎全部依赖进口。比如，被称为海洋工程"心脏"的水下钻、采、集、输系统的关键部件用钢，飞机、汽车、高铁、高精密机床、仪器仪表等机械设备核心零部件的轴承用钢，为高铁车轨"保驾护航"的铣磨车最核心部件的铣刀用钢，要承受大飞机自重和巨大冲力的起落架用钢，等等。表5-3为制约中国工业发展的35项"卡脖子"技术，其中与高端特钢直接相关的就有5项。

表5-3　制约中国工业发展的35项"卡脖子"技术

1	光刻机	13	核心工业软件	25	微球
2	芯片	14	ITO靶材	26	水下连接器
3	操作系统	15	核心算法	27	燃料电池关键材料
4	航空发动机短舱	16	航空钢材	28	高端焊接电源
5	触觉传感器	17	铣刀	29	锂电池隔膜
6	真空蒸镀机	18	高端轴承钢	30	医学影像设备元器件
7	手机射频器件	19	高压柱塞泵	31	超精密抛光工艺
8	iCLIP技术	20	航空设计软件	32	环氧树脂
9	重型燃气轮机	21	光刻胶	33	高强度不锈钢
10	激光雷达	22	高压共轨系统	34	数据库管理系统
11	适航标准	23	透射式电镜	35	扫描电镜
12	高端电容电阻	24	掘进机主轴承		

资料来源：《攻坚关键技术,看这些中国企业如何攻破35项"卡脖子"》，《科技日报》2023年6月8日。

为解决钢铁产业产品结构落后、低端产能过剩、产品竞争力和行业效率低下等问题，《中华人民共和国国民经济和社会发展第十四个五年规划和2035年远景目标纲要》《"十四五"原材料工业发展规划》《促进钢铁

[①]　World Steel Association, "World Steel in Figures 2024," 2024.

工业高质量发展的指导意见》等文件均对钢铁产业的转型升级、高质量发展提出了明确要求：力争到2025年钢铁工业基本形成布局结构合理、资源供应稳定、技术装备先进、质量品牌突出、智能化水平高、全球竞争力强、绿色低碳可持续的高质量发展格局；力争到2035年成为世界重要原材料产品的研发、生产、应用高地，新材料产业竞争力全面提升，绿色低碳发展水平世界先进，产业体系安全自主可控。

特别是2022年1月工业和信息化部、国家发展和改革委员会、生态环境部印发的《促进钢铁工业高质量发展的指导意见》，更加明确地提出了钢铁产业转型升级的发展目标和重点任务。比如：低碳冶金、洁净钢冶炼、薄带铸轧、无头轧制等先进工艺技术取得突破进展；80%以上钢铁产能完成超低排放改造，吨钢综合能耗降低2%以上，水资源消耗强度降低10%以上，确保2030年前碳达峰；高端钢铁产品供给能力大幅增强，品种和质量提档升级，每年突破5种左右关键钢铁材料，形成一批拥有较大国际影响力的企业品牌和产品品牌；等等。其中，在"促进产业供给高端化发展"的若干重点任务中，高效率低成本的洁净钢冶炼技术被列为钢铁行业技术创新的重点方向之一；在"大幅提升供给质量"部分，特别强调要"围绕大飞机、航空发动机、电子信息、能源石化等重点应用领域，重点突破洁净钢、高温合金、高性能特种钢、高端装备用特种合金钢、核心基础零部件用小批量多品种关键钢材等一系列关键材料。支持钢铁企业瞄准下游产业升级与战略性新兴产业发展方向，力争每年突破5种左右关键钢铁材料，更好满足市场需求"，等等。

随着经济社会的发展，特钢需求将不断增长。业界预测2023—2028年全球特钢产业的市场规模将保持5.5%的年复合增长率，从1800亿美元增至2400亿美元（见图5-24）。中国对高端特钢的需求将快速增长，比如飞机、汽车、高铁等交通运输领域所需的精密轴承钢、齿轮钢、模具钢、车轴钢、耐热合金、耐腐蚀耐磨损低温钢轨，电子电气领域所需的超低铁损高磁感硅钢，航空航天领域大型宽体客机所需的高强度结构钢、起落架特殊钢、高模量超高强度合金，先进制造领域所需的高应力弹簧钢，等等。预计到 2030 年，国产大型运输机数量将超过 1000 架，航空发动机用量为 3 万台，高温合金的需求量将达到 7 万吨；高速列车基础零部件用轴承钢、齿轮钢、模具钢的年需求量将分别高达 300 万吨、200 万吨、50 万吨；600℃、700℃超超临界火电机组将新建 1000 台以上，对耐热钢、耐热合金的需求量将高达千万吨级；海洋资源勘探、开采、储运及相关基础设施建设，对 690 兆帕以上的高强韧性钢、低温韧性钢（–60℃甚至 –80℃）及耐蚀合金的年需求量将增至 60 万吨。[①] 中国对高端特钢产品的庞大市场需求迫切需要特钢产业转型升级、实现高端化发展。

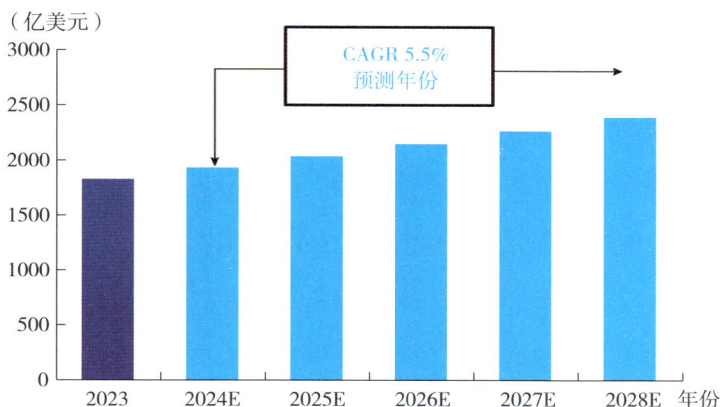

图5-24 全球特钢产业市场规模的未来走势预测

资料来源：The Business Research Company, "Special Steel Global Market Report 2024," 2024.

3. 耐火材料领域

耐火材料是冶金、化工、陶瓷、玻璃等所有高温产业不可或缺的重

---

① 干勇、彭苏萍、毛景文等：《我国关键矿产及其材料产业供应链高质量发展战略研究》，《中国工程科学》2022 年第 24 卷第 3 期。

要基础材料。没有先进的耐火材料作支撑，高温产业便难以实现高端化发展。特别是对钢铁工业来说，耐火材料与钢铁产品的质量密切相关，甚至可以说是钢铁工业的重要组成部分。20 世纪宝钢投产初期，当时在国家外汇十分紧张的情况下，每天就需要花费 10 余万美元购买进口耐火材料，由此可见耐火材料的重要性。[①]

经过几十年的发展，中国已成为世界耐火材料生产和消费的第一大国（2022 年耐火材料总产量约为 2300 万吨，在全球占比高达 2/3），但产品结构仍以中低端为主，生产能耗大、成本高，且高品质耐火材料的产量低，难以满足钢铁等高温产业高端化发展的需要。就拿高端轴承钢来说，尽管中国的制轴工艺已经接近世界顶尖水平，但材料——高端轴承用钢几乎全部依赖进口，因为国内高纯度洁净钢熔炼技术与国际先进水平还有较大差距，生产出来的高端特钢在精度、性能、寿命和可靠性等方面还无法满足要求；而高纯度洁净钢熔炼技术与耐火材料产业的发展密切相关，40% ~ 45% 的非金属夹杂物来自与钢水接触的耐火材料。

为解决我国耐火材料质量档次偏低、生产工艺装备落后、低端产能过剩、产业集中度低、资源浪费等问题，2018 年国家统计局印发的《战略性新兴产业分类（2018）》以及 2023 年国务院第五次全国经济普查领导小组办公室印发的《工业战略性新兴产业分类目录（2023）》，均把耐火材料的重要性提高到了国家战略层面。2021 年，工业和信息化部联合科学技术部、自然资源部印发的《"十四五"原材料工业发展规划》特别指出，耐火材料产业要聚焦技术创新和绿色化发展，实现高纯化、低碳化、无铬化。2023 年 5 月，二十届中央财经委员会第一次会议强调，要加快建设以实体经济为支撑的现代化产业体系，坚持推动传统产业转型升级，不能当

---

① 李庭寿、王泽田：《我国耐火材料工业的发展历程、取得的进步和低碳转型新发展——纪念钟香崇院士诞辰 100 周年》，《耐火材料》2021 年第 55 卷第 5 期。

成"低端产业"简单退出。

要支撑下游高温产业的高端化发展，耐火材料这一传统产业的转型升级势在必行，主要有两个方向：一是耐火材料产品要向资源能源节约型、使用性能功能化转变，增加低温烧成或免烧以及不定形耐火材料的比例，淘汰高能源资源消耗、高污染的传统耐火材料，研制使用可再生资源、无毒害原料的环保型耐火材料，资源化利用耐火材料生产过程中的废渣；[①] 二是开发适用于洁净钢冶炼的耐高温、耐磨损、抗腐蚀、抗热冲击等性能优异的高品质耐火材料，以及适用于节能环保、电子信息、航空航天等特定应用领域的具有导热、导电、导磁、发光等特殊功能的耐火材料，将纳米材料引入耐火材料，提高耐火度、强度、韧性等性能。

要实现耐火材料这一传统产业的转型升级，并进而带动下游以特钢为代表的众多高温产业实现高端化发展，耐火原料的转型升级是源头和基础。耐火原料是耐火材料性能的基本保证，国外很多先进耐火材料企业非常注重耐火原料的开发与应用，并将其直接纳入耐火材料的研发制造体系内，设置专门的原料研发部门，从而根据耐火材料的性能要求，先开发出合格的耐火原料。相比之下，我国耐火原料的开采和加工粗放，耐火材料企业很少参与耐火原料的研究开发和性能指标的设计，市场上有什么样的原料就用什么样的原料，因此必然导致耐火原料与耐火材料产品的性能脱钩，不利于产品性能的提升。

业界预测，未来十年全球耐火材料产业将保持 4.4% 的年复合增长率，市场规模有望从 2023 年的 345 亿美元增至 2032 年的 573 亿美元（见图 5-25）。超纯超细氧化镁在我国首先实现工业化生产，将是耐火原料乃至整个耐火材料产业实现转型升级的重大契机。第四章已经介绍，氧化镁

---

① 柴俊兰：《对耐火材料行业高质量发展的几点思考》，《中国冶金报》2023 年 6 月 29 日。

在整个耐火材料产业中有着举足轻重的地位（含有氧化镁成分的耐火材料制品在耐火材料总量中占比高达80%），其纯度和细度很大程度上决定着耐火材料的品质，进而影响下游众多高温产业的产品品质。我国应在耐火材料产业产能产量世界第一、品类齐全的优势基础上，以超纯超细氧化镁的量产和应用为抓手，大力推进耐火材料的性能突破和品种创新，以及耐火材料产业链上下游企业的协同创新，为我国高端洁净钢冶炼和玻璃、水泥、陶瓷等众多高温产业的转型升级奠定基础。比如，将超纯超细氧化镁引入烧结氧化铝的生产配料中，形成晶体间的微晶尖晶石，可以显著提高烧结氧化铝的热震稳定性、抗渣渗透性；在生产氧化锆的原料中引入少量超纯超细氧化镁，可成为钢水控流用滑板、水口等炼钢功能耐火材料和功能陶瓷的关键原料；利用超纯超细氧化镁烧结合成高纯度的镁铝尖晶石，可大大提升高温水蒸气环境下的抗侵蚀性；等等。

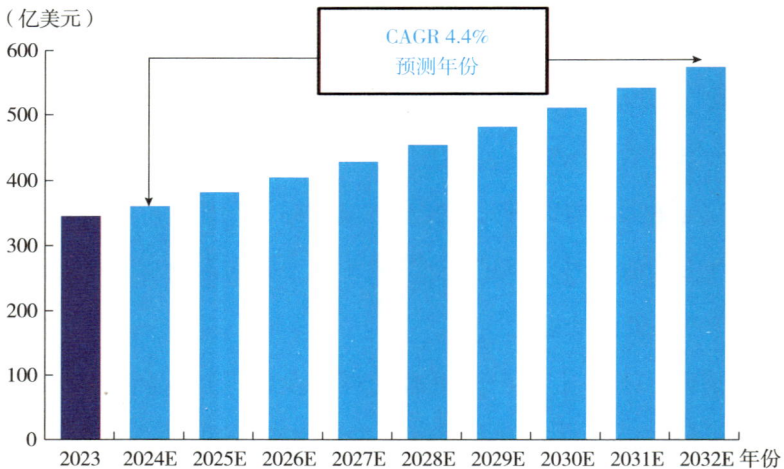

图5-25　全球耐火材料产业市场规模的未来走势预测

资料来源：Fortune Business Insights, "Refractories Market Forecast, 2024–2032," 2024.

第六章

从战略高度推动发展"镁经济"

　　"镁经济"是基于燃料电池关键技术的自主创新而构建起来的绿色循环经济及与其密切关联的现代产业集群，利用镁是能源载体和工业材料的双重属性，实现新能源产业和新材料产业的交叉融合、优势互补。"镁经济"既为可再生能源的储能消纳、工业废弃物的综合利用提供了清洁安全高效的解决方案，又为我国发展高端制造所必需的重要基础材料，开创了质优价廉的工业化来源；更为重要的是，"镁经济"对众多传统产业升级的带动和对未来新兴产业的培育，以及其中蕴含的前沿科技交叉融合、多点突破，为我国在复杂严峻的国际竞争中开辟发展新领域新赛道、塑造发展新动能新优势、赢得发展主动权，提供了难得的战略机遇。

　　2016 年 7 月，国际政府间气候变化专门委员会特约科学家伍德罗·克拉克（Woodrow W. Clark）在总结欧美国家能源转型经验时特别强调，"无形之手"托不起绿色经济，能源产业的真正成本（如化石燃料的外部性成本）并不能在市场上得到体现，"对国家整体最优的能源方案"不会依靠市场的力量自然而然地发生。[①] 所以，经济高度市场化的欧美国家无一不高度重视政府在能源转型中的重要作用。比如，德国电力市场 2.0 改革的核心目标并非"市场化本身"，而是实现德国政府的能源战略——持续提

---

　　① 王亦楠：《推进"能源革命"需要深化供给侧结构性改革》，《中国经济周刊》2017 年第 8 期。

高可再生能源占比、淘汰化石能源和核能。在明确的战略目标下，需要政府的"有形之手"和市场的"无形之手"协同作用、缺一不可。

相比之下，"镁经济"绿色循环体系既包含着能源绿色转型，又比能源绿色转型所关联的产业领域更多、更复杂，要真正将其巨大发展潜力变成现实的新质生产力，需要新能源、新材料两大产业实现跨行业的交叉融合甚至重构，并和众多领域的高端制造实现上下游协同推进，才能发挥出最大效能并创造巨大的经济社会效益。因此，要推动"镁经济"的发展，不能单靠市场的力量，需要在资源、技术、产业链三大优势基础上，充分发挥制度的作用，即通过国家力量来启动这个绿色循环体系，并高效链接各个行业，让政府"有形之手"和市场"无形之手"协同作用。为此，在战略层面提出六点建议。

一是切实做好我国"镁经济"发展的顶层设计。首先，要充分认识"镁经济"的巨大关联效应及其对落实"双碳"目标、发展高端制造、保障资源安全、提升综合国力乃至引领新一轮世界科技和产业变革的重要战略意义。为打造世界"镁经济"强国，应立足全国做好战略布局，针对东中西部不同的资源、技术和产业特点确立其战略定位。比如，镁资源富集区重点发展高品质的镁质先进材料，长三角、珠三角等经济发达地区重点发展汽车、特钢等高端产品的设计生产等。其次，应制定清晰的战略目标和行动路线图，明确各主要关联产业的发展方向、阶段目标、重点任务及优先顺序，建立跨行业跨领域跨技术的协调管理机制、上下游产业的合作对接机制、投资新技术潜在风险的政府保障机制等，以高效推进新能源和新材料产业的交叉融合。再次，应完善支持"镁经济"发展的政策、法规和标准体系。比如，建立镁产业从资源开采、加工应用直至回收利用的完整产业链的管理规范，明确认证和监管要求，完善镁质先进材料生产和应用的法规标准（包括有针对性地出台一些强制性标准），严格行业准入条件，提升检测认证能力，围绕产业核心技术或共性技术搭建集设计、制备、检测、应用、评价于一体的国家级高水平研发创新平台，集中优势力量开展以先进应用为导向的基础研究，等等。

二是积极开展"镁经济"绿色循环示范区建设。发展"镁经济"并不是简单地淘汰传统产业，而是借此实现"短板产业补链、优势产业延链、传统产业升链、新兴产业建链"。东部沿海省区和西部盐湖地区均可以立足当地的资源基础，以及钢铁、化工、陶瓷、玻璃、汽车、金属加工、轨道装备、航空航天装备等配套产业的发展现状，因地制宜地建立以"可再生能源、盐化工、镁能源、镁质先进材料"为核心产业的"镁经济"绿色循环示范区。暂不考虑这些核心产业对下游众多关联产业"补链、延链、升链、建链"的巨大作用和价值，仅可再生能源和镁质先进材料直接产生的经济效益和减排效益就将十分可观。比如，在东部沿海地区建设 200 万千瓦的海上风电场，可形成年产 40 万吨金属镁、66 万吨超纯超细氧化镁和 5 万吨溴素的产能，总投资约 350 亿元，保守测算年收入至少在 300 亿元以上，年减排 1300 多万吨二氧化碳。在青海盐湖地区发展镁资源综合利用产业链，在获得高性能、高附加值镁质先进材料的同时，还将降低盐湖卤水中的镁锂比、减小锂资源的开发难度。立足海洋／盐湖资源的"镁经济"，将是市场潜力巨大和带动效应巨大的绿色经济增长引擎。

三是有序推进镁燃料电池的规模化生产和应用。镁燃料电池不再受制于铂的资源稀缺和昂贵，标志着其产业化已没有重大技术障碍，已具备"以规模化促进燃料电池的制造成本大幅下降，并大幅提高可靠性、寿命和系统效率"的条件，因此应有序推进两项工作：其一，尽快完善规模化生产的产业链供应链配套体系，包括建设镁燃料电池关键部件（催化电极、循环收集系统等）的自动化生产线，完善镁燃料电池系统集成技术，优化系统设计和控制策略，建立镁燃料电池产品的标准规范、检验检测、评价认证等支撑体系，保障产品质量；其二，针对镁能源的独特优势在交通、发电、应急、储能等领域开展应用示范，积累实践经验。比如，建设规模约 200 千瓦的海岛发电站，满足大约 100 人的生活用电和工作用电需求（如无人机、水面舰船、便携式电源、通信等装备的应用）；在大型港口和大型城市高用电负荷区域部署镁燃料电池离网充电站，提供电动车辆直流快速充电服务，以减轻城市大规模电力输配改造的压力和港口电动化升级带来的供电压力；在数据中心、通信基站、医院等需要不间断供电的场所，用镁燃料电池作为应急供电系统，替代柴油发电机，或优化目前的铅酸和锂离子等蓄电池应急电源的使用方案；在冶金等高温行业建设镁燃料电池—超纯超细氧化镁生产线，向部分生产设备供电的同时生产超纯超细氧化镁材料；等等。

四是加快推进镁质先进材料在高端制造业的应用。作为高端制造业的基础原材料，金属镁／镁合金和超纯超细氧化镁／氢氧化镁的下游应用并非单一产业链，而是多维度的立体化拓展，且每个维度上从原材料到下游应用、终端产品都有较长的产业链，原材料的应用须根据特定需要来专门设计加工。比如，超纯超细氧化镁的工业化生产对高温材料和高温产业来说是巨大福音，但要付诸应用实践，还需针对不同应用场景专门调节它的晶体形态、微观结构、堆积密度、水化率、灼烧失量等物理指标，而不同的物理指标所需要的再加工工艺和设备也不同，因此必须有下游用户提出明确需求并实现应用联动。所以，要发挥镁质先进材料对我国产业高端化发展的重要作用，亟须尽快建立"产学研用"四位一体、全过程的协同创新体系，以解决行业（市场）急需为目标，实现"原材料提供方、研究机构（大学／设计院等）、镁质先进材料生产方、终端用户"的四方合作联动，以使产品设计、工艺研究、设备研发等环节可能面临的难题尽早暴露出来，避免研究成果只是报专利发论文、不接地气。比如，高端特钢冶炼应从国家层面组织特钢企业、耐火材料企业、工业设计院和超纯超细氧化镁原料提供方进行产学研联合攻关，并对技术改造及其潜在风险给予必要的资金支持。

五是着力提升镁质先进材料生产企业的国际竞争力。虽然镁是我国优势矿种，但无论是镁合金制造还是高纯氧化镁生产，我国都存在着"起步晚、小而散、高耗能、高污染"的问题，生产规模小、工艺技术落后、产品质量低、高值化利用水平低，在国际分工中处于"出口初级产品、进口优质加工产品"的不利地位（资源优势尚未转化为产业优势），高端生产设备和材料受制于人，行业内也缺乏面向国际市场的大型生产企业。相比之下，国外大型钢铁企业、铝加工企业早就关注到镁产业的广阔前景并以此作为传统工业升级改造的契机。比如，韩国浦项钢铁公司在2007年就建立了一座3000吨产能的镁板厂和大型镁合金连续铸轧生产线，针对汽车零部件应用开发了多种镁合金产品。事实上，钢铁、铝合金产业的材料加工工艺、科研生产装备与镁产业有很多共通之处，鼓励大型金属材料企业进入镁质先进材料领域，可快速提升技术创新和产业化的速度。特别是比普通高纯氧化镁应用更高端更广泛的超纯超细氧化镁，实现工业化生产将使目前全球高纯氧化镁的市场格局重新洗牌。因此，应尽快完善行业的标准制定、检测评价认证等支撑体系，加快推动镁质先进材料产业的技术升级改造、产品结构优化，提高产业集中度，抓住机遇走向国际市场。

六是及早布局镁质先进材料前沿应用的基础研究。先进新材料已成为国际竞争的重点领域，常常决定着一个国家能否在重要科技领域成为全球领跑者、在前沿交叉领域成为开拓者。在我国铁、铜、铝、镍、钴、锂等战略性矿产资源短缺的情况下，亟须加快发展具有资源优势的镁质先进新材料。具有优异物理化学性能和多种功能特性的镁合金和超纯超细氧化镁，是高端制造领域极有潜力的重要基础材料，但在全世界范围内还处于产业总体规模小、应用普及面较窄、功能特性和工业价值远没有充分发挥出来的阶段。特别需要强调的是，镁合金和超纯超细氧化镁均是国际影响大、可带动一个庞大"材料群"实现创新升级的基础原材料，除了目前已知的应用领域外，还有很多全新领域尚未发掘。比如，可合成目前世界上还无法实现的高纯度镁铝尖晶石，开发出能承受极端苛刻环境的陶瓷集成电路基板、密度比塑料还低的超轻高强变形镁合金、耐超高温（2000℃以上）的镁质纤维材料以及属于前沿应用的镁基催化材料、镁基储能材料、镁基生物材料等。建议将镁质先进材料开发应用的重要性提升到国家战略层面，设立以镁质先进材料为主的国家重大科技专项、国家级重点实验室或技术创新平台，借鉴发达国家的成功经验，围绕国家的战略需求，对前沿领域、交叉领域、战略领域的基础研究及早布局，提前谋划变革性技术，提升原始创新能力，抢占未来发展的制高点。